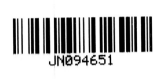

オホーツクの古代文化

東北アジア世界と北海道・史跡常呂遺跡

東京大学文学部常呂実習施設／考古学研究室 編

新泉社

はじめに

地図を見てみましょう。私たちは町や道路や鉄道が散らばる陸地に目を向けますが、その外には、白抜きのように海が残っています。

地図を一八〇度逆にして、海の側から眺めてみましょう。まったく違う相貌が見えてくるはずです。これまで別個だった陸や島々が、おおきな海の縁に沿って一つにつながっていることがわかります。国境だとか行政区分だとか、そんな人間的でちいさな違いはすべて消し飛んで、一つの世界が姿を現します。

これは、フランスの歴史家フェルナン・ブローデルが大著『地中海』で示した視点の転換です。バルカン半島や小アジアや北アフリカやイベリア半島やイタリア半島といった、区切られ独立して見えた諸地域は、地中海という場をかこむ縁取りにすぎず、そこで一つの歴史が展開されてきたのです。

オホーツク海も同じです。北海道や千島列島や樺太からカムチャッカ半島まで、現在では国も民族も文化も異なる諸地域が、海を共有しながら一つの魅力的な自然と人間の活動の場を形作ってきました。さらに、オホーツク海は宗谷海峡をはさんで日本海へ、根室海峡をこえて北太平洋へと広がっています。そこでの交流や生活を海から眺めて想像することで、私たち現代人の生き方や文化が反省されます。

東京大学文学部では六〇年以上にわたって北海道常呂町（北見市）と連携しながら、北海文化研究常呂実習施設での考古学遺跡の発掘を中心に、学生実習や公開講座など、ながく豊かな文化交流をつづけてきました。その地で見出されたのはどんなものであり、私たちの視野をどう変えてくれるのでしょうか。専門家がガイドとなる本書を手にして、一緒に北の世界を旅することができるのを、私自身とても楽しみにしています。

それでは、オホーツクの海から、東北アジアの文化を眺めてみましょう。

東京大学大学院人文社会系研究科長・文学部長　納富信留

刊行によせて

二〇〇六年（平成十八年）三月五日の北見市・端野《たんの》町・常呂《ところ》町・留辺蘂《るべしべ》町からなる一市三町の合併により誕生した新たな北見市は、北海道オホーツク圏における産業・経済・文化などの中核都市として発展してきました。現在の北見市は、大雪山系からオホーツク海までおよそ一一〇キロメートルの距離に及ぶ広大な地域を有するとともに、旧市町四自治区の地域特性を生かしたまちづくりを進めています。その中でも常呂自治区の大きな特長の一つが、国指定文化財である常呂遺跡（史跡）と常呂川河口遺跡墓坑出土品（重要文化財）を代表とする豊富な遺跡と埋蔵文化財の存在であります。これには、東京大学が北海文化研究常呂実習施設を拠点として長年にわたって継続されてきた調査研究・教育活動が極めて重要な役割を果たしてきたものと拝察いたします。

本書は、東京大学北海文化研究常呂実習施設の歩みを振り返りながら、これまでの調査研究の成果と意義を学生や一般向けに紹介・解説するものでありますが、地域の人びとにとっても、地域の歴史や魅力を学び再発見するための確かな道標となるものです。過去に学び未来を見つめ、大学と地域の連携が実り多いものとなっていくこと、そして北見市及び常呂の遺跡と埋蔵文化財が地域の宝としていっそう磨き上げられていくことを願い、本書の作成に関わった皆様に心からの感謝と敬意を表し、刊行によせることばといたします。

北見市長　辻　直孝

北の海に暮らした人びと

東北アジア考古学と常呂 137

COLUMN

本書のねらい

北海道の東北部、常呂川がオホーツク海に注ぎ込む北見市常呂町で、東京大学文学部が考古遺跡の発掘調査を始めてからすでに半世紀以上が経過した。一九五七年の調査開始から一九六五年の通称「常呂研究室」――後の常呂実習施設の開設までのあいだ、発掘を主導した駒井和愛はこう述べている。

常呂での調査がすすむに従って、その遺跡の豊かなのに驚き、また周囲の風光の秀でているのに見とれて、ここに研究所でも建てることができたらと思ったこともあった。そしてもしその建物が東京大学と関係深いものとなれば、北海道のさいはての町も学問文化の一つの地点となること間違いないと、常呂の町長や有力者と語り合ったこともあった*

近代国家の政治・経済・文化の枠組みからみれば、ここは「さいはて」であり、国家に組み込まれる前にも類似した側面はあったかもしれない。しかし、そこは単なる辺境ではなく、先史の時代より北と南から異なる文化的背景をもつ人びとが交流する接点でもあった。東京大学と地元関係者、両者の熱意によって開設された実習施設に冠された「北海文化研究」の名称には、研究のまなざしをオホーツク海とその遥か北方まで広げる決意が込められていたはずである。それから半世紀あまり、文部省の認可を経て正式に設置されてから五〇周年を迎えるにあたり、常呂実習施設を拠点として進められてきた東北アジア考古学の研究の成果とその意義を伝えようと刊行されたのが本書である。

＊「北海道常呂の遺跡と資料館」（学士会会報六九二号、一九六六年）〔『日本の巨石文化』（学生社、一九七三年に再録）〕

第1章「北の海に暮らした人びと」では、北海道とその南北をつなぐ文化交流に力点を置きながら、考古学からみた北海道の歴史を概観する。これら文化交流の強度や経路は、気候変動、動植物資源・石器素材・鉄器・各種希少品などの獲得と交易、国による辺境政策などさまざまな要因によって変動したとみられるが、その盛衰の具体像と背景について、本書では最新の成果が論じられている。

第2章「東北アジア世界と北海道」では、もう少し広い視点から、北海道オホーツク地域における歴史と文化を東北アジア規模で位置づけることを試みた。常呂での研究をひらいた駒井は、著書『アイヌの貝塚』などで、考古学の研究では狭い枠にとらわれず幅広い分野・地域に目を向けることが重要だと強調したが、常呂で学んだ経験のある者を中心に結集した各著者の専門分野や研究業績をみても、駒井の教えが実践されつつあることを感じとれるだろう。

第3章と第4章では、常呂実習施設の設立前から今日までの研究のあゆみと、地元との息の長い交わりで培われた協力と連携の実績を振り返っている。常呂実習施設の日々の活動は常駐する教員二名が担っており、本郷にいる考古学研究室の教員たちがそれを支えてきた。東大の全国施設のなかでも最北に位置していることもあって、厳しい研究環境が想像されるかもしれないが、けっして「孤立」してきたわけではない。半世紀に渡って活動を継続してこられた背景には、最初の調査のころから続く地元の方々による支えと相互協力があった。近年は大学の社会的使命として「地域連携」が謳われているが、常呂実習施設では地域の文化財保護や社会教育に関わるかたちで、早くからそれが実践されてきたのである。本書では、常呂実習施設の関係者による東北アジア考古学の解説に加えて、ここに述べたような施設のあゆみを振り返り、未来に向けた大学と地域の連携についても展望してみたい。

熊木俊朗

北海道における考古学的文化の変遷

オホーツクの古代文化について知ろうとするとき、最初に覚えておきたいのは、北海道独自の文化の変遷である。日本列島のなかでも相対的に冷涼な気候で、千島列島やサハリンなど北方に広がる世界とも接する北海道では、本州とは異なる文化が形成されてきた。

北海道の文化の変遷を本州と比較した年表を見てみよう。北海道では文献により歴史が綴られない時代が続いたため、旧石器時代から近代以前のアイヌ文化期まで一貫して考古学的な時代区分が採用されている。そうした性質の違いから、とくに本州と歴史の歩みが大きく異なってゆく弥生時代以降の北海道について、年表では「○○時代」ではなく「○○文化」と表記している。以下に文化の変遷の概略を見ていこう。

後期旧石器時代の始まりの年代は、本州では約三万八〇〇〇年前と考えられ、北海道でも三万年前をさかのぼる遺跡の存在が知られている。

縄文時代は、土器の出現をもってその開始とする説が現在のところ主流である。これにしたがえば、本州では約一万六〇〇〇年前、北海道では約一万四〇〇〇年前が縄文時代の開始期ということになる。しかし北海道では、土器が普及し定住集落が増加するのは約一万年前以降であり、本格的な縄文文化の始まりはむしろこの年代といえよう。北海道の縄文文化は本州との関連性が強く、共通の枠組みで捉えることが可能である。

この状況は、本州東北地方まで弥生文化が広まる紀元前四世紀ごろから変化した。稲作文化が広まらなかった北海道では狩猟採集を中心とした生活様式が継続するが、ここを区切りとして続縄文文化とよんでいる。北海道の文化の変遷の上では連続的ともいえるところに区切りが置かれているが、この時期には生業における漁労の比率が高まり、また北方を含む周辺地域との交流が拡大するなど、本州とは異なる文化が築かれていくことになった。

続縄文文化が東北北部の農耕文化の影響を受けて変容し、七世紀ごろに成立したのが擦文《さつもん》文化である。この名前は、本州の土師器の製法が伝わって北海道で作られた「擦文《さつもん》土器」に由来する。ほかにも、カマドのある方形の竪穴住居や鉄器の普及、雑穀農耕などに農耕文化からの影響が顕著だが、生業ではサケ漁を中心とする漁労の比重が高かったと考えられている。

擦文文化は成立当初、北海道中央部を中心に分布していた。そのころのオホーツク海沿岸に広がっていたのがオホーツク文化である。擦文文化が続縄文文化からつながる人びとの文化であるのに対し、オホーツク文化は北方から移住してきた人びとの文化である。その故地はアムール川河口部からサハリン周辺にあり、北海道には続縄文文化期終わりごろの五世紀に出現したと考えられている。オホーツク海の海岸部を中心に九世紀まで展開し、海での生業を基盤とする文化を発達させた。

一〇世紀ごろになると、擦文文化がオホーツク海沿岸まで進出し、北海道のほぼ全域に広がった。擦文文化の影響を強く受けてオホーツク文化は変容し、北海道東部では両者が融合した特徴を示すトビニタイ文化が出現した。トビニタイ文化は擦文文化と併存していたが、最終的には一二世紀ごろ、擦文文化に同化していったと考えられている。

擦文文化の生活様式は、少なくとも一三世紀代には変容を遂げていたと考えられている。竪穴住居に代わって平地住居に住み、土器に代わって鉄鍋を使うようになったことが目立った変化である。こうした変化を指標として、考古学上のアイヌ文化が設定されている。基本的にはこの文化が、近世・近代の記録に残るアイヌ文化へとつながっていったと考えられている。

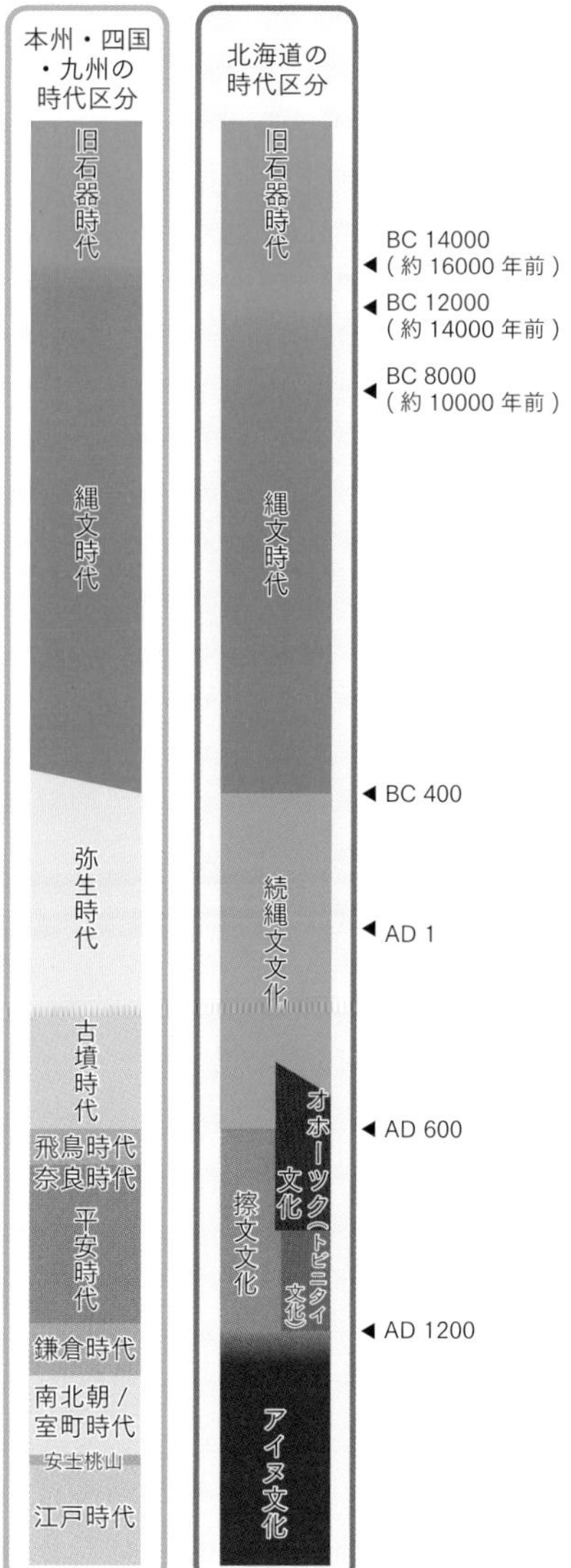

北海道と本州・四国・九州の時代区分

北海道の気候と地域区分

北海道本島は、オホーツク海・日本海・太平洋に囲まれ、対馬暖流・親潮・東サハリン寒流の影響を受ける。日高山脈をはじめ、大小の山脈が季節風を受けとめる。ケッペンの気候区分では北海道はまるごと亜寒帯となるが、四季を通じた気候は一様ではない。

明治期に設置された北海道支庁以来の行政区分を基準に道北・道東・道央・道南に分けるのが通例であるが、北海道史を通じた地域差とも対応するのは、①渡島《おしま》半島～噴火湾《ふんかわん》沿岸、②日本海沿岸、③太平洋沿岸西部、④太平洋沿岸東部、⑤オホーツク海沿岸、⑥内陸部、という区分である。

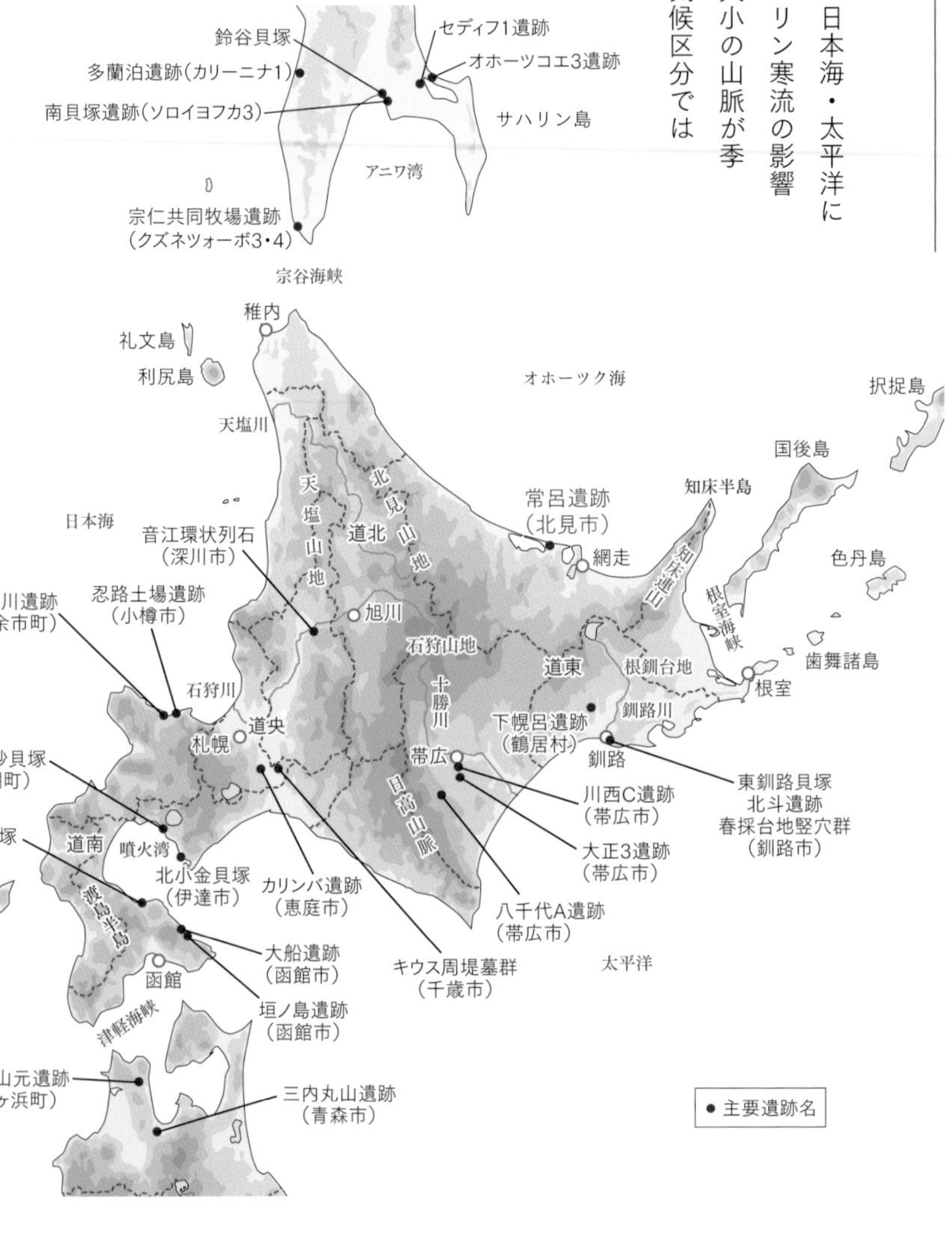

オホーツクの古代遺跡

知床半島以北のオホーツク海沿岸は、年間を通じて降水量が低く、乾燥傾向にある。冬季は流氷が海面を覆い、大陸的な厳寒が続く。その一方で、豊富な海産物や良質な黒曜石資源に恵まれている。対馬暖流の影響を受ける利尻《りしり》・礼文《れぶん》では、オホーツク海沿岸に特有の文化要素のほか、道央・道南の集団と交流をしたことを示す遺物がしばしば認められる。一方、根室半島付近は、日本列島の平野のなかで暖かさの指数がもっとも低く、国後《くなしり》・択捉《えとろふ》方面に連なる気候環境にある。海岸線でつながるこれらの地域の先史文化変遷には共通点が多い。

オホーツク海沿岸には、旧石器〜アイヌ文化期の遺跡が数多く残されている。そのうち国指定文化財としては、常呂遺跡（縄文〜アイヌ文化）、白滝《しらたき》遺跡群（旧石器時代）、標津《しべつ》遺跡群（縄文〜アイヌ文化）、最寄《もよろ》貝塚（縄文〜オホーツク文化）、チャシコツ岬上《みさきうえ》遺跡（縄文〜トビニタイ文化）、桂ヶ岡《かつらがおか》砦跡（アイヌ文化）、西月ヶ岡《にしつきがおか》遺跡（擦文文化）が史跡、白滝遺跡群（旧石器時代）の出土品が国宝に、また、船泊《ふなどまり》遺跡（縄文時代）、常呂川河口遺跡（縄文〜アイヌ文化）、目梨泊《めなしどまり》遺跡（オホーツク文化）、松法川北岸《まつのりがわほくがん》遺跡（オホーツク〜トビニタイ文化）の出土品は重要文化財に指定されている。

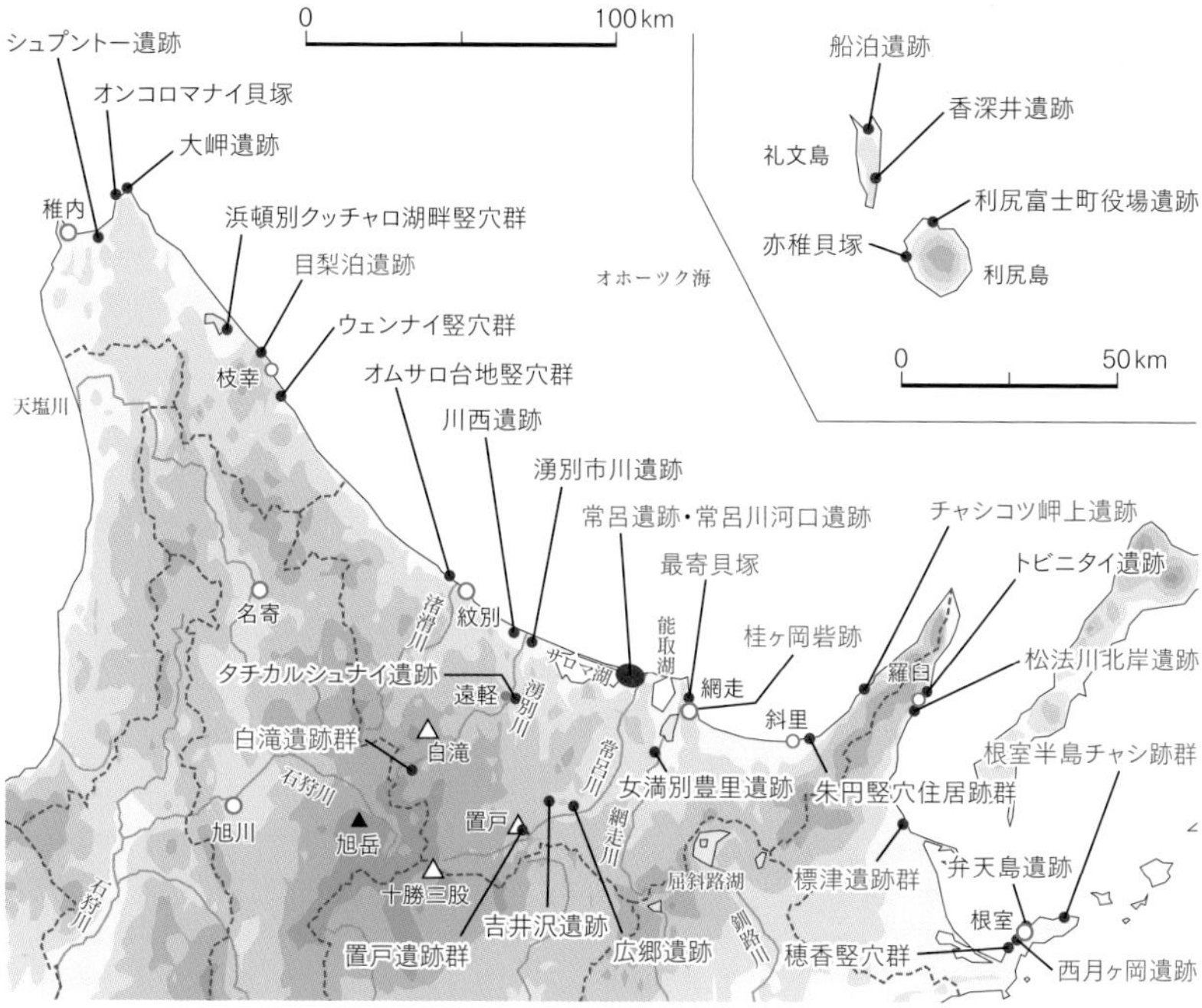

赤字：国指定の史跡　青字：出土品が国指定の重要文化財になった遺跡
△：主な黒曜石原産地

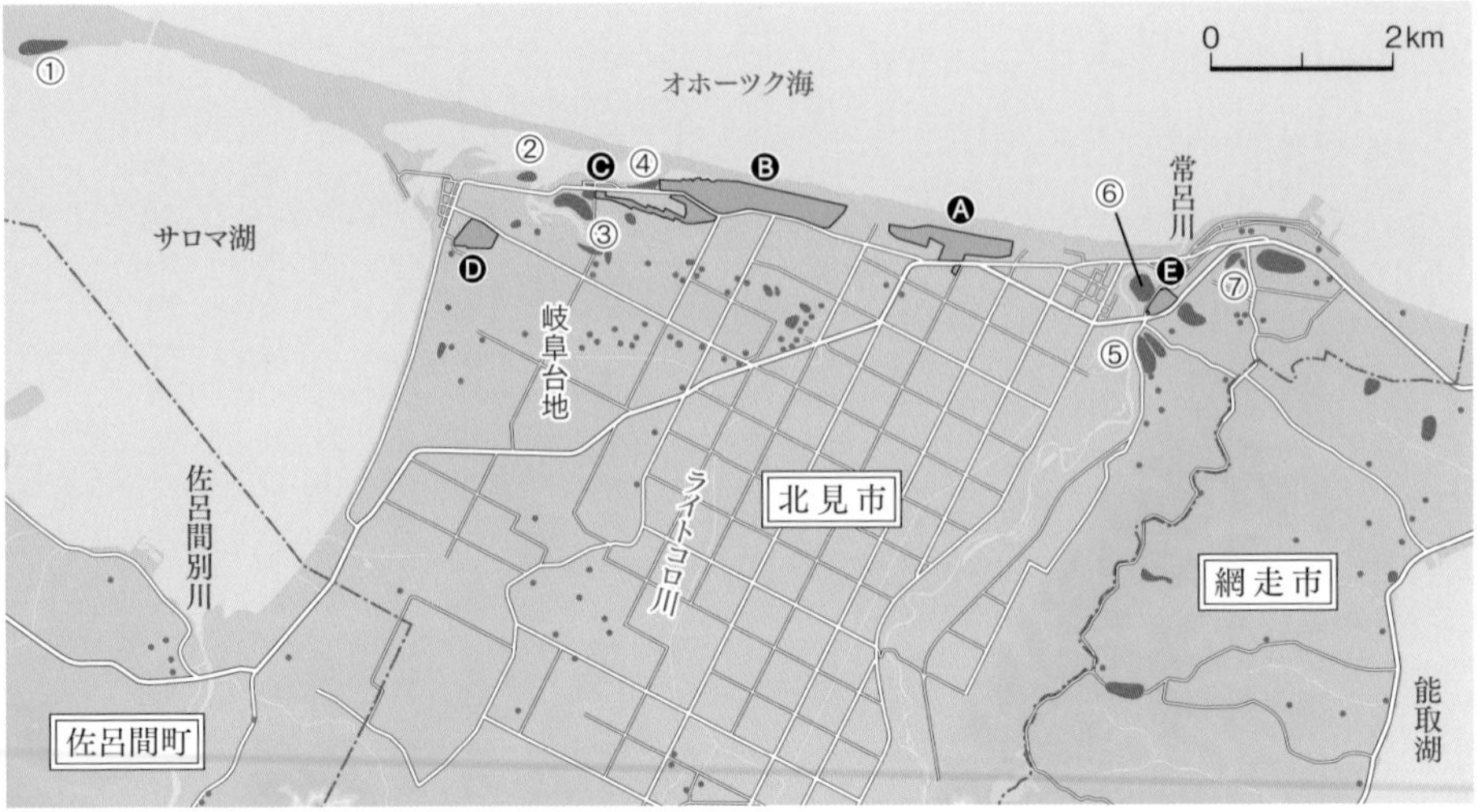

■ 史跡常呂遺跡の範囲	
• 史跡以外の遺跡	

史跡常呂遺跡を構成する遺跡
Ⓐ 常呂竪穴群
Ⓑ 栄浦第二遺跡
Ⓒ 栄浦第一遺跡
Ⓓ ところ遺跡の森
（ST-6、ST-7、ST-8、ST-9、ST-10 遺跡）
Ⓔ トコロチャシ跡遺跡、トコロチャシ南尾根遺跡

周辺の遺跡
①ワッカ遺跡
②ライトコロ川口遺跡
③岐阜第二遺跡
④TK-66 遺跡
⑤トコロ貝塚
⑥常呂川河口遺跡
⑦大島 2 遺跡

常呂遺跡と周辺の遺跡

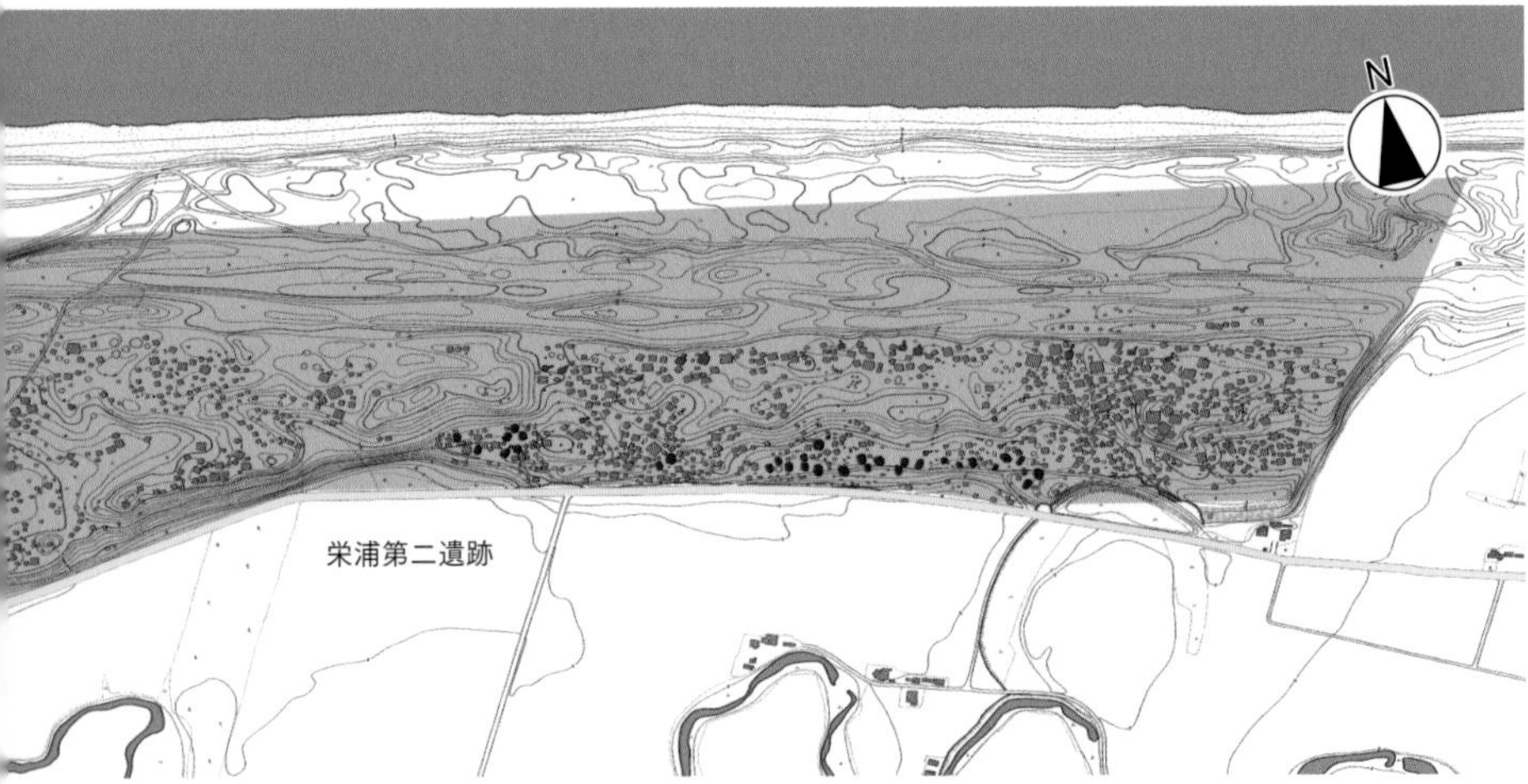

⬢ オホーツク文化（五角形ないし六角形）
■ 擦文文化（方形）

0 500m

16

常呂川右岸上空からみた常呂の遺跡

17

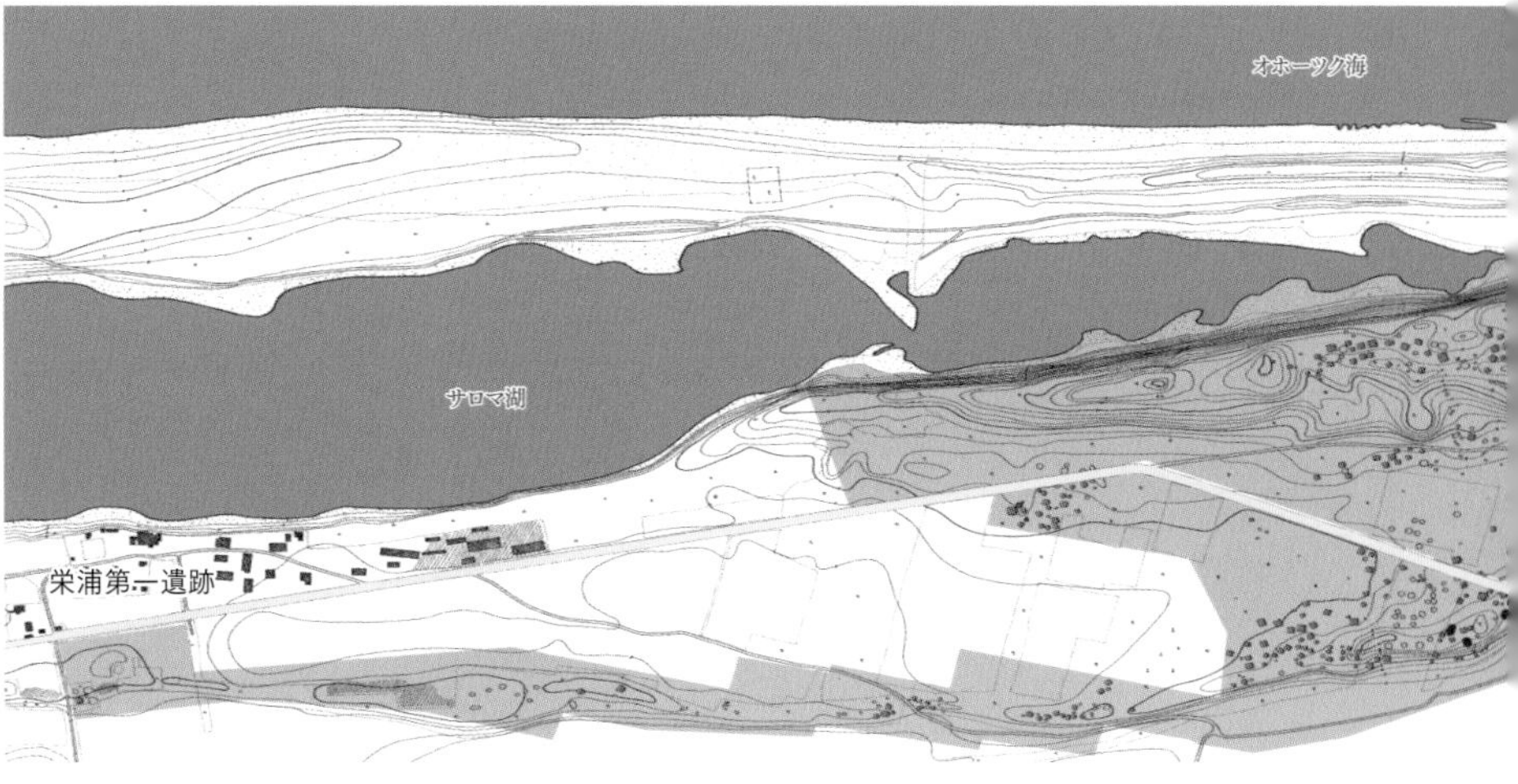

栄浦第一・第二遺跡の竪穴群

竪穴の分布については、84頁・154頁参照

竪穴住居跡の分布

縄文・続縄文文化（円形

続縄文文化（柄鏡形）

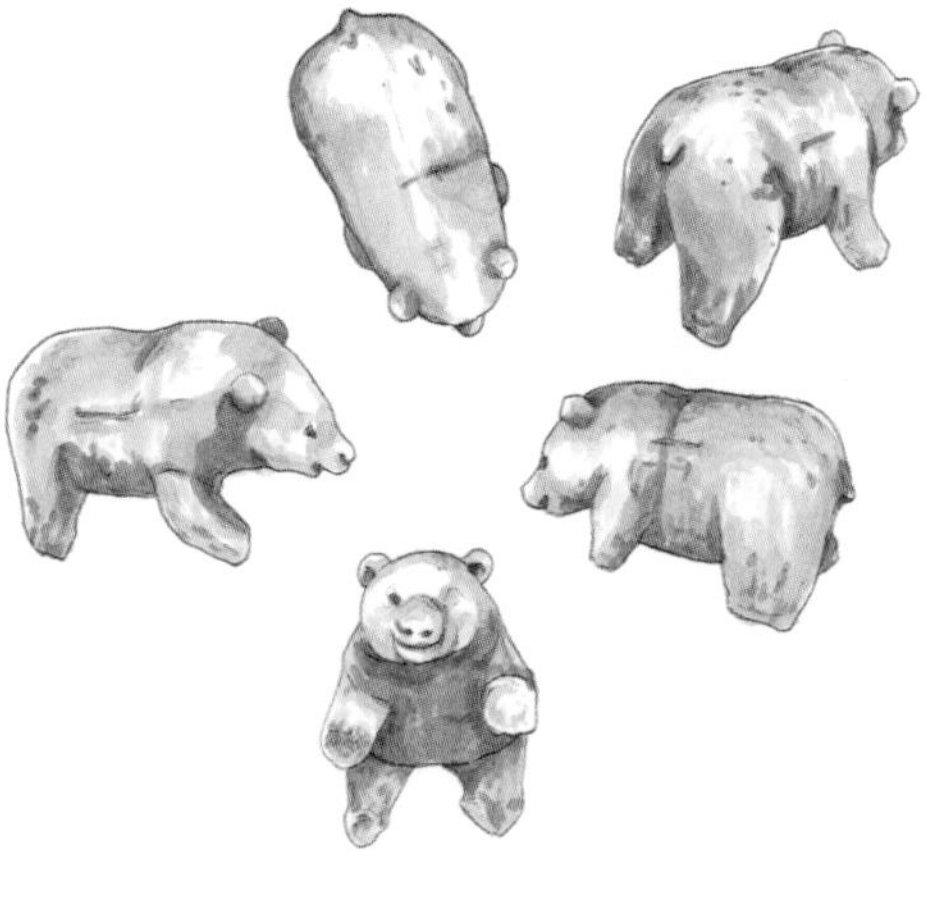

1

北の海に暮らした人びと

旧石器文化

山田　哲

気候変動と旧石器時代

現在の多くの人びとが「気候変動」という言葉から連想するのは、たとえば地球温暖化、温室効果ガス、再生可能エネルギー、ＳＤＧｓなどの言葉ではないだろうか。今日では、人類の活動が地球の自然環境や気候に大きな影響を与え、深刻な問題となってはね返ってくるというイメージが定着しており、それが社会全体の大きな課題となっている。一方、長い時間の流れのなかで人類のあり方について考える考古学では、逆のベクトルの観点をもつのが一般的である。つまり、気候変動がもたらす自然環境の変化に応答しながら積み重ねられてきた人類の歴史という見方である。

地球の公転軌道（約一〇万年周期）と、地軸の傾き（約四万一〇〇〇年周期）や向き（約二万三〇〇〇年周期）といった地球と太陽の空間的関係の三要素は、それぞれ独自の周期で規則的に変動し、気候に大きな影響を与えてきた。それは、地球全体が受ける太陽エネルギーの総量や地球上の各地点の各季節にふりそそぐ太陽エネルギーの配分が明瞭に変化するためである。

少なくとも類人猿よりも発達した脳とそれにもとづいた「文化」をもつという意味での人類（ホモ属）の出現後（約二〇〇万年前以降）の地球の気候は、大まかに、温暖で湿潤な間氷期と寒冷で乾燥した氷期をくり返してきた。現在は約一万一七〇〇年前から継続中の間氷期のなかにあるが、その前の氷期（最終氷期）は一一万年前ごろに始まった。現生人類（ホモ・サピエンス）は、二〇万年前までにアフリカで登場したとされるが、アフリカを出て世界に拡散していくのはおよそ六万年前以降のことであったから、私たちの直接の祖先は氷期のただ中にあった中高緯度の世界各地に居住地を広げていったことになる。北海道もそのような地の一つだった。さらに、氷期の気候には基本的に寒冷であることのほかにもう一つ重要な特徴があった。それは、先の三要素の周期よりもずっと短い時間スケールで、急激で大きな気温の上下変動が乱雑かつ頻繁に生じるという不安定性であり、その発生の原因やメカニズムはあまりわかっていない（中川二〇一七）。もちろん現在まで続く間氷期にも変動はあるが、氷期のそれと比較すれば微小なものであり総じて安定していたといえるし、私たちホモ・サピエンスが、その能力をもって飛躍的に人口と文化を拡大できたのは、まさにそうした環境のなかでの定住生活においてであった。

これに対して、現在の間氷期より前（一万一七〇〇年前以前）の、地質時代区分では「更新《こうしん》世《せい》」とされる時期、人類は居住地を一カ所に固定せず、頻繁に移動する遊動性の高い生活を送っていた。そこには、激しく変動するつかみどころのない環境のなかで食料資源（動物や植物）を求めて移動するという側面もあっただろうが、一方で極少で分散した人口がそれを可能とし必要としたともいえる。また、ホモ・サピエンス以外の人類には高度に定住的な生活を可能とする能力はなかったのかもしれない。このような現在とは大きく異なる世界と生活のなかで更新世の人類が遺した石器を一般的に旧石器とよび、世界的な人類史の時代や文化の名称としている。

最終氷期の北海道と古本州島

氷期には氷床・氷河として陸上に大量の水分が固定されるため、海水面が著しく低下して陸域が拡大する。本州・四国・九州が一体化していた氷期の古本州島では、四万年前以降、明確な旧石器が途切れることなく展開するようになった。これらは、ホモ・サピエンスがユーラシア大陸の東縁部に到達・定着したことを示す石器であり、とくに上部（後期）旧石器とよばれる。

当時の北海道は東北アジア大陸からつき出た古サハリン・北海道半島の南端にあり、せまい津軽海峡を隔てて固有の上部旧石器を携えた人びとの暮らす古本州島と対峙していた。こうした脈絡のなかで大陸の文化と古本州島の文化が交錯したのが北海道の旧石器時代であった。北海道で人類の活動が明瞭になるのは、およそ三万三〇〇〇年前以降であり、それ以前の人類活動の痕跡であることが期待される遺跡や石器もあるが、現在調査中であったり、本格的な分析や議論ができるほどの資料が蓄積していなかったりするのが現状である。

古本州島の上部旧石器を特徴づけるのは、剥片《はくへん》（石器の素材となる石片）や石刃《せきじん》（側縁や稜線の平行する細長い剥片）の鋭い縁辺を刃部として残しながら部分的な加工によって整形された石器であり、狩猟用の刺突具（槍先）をはじめ、さまざまな作業に用いられる多用途性を備えた道具であったと考えられる（岩瀬二〇二一）。こうした石器は、鋭い縁辺と部分的な加工を普遍的なスタイル（文化的な特徴・傾向）とみなして重視する立場からは「ナイフ形石器」、より個別的な石器の機能や系統と、その系統間の関係性（構造）を重視する立場からは、「台形様《だいけいよう》石器」や「尖頭形《せんとうけい》石器」などとよばれることが多い。

これと類似する石器群は北海道でも発見されており、小型の剥片にごく軽微な加工を施して

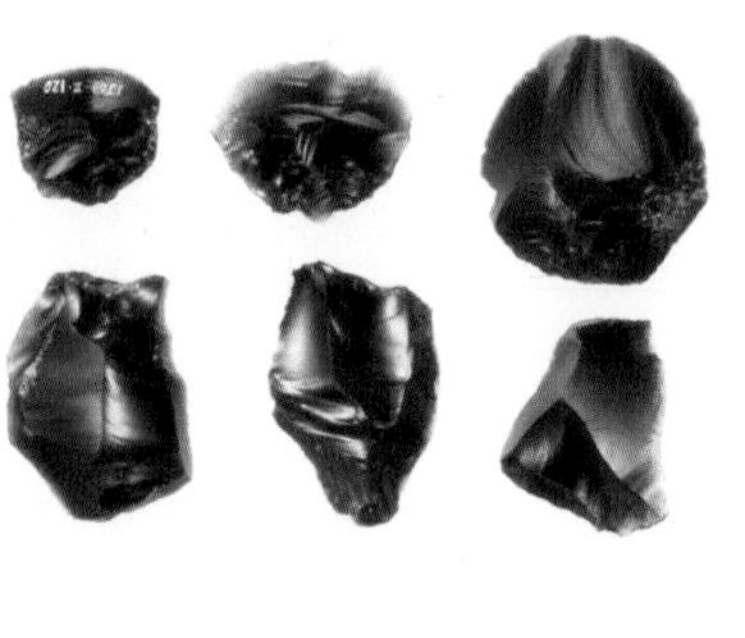

［図1］遠軽町上白滝8遺跡の石器

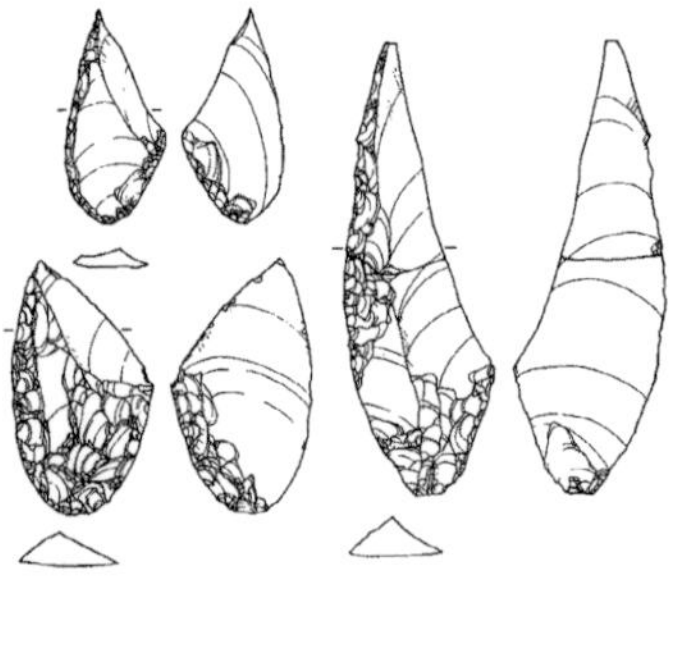

［図2］北見市広郷8遺跡の石器

石器［図1］とする一群と、剥片や石刃にもう少ししっかりと整形加工を施して、尖頭形石器あるいはナイフ形石器［図2］、掻器《そうき》（端部に厚い刃部を形成した石器）などを作る一群がある。前者は三万三〇〇〇～三万年前、後者は三万～二万八〇〇〇年前ごろの石器群であろう。約六万～二万八〇〇〇年前は、世界的に氷期の寒さがやや緩んだ時期であった。当時の北海道には、若干の広葉樹をともなう亜寒帯常緑針葉樹林とナウマンゾウ動物群が分布する古本州島に近い環境がおよんでいたため、そうした環境に適応した古本州島の人びともやってきていたのだろう。ただし、発見されている石器群の数はかぎられており、古本州島の石器群との間にも変異が生じていることから、彼らが進出できる北限の地域だったことを感じさせる。

　二万八〇〇〇年前以降になると、現代と比較して年平均気温の低下が一〇度、海水面の低下が一〇〇メートルに達するきわめて厳しい寒冷・乾燥気候へと移行していった。北海道にはグイマツ（カラマツの一種）を主とする亜寒帯落葉針葉樹林と草原からなる植生が広がり、大陸的なマンモス動物群が優勢になるとともに、その一部は古本州島にも流入した。マンモス動物群では、マンモスゾウ、バイソン、ウマなど群れをなして移動する草原性の中・大型草食動物が多く、旧石器人にとっては主要な食料や道具の資源となるものであった。寒冷な環境が厳しさを増すなかで、古本州島でも従来の石器に加えて掻器や削器《さっき》（側縁に厚い刃部を形成した石器）などの加工具的な石器が発達するが、その傾向は二万八〇〇〇～二万五五〇〇年前の北海道において一層顕著であった［図3］。皮革、骨角牙、木など（これら旧石器時代の有機質遺物は日本列島域の酸性土壌では残存しない）の各種材料を用いて、より特殊化し機能性の高まった多様な道具に加工することで、当面の寒冷化に対応していた可能性が高い。

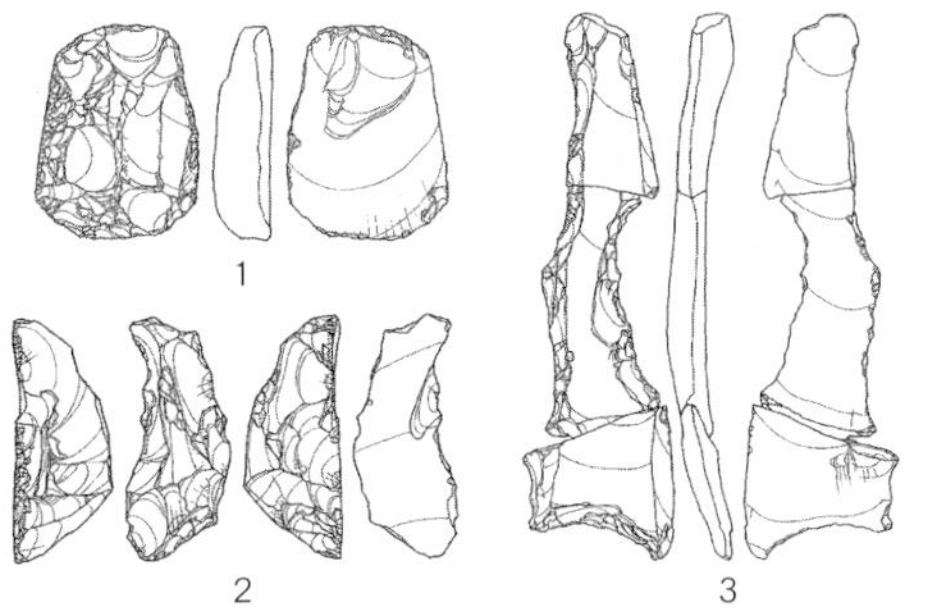

［図3］帯広市川西C遺跡の石器：1は掻器、2、3は削器

細石刃石器群の出現

こうした極寒の気候がさらに進行するなかで、二万五五〇〇～二万二〇〇〇年前の北海道にあらわれ、その後長く続いたのが細石刃《さいせきじん》石器群を携えた人びとの文化である。細石刃［図4］とは、幅数ミリ、長さ数センチ程度の石刃で、小さなカミソリの刃のような鋭い刃部をもつ。これを替え刃として骨角牙・木などで作った軸の溝に並べて装着することで、全体として大きな槍やナイフなどを形成する植刃器［図5］として使用した。また、通常、細石刃は多数の彫器《ちょうき》（特殊な加工によって縁辺に樋状の刃部を形成した石器）と一緒に出土する。彫器は、とくに骨角牙製の植刃器の整形加工に力を発揮したが、樋状刃部の角度をくり返し調整・再生することで、多様な対象と作業に長時間耐えうる加工具としても活躍した。これらと同様の細石刃石器群は、

［図4］千歳市柏台１遺跡の細石刃

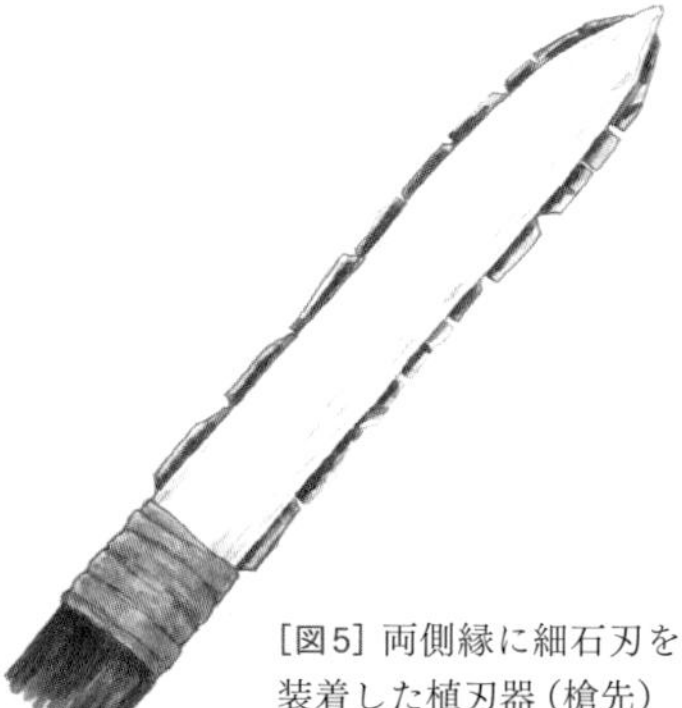
［図5］両側縁に細石刃を装着した植刃器（槍先）

東北アジア大陸からアメリカ大陸のアラスカにおよぶ広い地域で発見されており、北海道にも大陸から集団の移住があったと考えられる。細石刃技術が非常に広い地域に、しかもかなり急速に拡散したのは、寒冷環境での遊動的な生活と生業にきわめて適応的な技術であったからに違いないが、マンモス動物群が生息した当時の北海道もまさにそうした地域だったといえる。

　定形的な細石刃を量産し使用する技術は精巧で手間のかかるものだが、大まかに分類すると北海道では七つほどの基本的な技法が知られている。もっとも代表的な技法は、木葉形に両面を加工した石器を準備し、それを縦割りして作りだした断面楔形の素材（細石刃核《さいせきじんかく》）の端部から連続的に細石刃を剝ぎとる独特の技術であり、湧別《ゆうべつ》技法［図6］の名で知られる。類似の技術は、やはり東北アジア大陸に広く分布しており、この地域の文化の特徴として世界的に注目されてきた。湧別技法による札滑《さっこつ》型細石刃核や細石刃は、とくに白滝《しらたき》や置戸《おけと》といった黒曜石の大産地で準備され、それが十勝や石狩、宗谷、さらにはサハリン南部などの遠隔地に運ばれ、狩猟に用いられた。これは、「交易」のような高度な社会経済システムが働いていたというよりも、当時の人びとが石材産地と行き来しながらいかに広い地域で狩猟活動をしていたのかを物

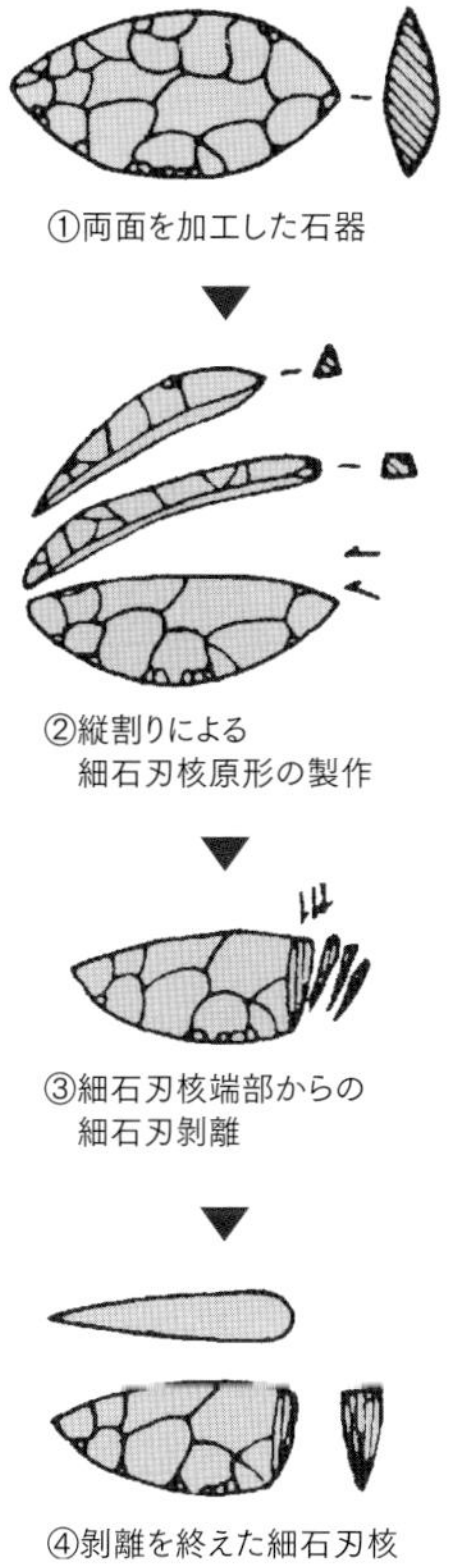

［図6］湧別技法

語るものであろう。湧別技法による細石刃と植刃器を携えた集団の一部は、津軽海峡を越え、縄文時代直前（一万八五〇〇〜一万五五〇〇年前）の古本州島北東部に拡散するとともに、古本州島在来の文化に大きな影響を与えたのである。

晩氷期の北海道

最終氷期の終わりごろ、気候は間氷期に向かう温暖化に転じたものの、それは気温の激しい上下変動による不安定性という氷期の特徴をいまだともなうものであり、この時期は晩氷期とよばれている。古本州島では、土器が出現し、縄文時代草創期に移行した。

北海道では、細石刃と植刃器をともなう旧石器的な文化が継続したと考えられるが、温暖傾向が明瞭な晩氷期前半*（一万五五〇〇〜一万三〇〇〇年前）には、有茎尖頭器《ゆうけいせんとうき》（根もとに中子《なかご》の付いた

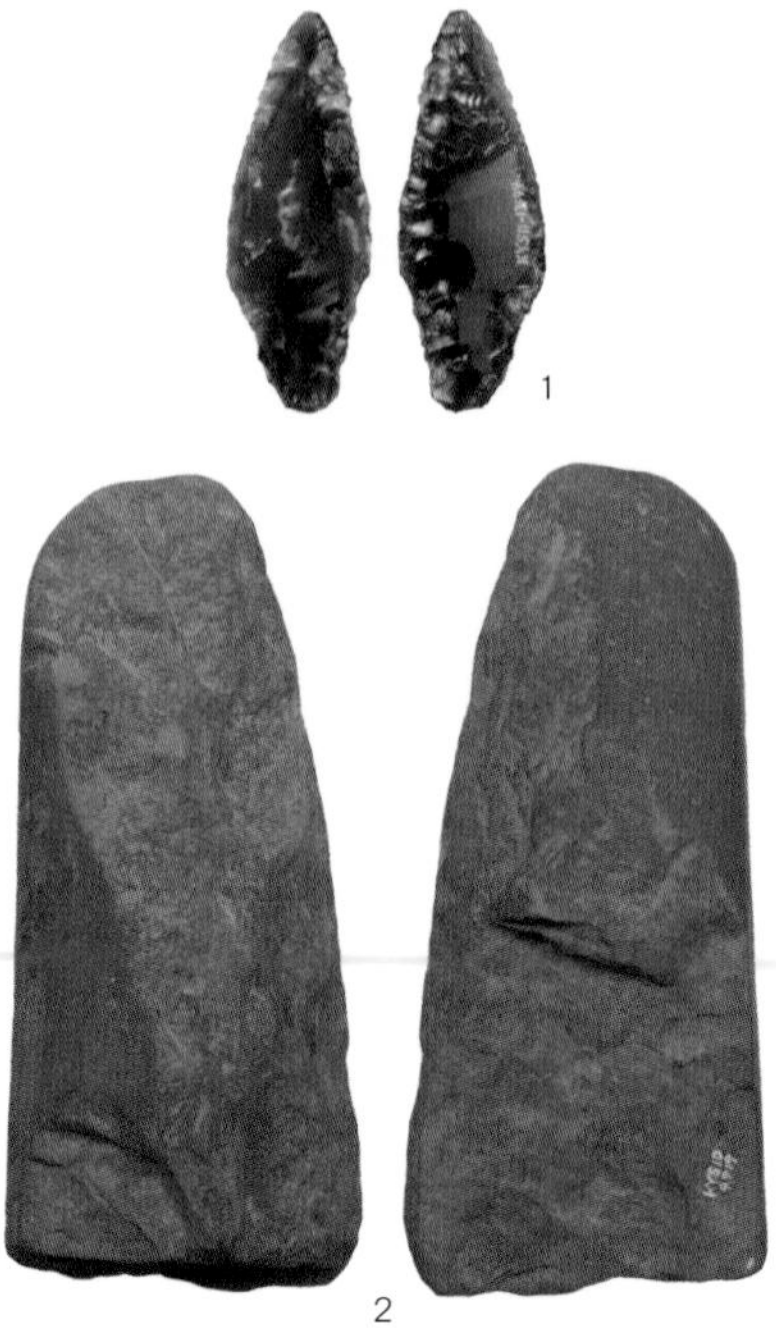

[図7] 北見市吉井沢遺跡の石器：
1 有茎尖頭器　2 石斧

＊晩氷期とは、最終氷期極相後の氷床後退期のことを指す。一万六〇〇〇年前ごろから気温の上昇が始まり、一万五〇〇〇年前には不安定ながらも明らかに温暖な気候となった（ベーリング・アレレード期）。ここでは、おおむねこれらの年代の中間である一万五五〇〇年前からを晩氷期とよんでいる。

比較的小型の槍先）や石斧などの新たな石器が加わった［図7］。これらは、草原的環境とマンモス動物群が衰退し、大型動物に乏しい（現在に近い）森林的な環境が優勢になりつつあったことを反映しているのだろう。本州から土器をともなう文化をもった人びとが一部流入した（三〇頁参照）ものの、本格的な定着には至らなかった。

寒冷傾向が強まる晩氷期後半（一万三〇〇〇～一万一七〇〇年前）の北海道に存在した文化や石器群についてはよくわかっていないのが実情であるが、有力な候補となるのは小型舟底形《こがたふなぞこがた》石器をともなう石器群である。この一群では、旧石器的な彫器や掻器などが多数含まれる一方、有茎尖頭器はほぼ消滅するが、石斧は残存する。さらに何に使ったのかわからないような幅〇・四～〇・六センチの小型舟底形石器や幅〇・三センチ以下のきわめて小さな細石刃（？）なども含まれる不思議な石器群［図8］である。

そして、およそ一万一〇〇〇年前以降になると、海水面の上昇によって、北海道は大陸およびサハリンから分離した。長く続いた遊動生活は終わり、温暖湿潤な森林環境のなかで竪穴住居や土器を用いる定住的な生活が始まった。縄文時代の幕開けである。

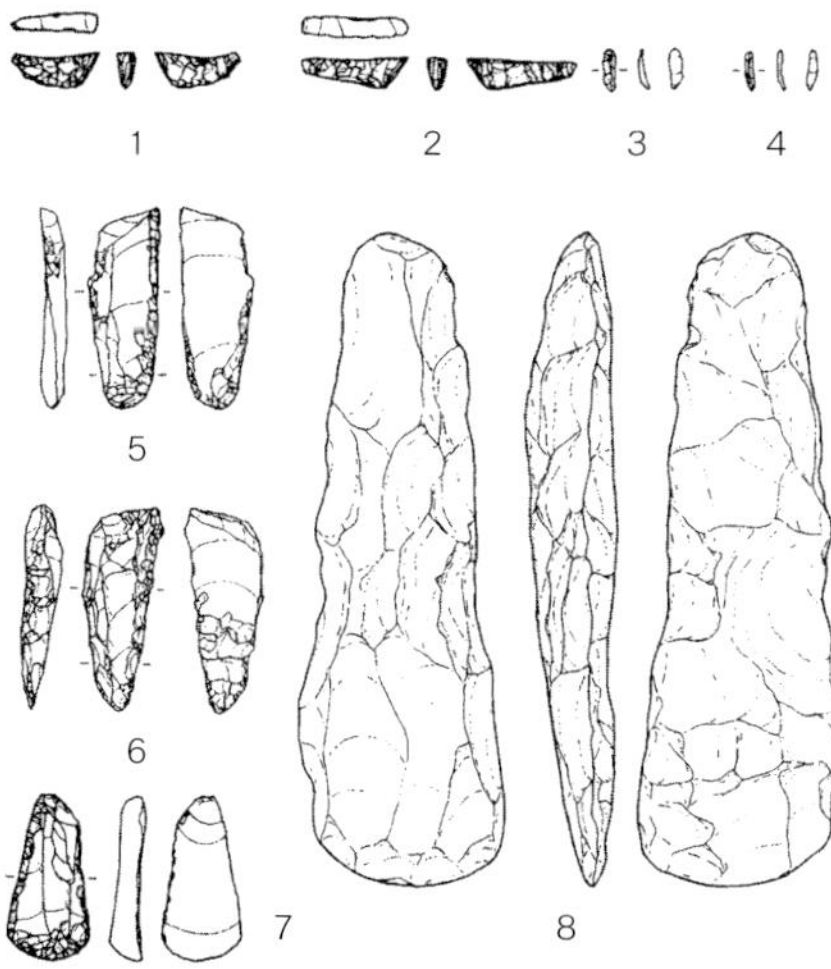

［図8］遠軽町上白滝5遺跡の石器：
1、2 小型舟底形石器
3、4 細石刃（？）
5、6 彫器
7 掻器
8 石斧

COLUMN

常呂川流域の旧石器時代研究

中村雄紀

常呂川流域は、北海道内でもとくに旧石器時代の遺跡が密集している地域の一つである。流域内には置戸町・所山《ところやま》をはじめとして複数の大規模な黒曜石原産地が存在し、黒曜石で石器製作をおこなった遺跡が常呂川中・上流域に多数分布している。この地域は道内でも早くから旧石器時代の研究が進んだ地域で、一九五三年には北見市で最初の旧石器時代遺跡の発掘(豊田遺跡)がおこなわれている。その後、東京大学を含む研究機関所属の研究者が常呂川流域で遺跡の分布調査を実施し、多数の遺跡を発見していった。現在までに、その一部では発掘調査もおこなわれている。なかには学術的に貴重な資料が出土し、専門家であれば知らない者のない有名な遺跡も存在する。ここではそのなかからいくつかを紹介しておきたい。

広郷《ひろさと》台地に位置する広郷8遺跡は、「広郷型尖頭形石器《せんとうけいせっき》」[図1]の標識遺跡として著名である。石刃を加工して尖らせ、石槍として使われたと考えられる石器であり、と

[図1] 広郷8遺跡出土の「広郷型尖頭形石器」

くに平坦加工が多用されている点に特徴がある。北海道の後期旧石器時代前半期を代表する石器として知られている。広郷8遺跡にほど近い広郷遺跡は「広郷型細石刃核」［図2］の標識遺跡である。大型石刃を素材として小口面から細石刃を剥離するという石器製作技術は、良質で大型の石器石材が豊富に入手できるというこの地域の条件に対応して成立したものである。この広郷遺跡出土石器群は北見市指定文化財にもなっている。紅葉《もみじ》山《やま》遺跡は留《る》辺《べ》蘂《しべ》市街地に近接した丘陵上にある。ここでは「紅葉山型細石刃核」［図3］として知られる角錐状の細石刃核が出土している。広郷型細石刃核に比べると、相対的に小型の原石を利用して効率的に細石刃を製作する技術である。

　こうした石器の型式や特徴的な製作技術は旧石器時代のなかでも年代や地域によって変異し、文化の指標となっている。そしてここで紹介したように、常呂川流域の遺跡は北海道の旧石器文化を解明する上で重要な役割を担ってきたのである。

［図3］紅葉山遺跡出土の「紅葉山型細石刃核」

［図2］広郷遺跡出土の「広郷型細石刃核」

COLUMN

旧石器／縄文時代移行期のミッシングリンクを探る

夏木大吾

　土器の発明は、人類史上の大きな技術革新の一つと捉えられている。世界的にみても日本列島における土器の出現は比較的古く、青森県大平山元《おおだいやまもと》I遺跡では約一万六〇〇〇年前にさかのぼり、本州以西ではここから縄文時代の開始とする。一方、北海道では、帯広市大正《たいしょう》3遺跡や遠軽町タチカルシュナイ遺跡M－I地点で縄文草創期の土器が知られている。その年代は一万四〇〇〇年前ごろであり、北海道では本州よりも遅れて土器が出現した可能性がある。

　北海道で縄文時代草創期文化の存在が確実視されるようになったのは、二〇〇〇年代に入ってからであり、研究史上ではきわめて最近のことである。それ以前、北海道では旧石器時代終末期の文化が、本州の縄文時代草創期に並行して存在すると考えられてきた。また、九〇〇〇年前よりも古い縄文遺跡の実態はよくわかっていなかったため、北海道の旧石器時代から縄文時代の間に大きなミッシングリンクがあった。それゆえに、二〇〇五年の大正3遺跡における縄文草創期の土器［図1］の発見は、旧石器／縄文時代移行期を解明する大きな糸口となった。

　二〇一六～二〇一九年に東京大学によって調査されたタチカルシュナイ遺跡M－I地点では、大正3遺跡に類似する土器や石器［図2］が出土した。この縄文草創期の土器は今のところ日本列島で最北の例であり、道内では三例目の発見となった。大正3遺跡やタチカルシュナイ遺跡M－I地点で出土した土器は、「爪形文《つめがたもん》」とよばれる文様が特徴である。同様の土器は本州を中心によく知られている。

　一方で、石器を作る技術は、不定形の剝片や両面加工の石器を素材としたものが主である。これらの道具の技術は本州の縄文草創期文化に由来すると考えられるが、たとえば小型で薄い木葉形の石鏃は、本州側ではそれほど多くなく、北海道での独自性も生じたようである。

　縄文草創期文化の大正3遺跡やタチカルシュナイ遺跡M－I地点は、更新世末の暖かい時期（ベーリング・アレレード：一万五〇〇〇～一万三〇〇〇年前）に形成されたものであり、その背景には温暖化に乗じた本州からの文化や人類集団の北上がある。この時期に、縄文草創期文化と後期旧石器時代終末期は併存していたようである。しかしながら、次の約一万三〇〇〇～一万一七〇〇年前の寒冷期（ヤンガードリアス）に相当する縄文草創期の遺物は北海道で見つかっていない。温暖な時期に採用された物質文化や生業スタイルが途絶してしまったのかもしれない。その後、一万年前までには旧石器時代終末期も終わり、縄文早期の物質文化へと移行する。その過程では、少なからず本州北部の縄文文化の影響を受けたようだが、人びとの生活スタイルがどのように変化し、新たな地域社会はいかなる由来をもつ集団によって形成されたのかなど、いまだわからないことも多く残されている。

［図1］大正３遺跡の縄文草創期土器：人の爪や工具などを土器の表面に刺突・押圧した「爪形文」とよばれる文様がみられる。器は基本的に深鉢形で底部に向かって丸みを帯び、底に突起がつけられる

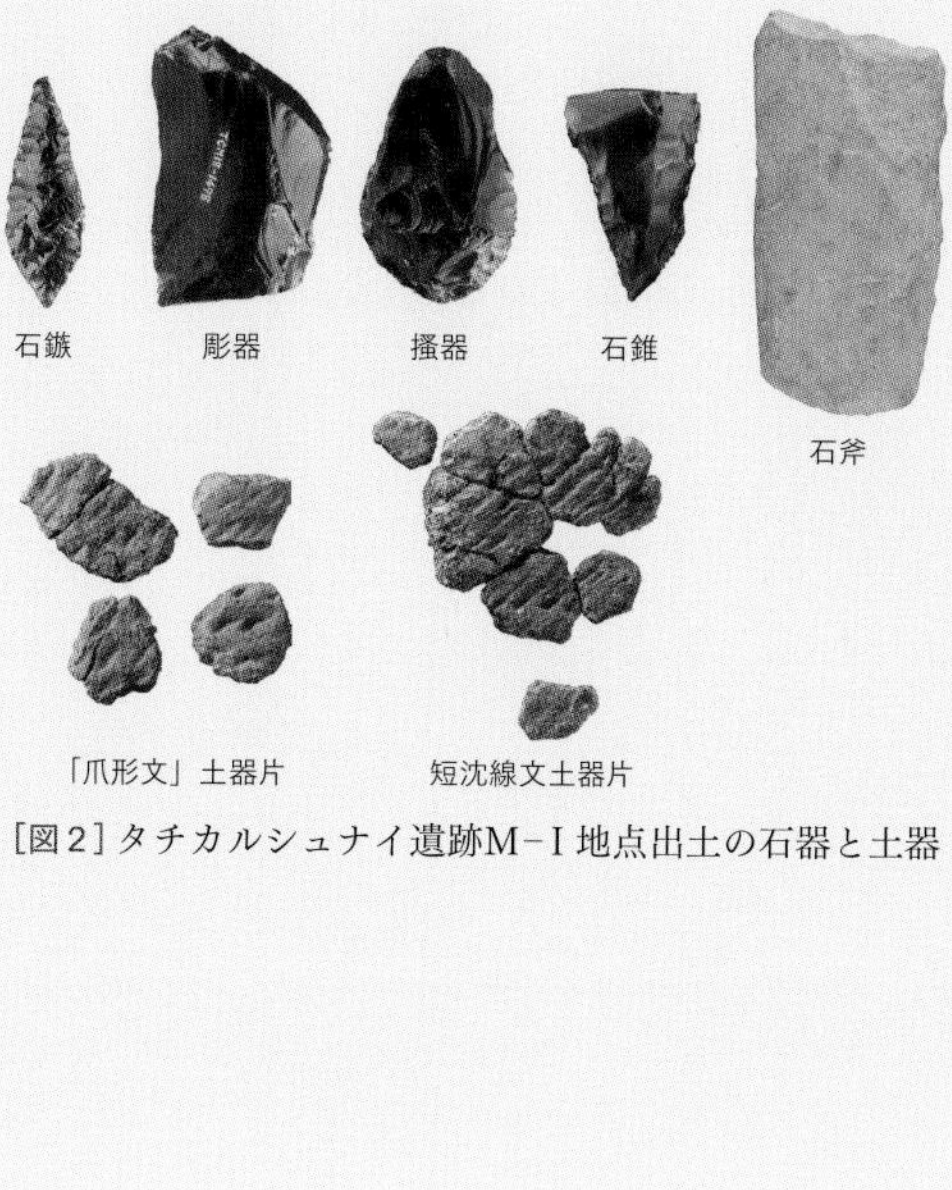

［図2］タチカルシュナイ遺跡M−Ｉ地点出土の石器と土器

COLUMN

黒曜石製石器

山田 哲

黒曜石（obsidian）は、高温のマグマが急冷却してできたガラス質の岩石であり、北海道では「十勝石《とかちいし》」の名でも知られる。この石器石材は、旧石器時代や縄文時代などの石器時代の文化について研究する上で、二つの側面において大変重要な意味をもっている。

一つは、何といっても、当時の人びとの生業・生活に用いられる道具（石器）のきわめて有用な材料だったということである。黒曜石はまさにガラスであり、容易に打ち欠いて形状を加工することができるとともに、非常に鋭利な縁辺ができるため、金属のない時代の利器として最適であった。また、自然のなかではなかなか目にすることのない、黒々とした（ときに赤褐色の）光沢や透明感をもった固体であることも、人びとにとっての価値を高めただろう。ある程度のサイズと質の黒曜石が産出する地域では、世界中どこでも、ほかの石材を圧倒する形で黒曜石が利用されるのが普通である。

もう一つは、考古学資料としての有用性である。石器として利用可能な黒曜石を採取できる産地はごくかぎられているため、そこから離れた場所で発見される黒曜石製石器は多くの人為的なプロセスを経てもたらされたことになる。また、黒曜石にも色や質、成分などの個性があり、高い精度で産地を推定することが可能である。したがって、各地の遺跡から出土している黒曜石製石器の産地を調べることで、当時の人びとの活動領域や人びとの間の関係（交換など）といった、具体的な行動や社会・経済の様子をうかがうことができる。

北海道では、大まかに一六カ所前後の黒曜石産地が知られているが、石器石材として利用可能な原石を得られるところはかぎられており、黒曜石製石器のほとんどは、白滝、置戸、十勝三股《とかちみつまた》、赤井川《あかいがわ》の四大産地の黒曜石によるものである。とりわけオホーツク地域には、日本最大の埋蔵量を誇り巨大な黒曜石を産出する白滝と、埋蔵量や原石サイズでは白滝に劣るかもしれないが高品質の黒曜石を豊富に産出する置戸があり、それぞれ湧別川と常呂川を通じて黒曜石の転礫《てんれき》（円礫）が海岸付近まで流れ出ている。オホーツク地域では黒曜石製石器を出土する遺跡が数多く発見されているが、その背景にはこうした資源環境がある。

一般的に、石器による狩猟の成否が人びとの生命線となり、広い地域におよぶ遊動生活が展開された旧石器時代には、良質で大型の石材産地付近で石器やその素材が製作・準備され、もち出された。こうして形成された大量の石器製作作業の痕跡が、いわゆる原産地遺跡群であり、白滝と置戸はその代表でもある。とくに白滝は、一九五〇年代からの調査研究の積み重ねのなかで常に注目されてきたが、旭川紋別自動車道の建設にともなって一九九五年から二〇一五年にかけて実施された大規模な発掘調査とその成果の整理・公表は、北海道および日本の旧石器研究における第一級の基礎資料を提供することとなった（木村二〇二〇）［図1］。その一部は、現在、日本最古（旧石器時代のものとしては唯一）にして北海道二件目の国宝「北海道白滝遺跡群出土品」となっている。

［図1］白滝遺跡群出土の黒曜石製尖頭器（石槍）：佐藤雅彦撮影

縄文・続縄文文化

熊木俊朗・福田正宏

縄文文化の「適応限界」

縄文文化の広がりをみると、その空間的範囲は現在の日本の領土とおおむね重なる。総じてみればオホーツク地域も含まれるとはいえるが、緯度の高さやオホーツク海に面する立地条件は、この地域ならではの独自性を生みだした。東日本の縄文文化を象徴する土偶と石棒の存在は、日々の生活で祖先祭祀が重視されたことを表すとされる。もしその分布が縄文文化の範囲を示す目安となるならば、それらの器物がほとんど出土しないオホーツク海沿岸には、そうした精神世界を受け入れにくい、特別な事情があったとも考えられる。

オホーツク地域などの道東北部は、縄文系の遺跡や遺物の北への広がりの北限に位置している。この地域は、道南部よりも冷涼な気候下にある。およそ七〇〇〇年前から始まる気候最適期以降の基本的な植生は針広混交樹林であったが、そこでは縄文人にとって重要な食糧資源であったクリやコナラといった堅果類は得られなかった。そのため、人びとは漁労や狩猟の比重を高めて、この環境に適応したと考えられる。しかし、縄文文化の生活形態や技術はもともと温帯の森林環境を基盤とするものであったため、縄文文化の「適応限界」に位置する道東北部では、寒冷化などの環境変動の影響はより深刻になったとみられる。また、この「適応限界」を超えた、亜寒帯性針葉樹林が北方に控える宗谷海峡以北の地域は、縄文集団にとって進出したり定着したりしにくい環境にあったのである（福田二〇一八）。

完新世初頭に出現した「石刃鏃石器群」

文化の拡大を阻んだ「適応限界」は、限界域を越えた交流を阻害する要因にもなったようだ。縄文文化では、サハリンより北の地域との交流を示すような痕跡はごく少数しかみられない。とはいえ、不安定な温暖化の過程にあった完新世初頭は、様相がやや異なっていた。縄文早期後半の「石刃鏃《せきじんぞく》石器群」は、そうした気候変動のもとで出現した。

「石刃鏃」とは、規格性の高い石刃を加工して作られた特徴的な鏃《やじり》のことで［図1］、これを含む石器群には同様の石刃を素材とする彫器や削器などがともなう。石刃鏃自体は、サハリンやアムール川流域、中国東北地区、東シベリアなど、東北アジア地域に広がり、北海道でも道東部一帯を中心に広く分布がみられる。サハリン南部には道東と共通した石器群があり、石材として用いられているのは、白滝などの道東産黒曜石である。その存在は、宗谷海峡を越えるような石材調達システムが発達し、石器製作や生業技術が北海道の集団と共有されていたことを示す。近年の研究によれば、石刃鏃の存続期間や石器の器種組成・製作技術は地域により異なり、石刃鏃にともなう土器の型式にも時間差や地域差がある（森先二〇一四）。また、北海道で石刃鏃石器群にともなう土器の多くは、道南部以南の縄文土器との関係で説明することができる。大陸と北海道を直接結びつけるような単純な伝播論はもはや成立せず、サハリン南部と道東北部など、オホーツク海沿岸の隣接する地域間の関係を詳細に分析する方向に研究の焦点が絞られつつある［図2］。

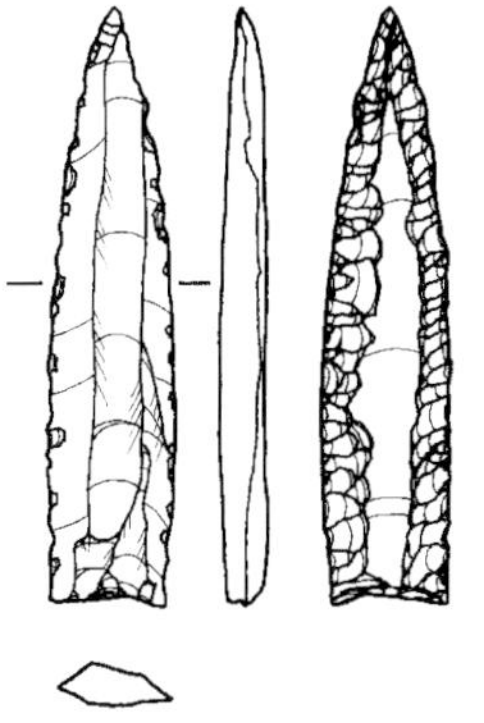

［図1］石刃鏃：石刃の腹面の周縁を中心に二次加工を施したやじり。湧別町湧別市川遺跡出土

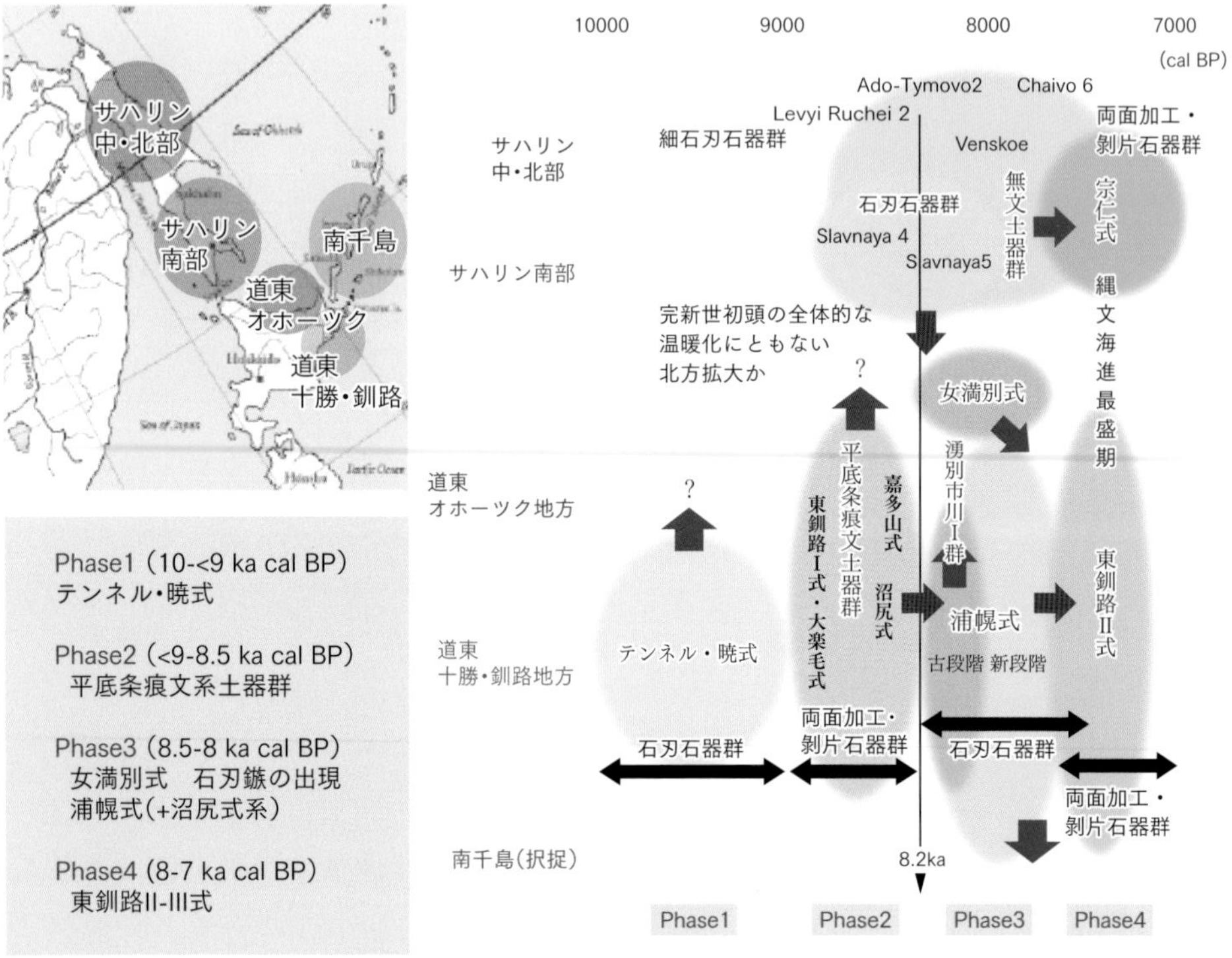

［図2］完新世初頭の適応形態変遷（ダイナミズム）

北海道の石刃鏃石器群の年代はおよそ八四〇〇～七八〇〇年前に収まるが、その期間内に「8・2Kaイベント」とよばれる地球規模の寒冷化が生じていたことが判明している。オホーツク海沿岸の変化は、約八二〇〇年前に生じたこの気候変動が契機となったようだが、その前後に生じた温暖化と、石刃鏃石器群の受容から放棄にいたる技術の継承との関係も、興味深い問題である（Fukudaほか二〇二二）。

石刃鏃石器群が消滅した後、縄文早期末に縄文海進は最盛期をむかえる。以後のオホーツク海沿岸における縄文文化は、新たに成立した地域生態系に適応した「極東型新石器文化」（九七頁参照）の一地方型となり、独自色の強い展開がみとめられるようになる。

縄文中期を頂点とする変動

北海道の縄文文化では、世界文化遺産に登録された「北海道・北東北の縄文遺跡群」がよく知られている。北海道内の構成資産としては、道央部と道南部の六カ所の遺跡が含まれ、縄文早期から晩期までの環境適応・定住・精神文化の継続性と発展が評価された。それでは、これらの構成資産には含まれていない道東北部の縄文遺跡は、どのように評価できるだろうか。

道東北部でも縄文早期から晩期までの各時期を通じて遺跡は存在しており、その数もけっして少なくはなく、継続的な人びとの営みがみとめられる。しかし、確認されている各遺跡の規模は全般的に道央部以南よりも小さく、とくに縄文後期前葉のオホーツク地域では遺跡数が一時的に激減するなど、相対的に安定度の低い傾向がみてとれる。分布調査が比較的進んでいる北見市内（常呂川流域）を例に、遺跡数の時系列変化をみると［表1］、縄文中期前半までは数が少ないが、中期後半から後期初頭には飛躍的に増大し、直後に激減するという、中期後半を中心とする時期の前後に大きな変動が生じていることがわかる。

遺跡数が増える縄文中期において、この地域を代表する遺跡が北見市トコロ貝塚である。北筒式《ほくとうしき》トコロ6類土器（縄文中期末）［図3］の時期に形成された貝塚の分析結果からは、マガキを中心に、貝類・魚類・海獣類など沿岸地域の生息動物を主な食糧資源としていた様子が復元されたが、そこにはハマグリ、マダイ、カジキ、ヒラメなど、現在の常呂周辺には存在しない温暖な地域の動物種が含まれており、とくに注目された。縄文中期末は列島規模で気候の寒冷化が生じた時期であり、道央部や道南部でも後期初頭には遺跡の数や規模が減少している。しかし、トコロ貝塚の成果をみるかぎり、オホーツク地域では中期末の時期はまだ気候が温暖で、後期初頭にも遺跡数の極端な減少は生じていない。近年の研究で明らかにされたこのズレは、時間差としてはわずかかもしれないが、オホーツク地域の環境変動とそれへの適応形態を考える上で重要な論点となろう。

縄文から続縄文への変化

「続縄文」という用語は、文字どおり「縄文式の文化がその後も続いた」という理解に由来す

［表1］北見市内における縄文文化の遺跡数（熊木・中村2019）：市町村合併前の旧市町村ごとに集計

	留辺蘂	北見	端野	常呂	計
旧石器／縄文移行期（草創期文化の石器群）		4	1	1	6
早期前半（テンネル・暁式、平底条痕文系土器群）		4		3	7
早期後半（石刃鏃石器群）	1	9	3	8	21
早期後葉（東釧路式系土器）		9	6	9	24
前期前半（繊維尖底土器群）		1	1	7	9
前期後半から中期前半（岐阜ⅡA群土器、常呂川河口押型文土器群）		5		19	24
中期後半から後期前葉（モコト式、北筒式）	1	54	38	43	136
後期中葉から後期末（磨消縄文土器）		6	3	5	14
晩期（突瘤文・爪形文等の土器、幣舞式）		6	7	22	35

［図3］北筒式トコロ6類土器：トコロ貝塚の貝層中から出土

るもので、狩猟・漁労・採集を生業の基盤とし、縄文の付された土器や石器を利用し続けるなどの点が、縄文文化から継続するとみなされてきた。一方で、縄文とは異なる点も指摘されている。道東北部の例でいえば、海岸部を指向する遺跡の立地、多数の副葬品を納めた墓の出現、北方地域との交流拡大などである。なお、これらの変化の一部は、続縄文の直前、縄文晩期後半の幣舞式《ぬさまいしき》土器の時期から出現し始めるため、文化の変容と画期を考える上では注意が必要である。

多数の副葬品を納めた墓

オホーツク地域の続縄文文化を代表する遺跡が、北見市常呂川河口遺跡である。続縄文の遺構では一三二軒の竪穴住居跡〔図4〕、二六七基の墓〔図5〕のほか、土坑や埋甕などが発掘されており、その規模は道東北部では最大級である。とくに注目されるのは、多数の土器・石器・玉類、そして本州から移入された希少な品を副葬した墓の存在である（五二頁参照）。このような墓は、縄文晩期後半から続縄文後期（後北C_2・D式の時期）までの各時期を通じて、墓全体のおよそ一割弱という一定の割合で出現している。一方、副葬品の内容をみると、被葬者の階層性が、続縄文中期（宇津内Ⅱb式の時期）までは副葬品の数量をほかよりも突出して多く納めるというやり方であるのに対し、続く後期では、量よりもむしろ鉄器やガラス玉などの希少性の高い移入品を含めるというやり方で、それぞれ表現されているようにみえる。墓にみられるこのような傾向は、続縄文の社会における有力者の性格を読み解く上で、興味深い情報となろう。

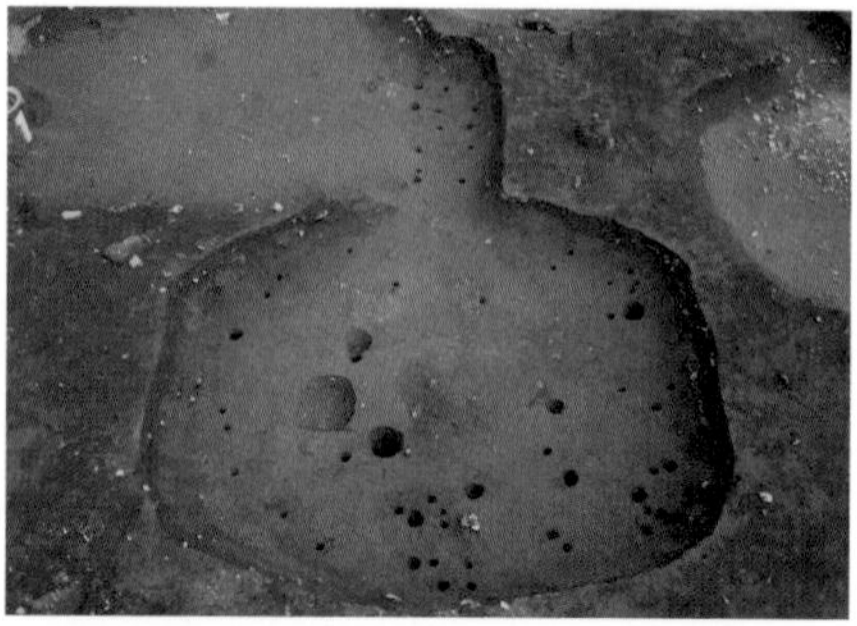
［図4］続縄文文化の竪穴住居跡：舌状の張り出し部がつく、縄文晩期後半〜続縄文文化に特徴的な竪穴。北見市常呂川河口遺跡（続縄文早期）

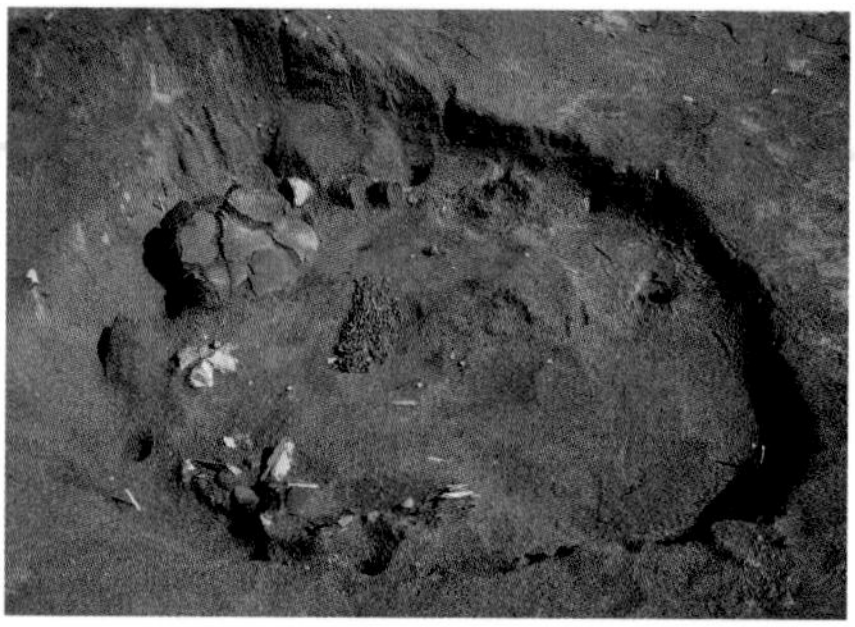
［図5］続縄文文化の墓：琥珀玉、土器、石器など大量の副葬品が納められた墓（出土品は52頁図1参照）。北見市常呂川河口遺跡470号土抗（続縄文前期）

［図6］大量の琥珀玉を含む副葬品：この時期の琥珀玉はサハリン産とみられている。北見市常呂川河口遺跡出土（続縄文前半期）。佐藤雅彦撮影

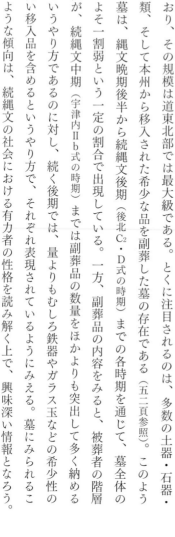

北方地域との交流拡大

北方地域、すなわちサハリンや中部千島との間に交流がみられることも、続縄文の特徴といえる大きな変化である。宗谷海峡を越えた交流は、先に触れた縄文早期の石刃鏃石器群の時期以後、およそ五〇〇〇年以上に渡ってほとんど確認できない状況が続いていたが、続縄文の初頭、もしくはそれをややさかのぼる時期から、続縄文土器がサハリン南端部や中部千島（北千島まで拡大していた可能性もある）まで分布を広げたり、北海道産の黒曜石がサハリン北部まで運ばれたりするかたちで、交流が広がった。北海道側でも、副葬品として大量に出土する琥珀玉［図6］の原材にサハリン産の琥珀が含まれると推定されており、これらの琥珀玉が出現する続縄文の初頭の時期に、大きな変化が生じていたことがわかる。

このような交流は、続縄文後期になるとさらに拡大した。それを示すのが、この時期のサハリン中部から北海道の北端部にかけて分布する鈴谷式《すすやしき》土器である（一〇一頁参照）。鈴谷式土器は、主な分布の南限を越えて道央部や道東部でもごく少量が出土しているのだが、常呂川河口遺跡で出土した例［図7］は、北海道の北端部には例のない、櫛目文で底部が尖るというサハリン北部の鈴谷式の特徴を有するものであった。この土器の存在は、サハリンと道東部の間で直接的な接触がおこなわれていた可能性を示すものであり、続く時期に北海道に展開してくるオホーツク文化にもつながる動きとしても注目される。

［図7］鈴谷式土器：櫛目文が施されるタイプの鈴谷式。北見市常呂川河口遺跡出土

COLUMN

擦切石斧

夏木大吾

擦切《すりきり》石《せき》斧《ふ》とは擦切技法を用いて製作した石斧で、北海道の先史時代を代表する石器の一つである。擦切技法は、板状の石製工具を用いて、鋸引きの動作で溝を掘りながら石器となる石材を切り分ける技術である［図1］。擦切石斧は北海道でとくに多く出土し、縄文時代早期初頭から続縄文文化前半の約一万年間製作され続けた。かつては、隣接するロシア極東などの新石器文化との関係を示すものとして、縄文時代早期の約八〇〇〇年前ごろの擦切石斧が注目されたこともあった。しかし、一九八〇年代以降の行政発掘調査によって、大陸のものより古い事例の報告が相次ぐようになり、擦切石斧の分布を根拠とした大陸文化起源論は次第に下火になっていった。縄文早期の擦切石斧の系譜を草創期の擦切技術に求める意見もあるが、その結びつきは未だわかっていない。いずれにせよ、擦切石斧は縄文早期になってから北海道で普及したことは確実である。その最初の証拠は、帯広市大正6遺跡から出土した擦切石斧の未製品であり、一万一〇〇〇年前ごろまでさかのぼる。

擦切石斧の利用は縄文時代早期から前期にかけて盛行する。全体的に丁寧に磨かれ、さらに石鋸《いしのこ》で擦り切る必要があることから、製作には大変な手間がかかったことが想像できる。擦切技法の利点は、一旦素材を準備してしまえば、後は必要に応じてこれを分割できること、材料消費の無駄が少ないことである。それゆえ、石材産地や一カ所の居住地に石斧製作のために長期間滞在する必要も、重い石材を

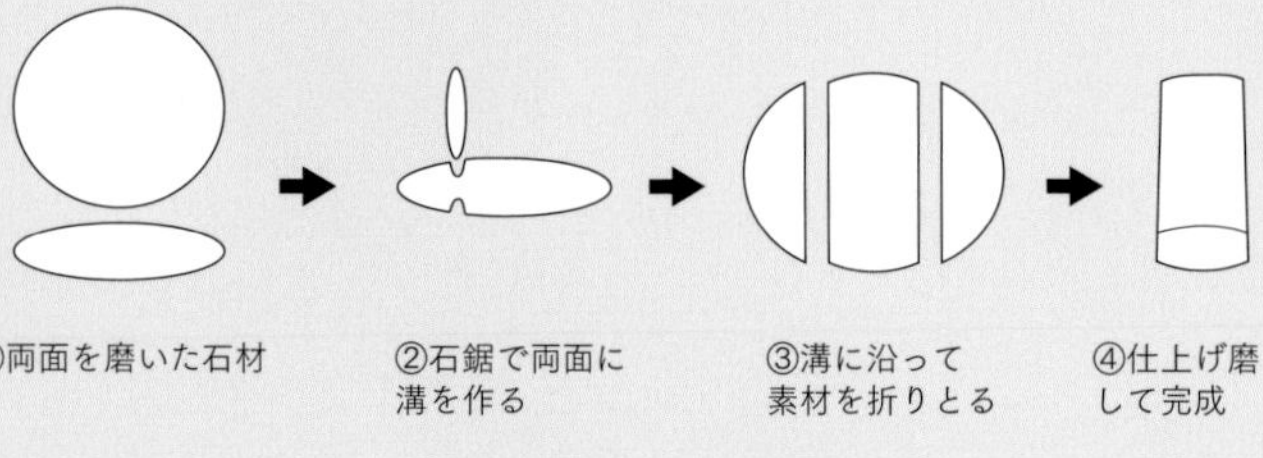

①両面を磨いた石材
②石鋸で両面に溝を作る
③溝に沿って素材を折りとる
④仕上げ磨きして完成

［図1］擦切石斧の製作工程

もち運ぶ必要もなかった。無駄のない使い方は、旧石器時代以来の石刃製作技法にも共通する。この技術は、縄文時代早期の移動性の高い居住生活を営んでいた北海道の人びとに重宝された。擦切石斧は縄文早期のなかでも石刃技法をともなう石刃鏃石器群［図2］に多くみられ、当時の人びとの知恵と工夫が良くあらわれている。

擦切石斧が注目されるもう一つの点は、財としての価値である。擦切技法は、断面角形の均整のとれた形態の石斧を製作できる反面、時間が多くかかる。そのため、縄文時代前期以降になり石斧の量産や大型の石斧が必要になってくると、主流ではなくなってくる。その一方で、アオトラ石といった北海道産石材を用いて、精巧に作られた大型の擦切石斧が本州北部にまで流通するような現象もみられるようになり、実用品以外の価値も高まってくる。縄文晩期から続縄文前半にかけては、北海道において多量の副葬品をともなう墓が顕著になり、そのような副葬品に擦切石斧が含まれることがある。北見市の常呂川河口遺跡では続縄文文化初頭に属する多くの墓坑から緑色岩で製作された擦切石斧が出土している［図3］。

［図2］縄文時代早期の石刃鏃石器群と擦切石斧：北見市トコロチャシ跡遺跡出土

［図3］続縄文文化初頭の墓坑に埋葬された擦切石斧：北見市常呂川河口遺跡出土

COLUMN

幣舞式土器とシマフクロウ

福田正宏

常呂川河口遺跡295a号土坑から出土した縄文時代晩期の幣舞《ぬさまい》式土器のなかに、人物あるいは動物を表現したとされる土器［図1］が一点ある。

表面に朱塗り痕があり、調理痕がなく、また器形も特殊であることから、日用品とは考えにくい。

縄文土器の地紋は大抵の場合、縄目であるが、この例では木目調に細い沈線で空白部を充填している。口縁部の短い沈線を目鼻、口縁部側面の三角形の突出を羽角《うかく》、そして胴部側面の楕円形の突出部を羽に見立てると、シマフクロウのようである。口縁下部の凹みを、口か口まわりの入れ墨、刺突文による縁取りを顔の入れ墨とすると、人の顔のようでもある。また、胴部には対向する渦巻き文が描かれている。これが目で、その隙間を埋める渦巻きが口や鼻であるという人もいる。ちなみに、あまり言及されたことはないが、口縁部の側面が別の鳥類の顔に見えなくもない。

表現対象の特定は難しいが、道東の縄文晩期後半～続縄文前半に、カエルやクマなどの動物を模したとされる土器文様が増えるので、その流れの一部なのかもしれない。

道東の縄文文化は独自性が強いことで知られるが、その状況は、東北地方を中心に広がった亀ヶ岡式土器

［図1］常呂川河口遺跡295a号土坑出土の「シマフクロウ」土器

の分布が拡大する晩期に大きく変わる。石棒をともなう墓や、亀ヶ岡式土器の搬入品またはその流儀を意識した土器が出現する。常呂川河口遺跡の幣舞式土器の例も、この文化に特徴的な土偶を模したのだろうか。

幣舞式土器の場合、縄文時代晩期中葉の日本海側の石狩湾周辺~利尻《りしり》島や礼文《れぶん》島に広がった浜中大曲《はまなかおおまがり》式土器との接触・融合があり、その結果が道東における幣舞式土器の展開につながっていく。対馬暖流ルートで交流したのだろうか。

［図2］余市町大川遺跡の二足土器

浜中大曲式では、亀ヶ岡式の文様構成の基本は押さえるが、描き方のくせが強い。その典型例が、時代を超えて南北の文物が往来することで知られる余市町大川遺跡から出土している。

図2は、大川遺跡の二足土器である（山岸一九三四）。土偶の脚のような突起が二つあるが、顔や手の表現はない。胴部には、亀ヶ岡式の文様要素（S字状文ないしはヨ字状文）を組み合わせた対向入組文《たいこういりくみもん》が描かれる。これは、浜中大曲式によくある文様で、頸部の上下端にめぐるキザミ点列もこの型式の特徴である。

大川遺跡と常呂川河口遺跡の例は、ほぼ同時期の所産である。ある一つのイメージがあり、それを意識しながら別々の理屈で文様を描いている。たとえば、常呂川河口遺跡の例では、対向入組文の回転部がやけに強調されている。295a号土坑出土のほかの土器には、幣舞式の回転部だけを抜き取った文様が描かれている。このようなことからも、幣舞式の解釈方法は異質さが際だっているといえる。筆者はその背景に、本州系の亀ヶ岡文化とは異なる意識をもっていたオホーツク海沿岸特有の社会的要請があったと考えている。

COLUMN

縄文時代の漆製品からみた常呂川河口遺跡の漆塗櫛

太田 圭

国の重要文化財に指定された北見市常呂川河口遺跡墓坑出土品のなかに、782号土坑から出土した櫛がある。櫛の歯部と頭部の大部分を欠損するものの、塗膜層が残る漆塗櫛である。翡翠《ひすい》製の平玉六点と勾玉二点とともに出土した[図1]。これらの遺物は、縄文時代晩期後半の土坑墓におさめられた副葬品である。頭部の横幅より縦幅が長い竪《たて》櫛《ぐし》であり、櫛歯を結束した箇所に頭部を付けることから「結歯式《けっししき》」とよばれている。

日本列島では縄文時代草創期からウルシの木が存在していた（工藤二〇二一）。漆製品は早期後葉〜晩期の北海道から関西まで広く使われたが、出土数と種類が増えるのは後期〜晩期である。最古の製品は、早期後葉（約七五〇〇年前）の富山県上久津呂中屋《かみくづろなかや》遺跡の漆塗櫛である。北海道では函館市垣ノ島《かきのしま》B遺跡の漆製品（種類不明）がもっとも古く、年代は約七〇〇〇年前より古いとされる。

漆塗櫛は、本州では前期に広く分布し、中期に減少して後期前葉から急増する。北海道では後期中葉から結歯式の例が増え、その傾向は晩期まで続く。後期末葉になると、漆塗櫛の基礎的な製作技術が確立し、「切り抜き法」により頭部に透かし文様を入れる櫛が出現する（小林二〇〇八）。後期末葉に増加する透かし文様は、道央の恵庭市カリンバ遺跡や西島松5遺跡の例が有名である。道東では、斜里町朱円《しゅえん》周堤墓群《しゅうていぼぐん》、根室市初田牛《はったうし》20遺跡、釧路市緑ヶ岡遺跡、鶴居村《つるいむら》下幌呂《しもほろろ》1遺跡の漆塗櫛があるが、透かし文様はない[図2]。緑ヶ岡遺跡の例は常呂川河口遺跡の例と同じく晩期後半、それ以外は後期後半の漆塗櫛である。また、北海道では、縄文時代後期〜続縄文文化前半期にさまざまな種類の遺物を墓におさめる風習が広まるが、続縄文文化前半期になると、漆塗櫛はサメの歯や特殊な器形の土器とともに副葬品のリストから外れる。同時に、漆利用も低調になる。常呂川河口遺跡の漆塗櫛はこのような移行の過程のなかに位置づけられる。

［図1］常呂川河口遺跡782号土坑出土品：佐藤雅彦撮影

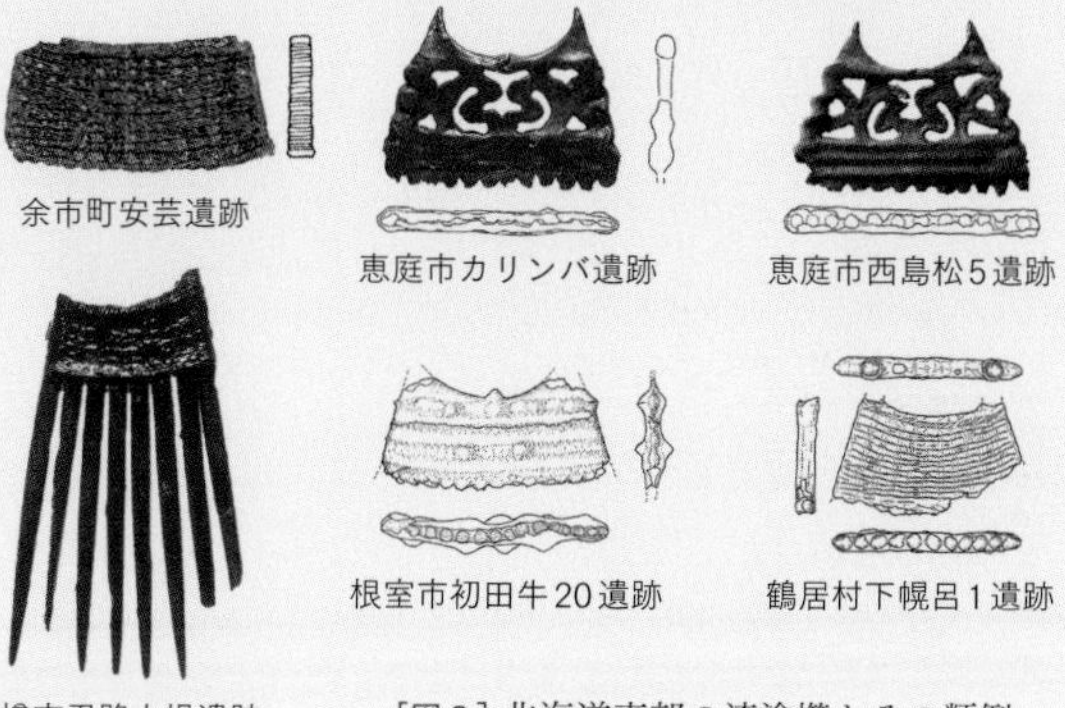

［図2］北海道東部の漆塗櫛とその類例

漆製品にみる赤と黒

常呂川河口遺跡の漆塗櫛には、赤漆が塗られている。縄文文化では、赤を表現するためベンガラ（酸化第二鉄）が用いられ、後期から辰砂《しんしゃ》（硫化水銀）の使用が本格化する。

北海道では、小樽市忍路《おしょろ》土場《どば》遺跡の例から水銀と硫黄が検出されている。辰砂が使われたようだが、その採取地は不明である。余市町安芸《あき》遺跡、忍路土場遺跡、下幌呂1遺跡では、黒色系の櫛が出土している。黒表現に煤煙《ばいえん》や水酸化鉄をよく使うが、炭素や鉄が検出された例が少ないため、道内での表現方法はまだわからない。下幌呂1遺跡の例からは微量の鉄が検出されている（佐藤ほか二〇一二）。報告によれば、水分を飛ばし酸化させた素黒目漆《すぐろめうるし》が利用された可能性がある。千葉県高谷川《たかやがわ》低地《ていち》遺跡の櫛は頭部の文様が赤と黒で塗りわけられ、千葉県土器崎《どきさき》遺跡の櫛は素黒目漆を下地にベンガラを塗り、辰砂が重ねて塗られている（永嶋二〇一〇）。

下幌呂1遺跡と忍路土場遺跡には、黒漆と赤彩を施した櫛がある。赤と黒の塗り分けか、重ね塗りかは判然としないが、赤と黒を意識的に使い分けている。

道東ではどのように赤と黒が使い分けられたのか、今後明らかにしていく必要がある。

COLUMN

弥生化と続縄文

根岸 洋

はじめに

続縄文文化と弥生文化の関係性は一九八〇年代から議論されており、近年では青野友哉や高瀬克範によって、弥生文化のみならず縄文文化との比較や相対化がおこなわれている。また生業の諸要素が検討された結果、海洋資源利用に特色をもつ続縄文文化の位置づけが明確になりつつある。本コラムでは続縄文文化にとっての「弥生化」について、どのように捉えるべきかを考える。

本論に入る前に暦年代について簡単に触れておこう。国立歴史民俗博物館の研究チームによる測定年代の見直しの後、北・東日本における縄文晩期と西日本の弥生早期・前期は少なくとも四〇〇年にわたって併行したことが明らかになった。弥生文化の影響が本州北端までおよんだのは広域編年上では弥生前期末以降であり、北海道ではさらに遅れることに留意されたい。北海道では、稲作農耕文化の影響とは無関係に続縄文文化が成立し、展開したのである。

続縄文文化と弥生文化の構図

「続縄文」はもともと土器のために考案された用語であったが、現代では文化・時代区分として用いられている。続縄文文化は、縄文時代晩期の直後（紀元前四世紀）から紀元後六世紀にかけて、北海道およびサハリン・千島列島の一部に広がった先史文化で、本州における弥生文化および古墳文化（の一部）と併行したと考えられている。その主体が北海道を中心とした北日本地域にあることは確かであるが、地域的にも時期的にも一繫ぎの文化として捉えることは難しい。続縄文初頭にはサハリンとの関係性が大きく変化したことが知られるし、前半期の恵山《えさん》式には本州系統の土器群が道南へと北上し、後の後北《こうほく》式では千島列島や本州へと拡張する動きがみられるためである。

弥生時代初期に朝鮮半島から伝わった稲作農耕を基盤として農耕社会化した本州に対して、北海道では狩猟・漁

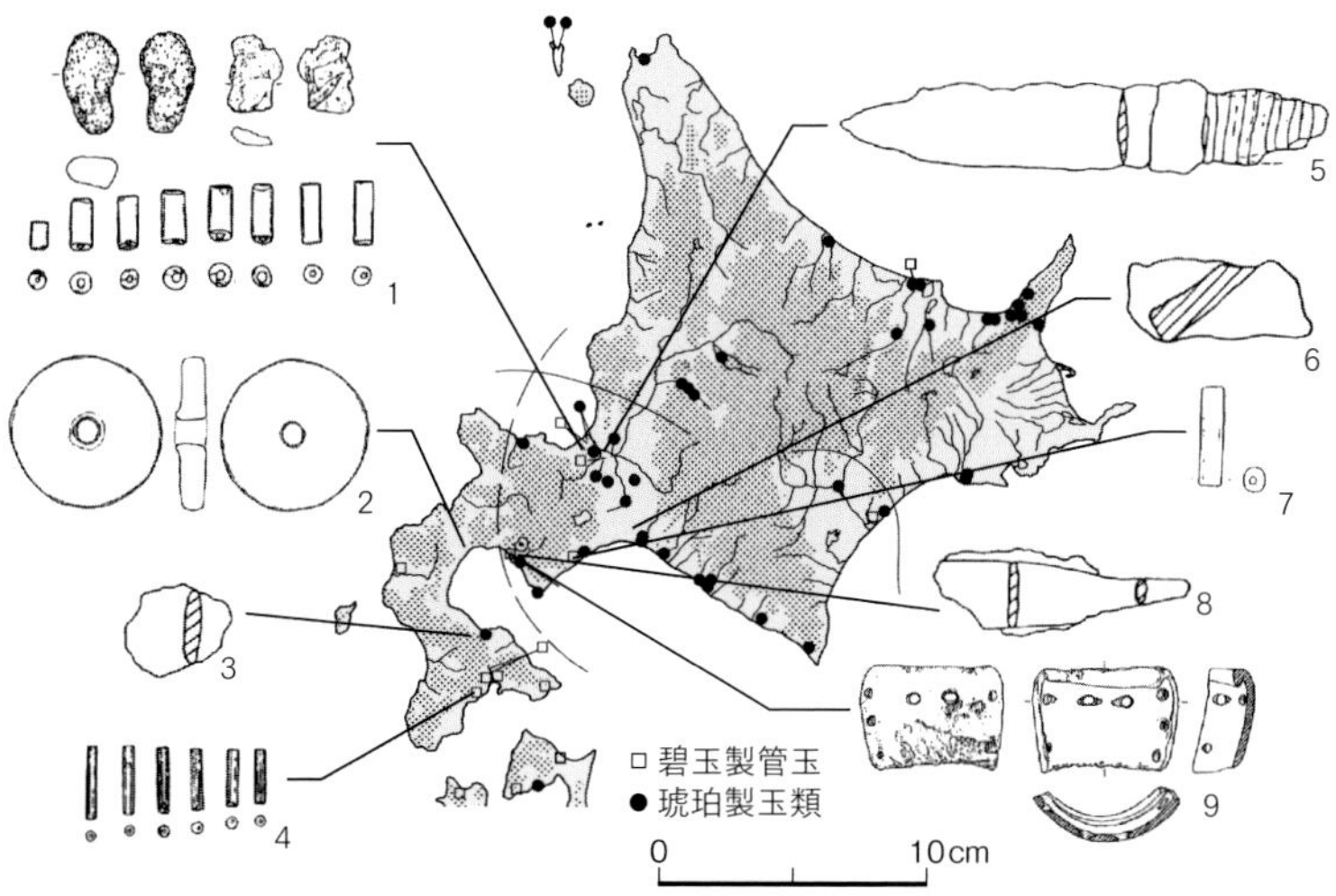

[図1] 続縄文文化圏外からの搬入品

労・採集経済の続縄文文化が続いたとみるのが、教科書などに描かれる一般的図式であろう。確かに、イネ・オオムギといった栽培植物は続縄文文化後半の一部（北大式期）にみられるが例外的であって、植物利用の大きな画期は擦文文化期に入ってからとなる。稲作農耕が受容されない点を重視して、縄文晩期に続く「続縄文期」を設定しようとする研究者もいるが、縄文時代からの継続性を強調しすぎると、かえって北海道独自の文化的特徴が見えにくくなってしまうかもしれない。

本州側から続縄文文化をながめると、弥生文化との間に明確な線が引けるわけではなく、むしろ地域的グラデーションがみられることに気づく。本州における弥生文化は一元的に広まったものではなく、在来の晩期縄文文化を主体に地域色が保たれており、とくに亀ヶ岡文化の系統を引く東北地方では、すべての地域において稲作農耕社会へと切り替わったわけではない。青森県西部の津軽平野では、弥生前期から中期中ごろにいたるまで一定規模を保った水田経営がなされたが、下北半島や太平洋側では長く稲作自体が営まれなかった。水田稲作はみられるものの文化システムが導入されなかったという点において、弥生文化の北端と続縄文文化の一部を同じ構図のなかで理解することも可能なのである。

他方、北海道における縄文晩期から続縄文の間の移行期は、とくに道北においてはサハリンとの関係性が大きく変動する時期として捉えられる（福田二〇一七）。当該期にサハリン以北の先史文化との関係性が変動し、居住形態や琥珀玉などの交易物資に日本列島以北の影響がみられるようになったとすれば、周辺地域が連動し始めた時代として捉え直すことも可能なのではないだろうか。

続縄文文化にとっての「弥生化」

「弥生化」というとき、西日本の縄文後・晩期からみれば集団の定着性を高めようとする諸現象（矢野二〇一八）のことを指し、縄文／弥生移行期の社会にとっては、段階的に稲作農耕が伝播した過程のことになる。弥生時代には大陸に系譜をもつ稲作農耕などの技術、環濠集落、墓制に反映される社会構造、列島独自の青銅製祭祀具などさまざまな要素が出現したが、これらがパッケージとして本州全域に広がった訳ではない。それでは続縄文文化にとっての「弥生化」とはなんだろうか。

道南・道央における恵山文化期から後北文化期には弥生系文物が集中して分布する［図1］。土坑墓に副葬される、北陸産と推定される碧玉《へきぎょく》製管玉《せいくだたま》をはじめ、墓や貝塚からは刀子や斧などの鉄製品、および南海産貝製品・土製紡錘《ぼうすい》車のことである。重要なのはこれらの時期が弥生中期中ごろ（紀元前二世紀）以降であって、中期初頭の二枚橋《にまいばし》式期までさかのぼらないことである。これらは日本海側を中心に発達した交易ネットワークの形成後にもたらされた交易物資と考えられ、稲作農耕とは別の文化接触にほかならない。玉類などを土坑墓へ副葬する墓制は縄文晩期後半からみられ、弥生文化の影響というより続縄文文化独自の社会構造を反映した習俗と捉えておきたい。また漁具（骨角器）に続縄文文化と東日本の弥生文化との間の相互交流も指摘されているが、時期的にかぎられる点が重要であろう。つまり続縄文文化にとっての「弥生化」とは、広域に及んだ交易ネットワークへの参画のことであり、文化や社会への影響とは考えにくい。

それでは、弥生時代中期よりも古い段階に、本州東北部の亀ヶ岡文化の影響はあったのだろうか。道南の聖山式《せいざんしき》土器のほか、道央の石狩低地帯や釧路地域には大洞《おおほら》A式から砂沢式にかけて搬入土器が運ばれる。しかし道東のオホーツク沿岸域に目を向けると、東北とは別個に変容した在地系統の変形工字文が展開しており［図2］、亀ヶ岡文化の系統をたどることが難しくなる。同地域におよんだ弥生系文物は北見市常呂川河口遺跡出土の碧玉製管玉などごく一部にかぎられ、道南・道央との違いが明瞭である。

一方、続縄文文化の始まりにみられる大形壺棺墓［図3］は縄文／弥生移行期の東日本で盛行した土器棺再葬墓と比較できるものの、両者の間に直接的な関係性を想定しにくい。このような壺の大形化も弥生化要素として捉えうるのかどうか、興味深い現象である。

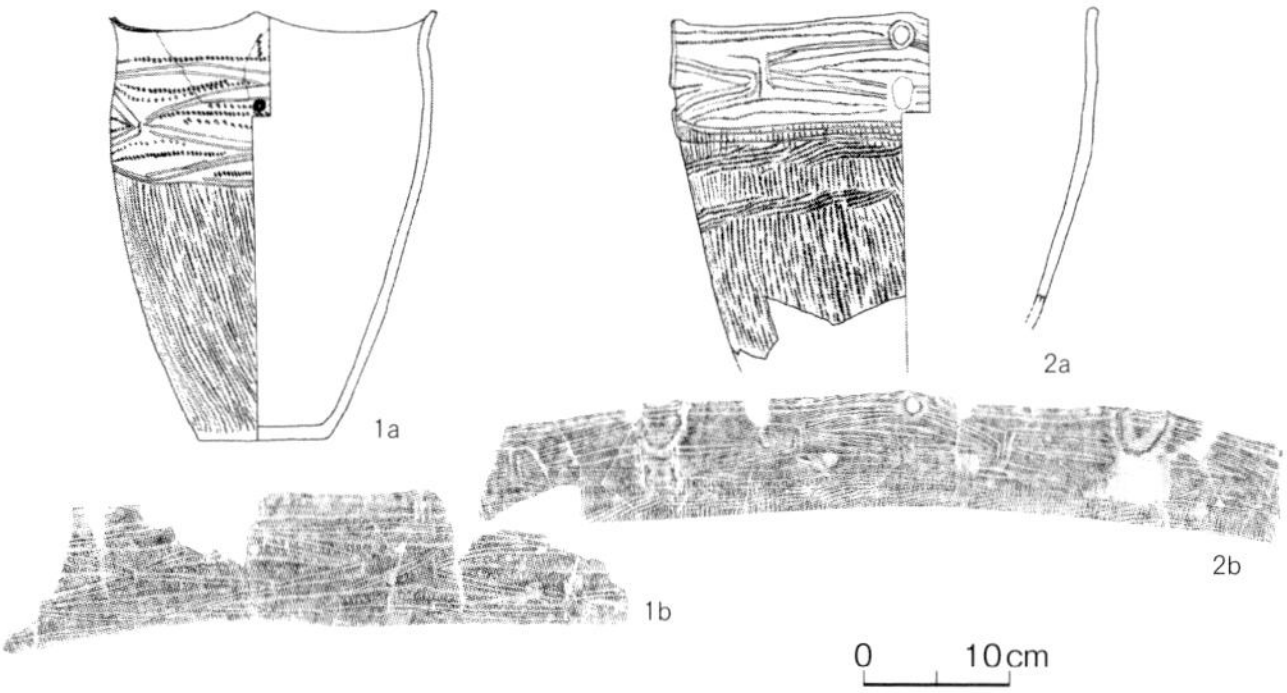

［図2］北見地域における続縄文初頭の土器：北見市中ノ島遺跡出土

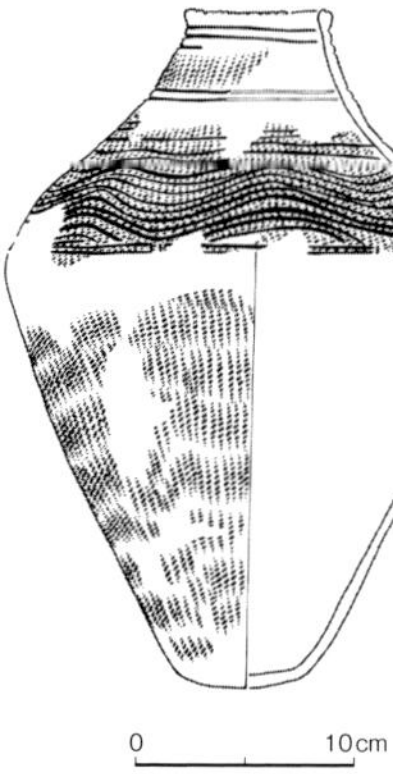

［図3］続縄文初頭の大形壺棺：
新ひだか町旭町1遺跡出土

COLUMN

常呂川河口遺跡墓坑出土品

中村雄紀

常呂川河口遺跡は、北見市を貫流する常呂川の河口部東岸に位置する。縄文時代からアイヌ文化期まで長期に渡り利用された遺跡であり、大規模な発掘調査により多数の遺構、遺物が発見された。調査成果のなかでも注目すべきものの一つは、縄文時代晩期から続縄文文化にかけての墓坑から出土した多数の副葬品である。そのうち代表的なものが二〇二三年、「北海道常呂川河口遺跡墓坑出土品」として国の重要文化財に指定されている。

常呂川河口遺跡では当該期の墓坑と考えられる土坑が五〇〇基以上発見されており、大量の出土品が回収されている。重要文化財に指定されたのは、このうち縄文時代の墓坑一二基、続縄文文化の墓坑八六基の出土品、計一八〇五点である。これには各種の装身具類、あるいは土器や石器の大量副葬の事例など、この時代の埋葬の文化の特徴をよく示す資料が含まれている。

［図１］470号土坑の出土品：佐藤雅彦撮影

副葬品となる装身具は時期によって内容が変化している。縄文時代晩期には、数は少ないながら翡翠製の勾玉・丸玉がある。続縄文文化前半期には、サハリン産と推定される琥珀製の玉が多用されるようになる。続縄文文化後半期に入ると、琥珀製の玉は使われなくなり、代わってガラス玉が入ってくる。このうち装身具を埋納する文化がとくに盛んになったのは続縄文文化前半期である。なかでも470

号土坑は約二四〇〇個にのぼる琥珀玉とともに土器や各種の石器を納めたもので、豊富な副葬品の内容から有力な人物の墓であったことが想定されるものである〔図1〕。

一方、副葬された土器では、縄文時代晩期に造形的にも優れた特色あるものがみられる。たとえば、295a号土坑では赤彩のあるものを含む一一点の土器が出土した〔図2〕。なかでも壺形の土器（四四頁参照）は顔のような文様をもつ特異なデザインで注目されるものである。

これらの出土品は当該期のオホーツク海沿岸地域の遺跡のなかでも群を抜く充実した内容であり、この地域の先史文化を研究する上で欠かせない重要な資料である。

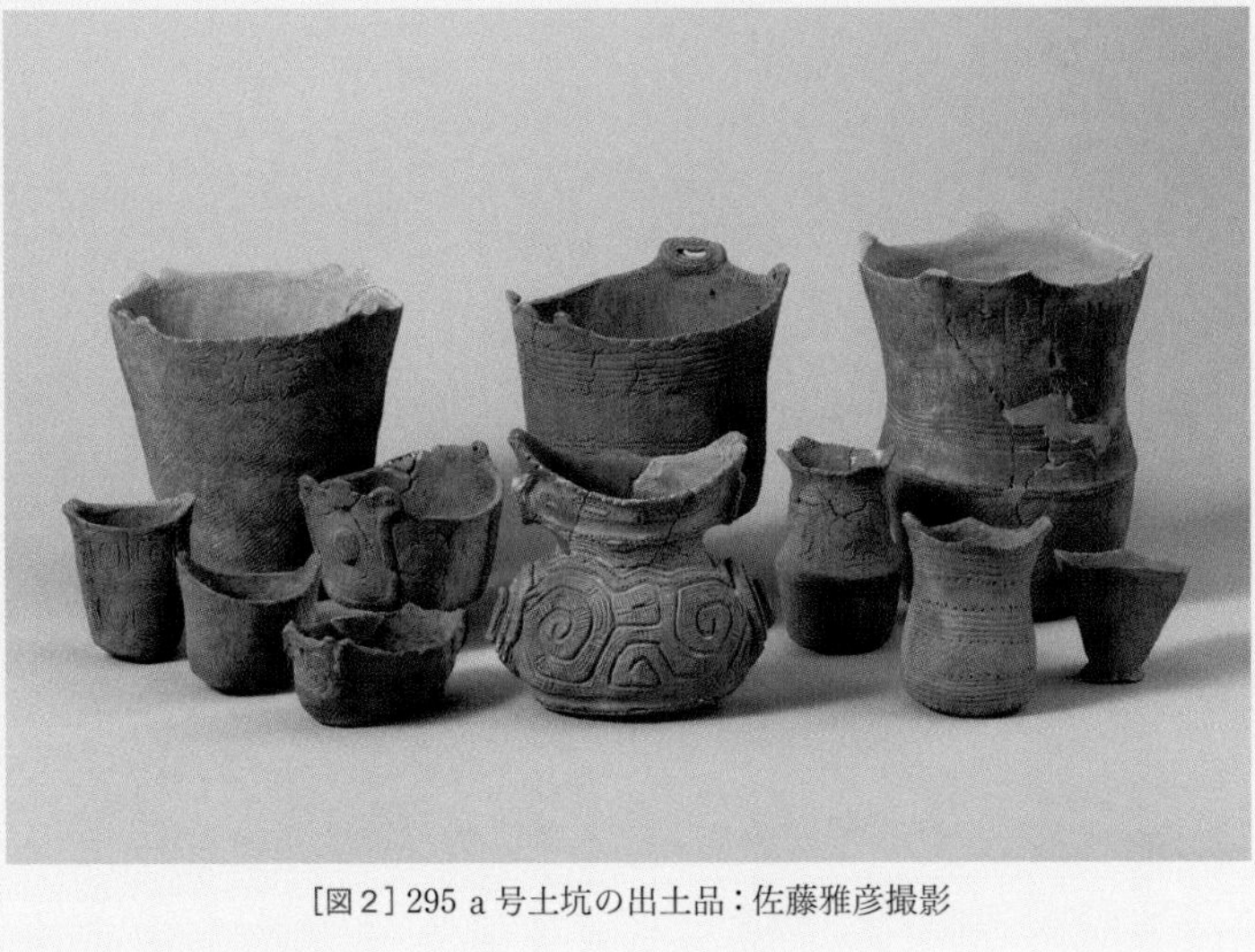

［図2］295 a 号土坑の出土品：佐藤雅彦撮影

道東部のオホーツク文化

熊木俊朗

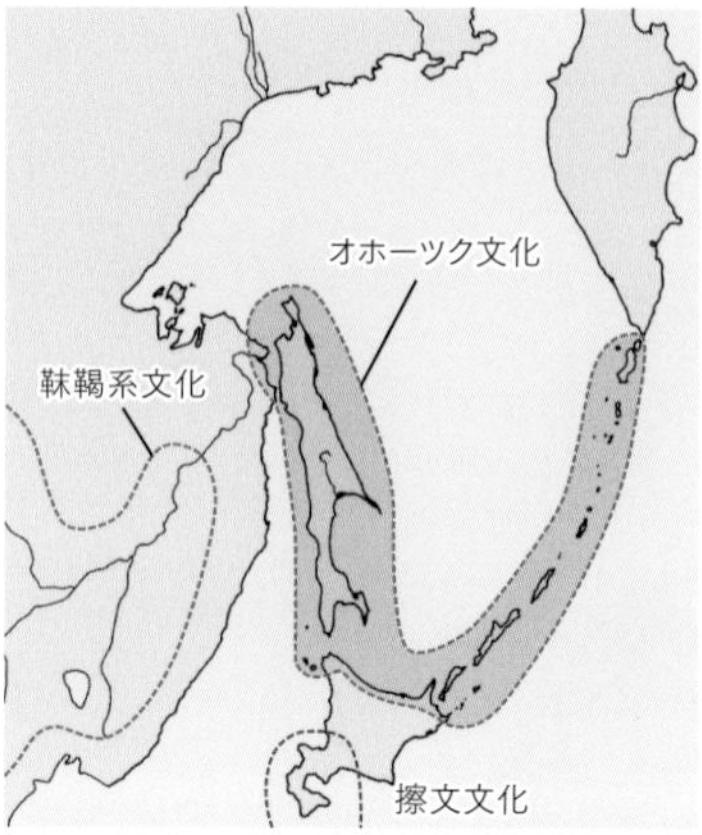

［図1］オホーツク文化と周辺の文化（7世紀ごろ）：同時期の石狩低地帯以南には擦文文化が、大陸極東には靺鞨系文化が広がっていた。

文化の並立

北海道の歴史の流れをみると、縄文文化からアイヌの文化に至るなかで文化の内容は当然ながら大きく変化するが、その系譜は一連のもので、文化の担い手が途中で入れ替わるような交代や断絶は認められない。しかし、その大きな流れのなかの一時期、別の系統の文化が北方から南下し、北海道内で並立していた時期があった。この、北から来た異系統の人びととの文化が「オホーツク文化」である。

この文化は、五世紀から一二世紀（北海道では九世紀まで）、アムール川河口部からサハリン、北海道のオホーツク海沿岸、千島列島にかけて広がった［図1］。北海道の時代区分では続縄文の終わりごろから擦文の前葉ごろまでに相当するが、このころの続縄文・擦文文化は道央部以南を中心に分布しており、利尻・礼文から根室までの沿岸部に広がったオホーツク文化との間では、「棲み分け」のような状況が出現することになった。

［図2］銛頭《もりがしら》：オホーツク文化ではさまざまな形態の銛頭があり、海獣や大型魚の猟に用いられた。北見市トコロチャシ跡遺跡・北見市栄浦第二遺跡出土

道内に並立する二つの集団、という点に関しては、『日本書紀』に記された七世紀後半の阿倍比羅夫《あべのひらふ》の北征記事との関係が興味深い。この記事には、比羅夫が「渡嶋蝦夷《わたりしまのえみし》」を助けて「粛慎《あしはせ》」と闘ったという記録が残っており、前者を擦文文化、後者をオホーツク文化の人びとに当てる説が有力視されている。擦文とオホーツクという異なる文化の並立は、当時の古代国家にも認識されるような大事であった可能性がある。

三つの特徴

オホーツク文化の特徴について、筆者は三つの点に注目してきた。一つ目は、北海道からみて外来の文化となる点である。この文化の人びとの、骨からわかった顔かたちなどの形質を現代の東北アジア地域の人びとと比較すると、ナーナイ、ウリチなどのアムール川下流域の人びとに近いことが判明している。また、オホーツク文化の遺跡からは、大陸極東の靺鞨《まっかつ》系文化に由来する金属器などが多く出土するが（一三〇頁参照）、このような大陸系遺物の存在も北方地域とのつながりを示している。

特徴の二つ目は、海獣狩猟や漁労などを生活の基盤とする、高度な海洋適応が認められる点である。オホーツク文化の遺跡は、北海道内ではすべて海岸部に位置しており、貝塚などからは魚類や海獣類などの海産物を利用していた痕跡が多く確認されている。狩猟具・漁労具も質・量ともに卓越しており［図2・3］、高度な技術に支えられた漁労や海獣狩猟がおこなわれていた。

三つ目の特徴は、動物を対象とした儀礼の痕跡が一際目だつ点である。儀礼の存在を示唆す

［図3］石錘：網漁や釣漁に用いられた大型の錘。北見市トコロチャシ跡遺跡・斜里町ウトロ海岸砂丘遺跡出土

るのが、竪穴住居内にクマの頭骨を積み上げた祭壇（骨塚）〔図4〕や、動物を表現した骨角器などの製品（六六頁参照）である。さまざまな動物が儀礼の対象になっていたとみられるが、なかでもクマは特別な扱いを受けており、その点に関しては後のアイヌの文化との関係も注目されてきた（一二六頁参照）。

オホーツク文化の展開と道東部の遺跡

オホーツク文化の展開過程は、宗谷海峡両岸のせまい地域で文化が成立する前期（五世紀〜六世紀中葉）、分布が急激に拡大し画一的な土器型式が普及する中期（六世紀後葉〜七世紀中葉）〔図1〕、地域間で文化の差が広がる後期（七世紀後葉〜九世紀）の三時期に区分できる。文化内容の変遷をみると、とくに集落遺跡の数、住居の大きさ、動物儀礼の内容に関しては、いずれも後期の道東部において増大、または発達・複雑化するとされてきた。その傾向は最近の研究でも追認されているが、これに「特定遺跡への集中」ないし「拠点的な集落」という視点を加えることで、オホーツク文化の集落や社会構造への理解がさらに深まると筆者は考えている。ここでは、道東部を代表する二つの遺跡に注目しながら、「拠点的な集落」の実態をみてみよう。

拠点集落の実態

網走市モヨロ貝塚（史跡最寄貝塚）は、住居跡と墓、貝塚を有する大規模な集落遺跡である。学史上の重要性と、確認された遺跡の内容の両面において、オホーツク文化を代表する存在といえよう。とくに、検出された墓は確実な例だけで一五〇基以上、戦前の記録なども合わせると三〇〇基以上と推定されており、道内全体の確認数の六割以上を占める突出した規模となっている。

オホーツク文化の墓では、手足を強く折り曲げた姿勢（屈葬《くっそう》）で、頭を北西方向に向けて土坑に埋葬し、頭上に土器を逆さまに被せて置く「被甕《かぶりかめ》」という特徴的な葬法が知られているが［図5］、これはモヨロ貝塚の例を典型とする。ほかの地域では、たとえば枝幸町《えさしちょう》目《め》梨泊《なしどまり》遺跡では南西頭位の進展葬が中心になるなど、地域毎に墓制に若干の差がみられる（高畠二〇一四）。このような地域差の背景は解明されていないが、地域集団の形成過程や、擦文文化からの影響にかかわる問題として注目されている。

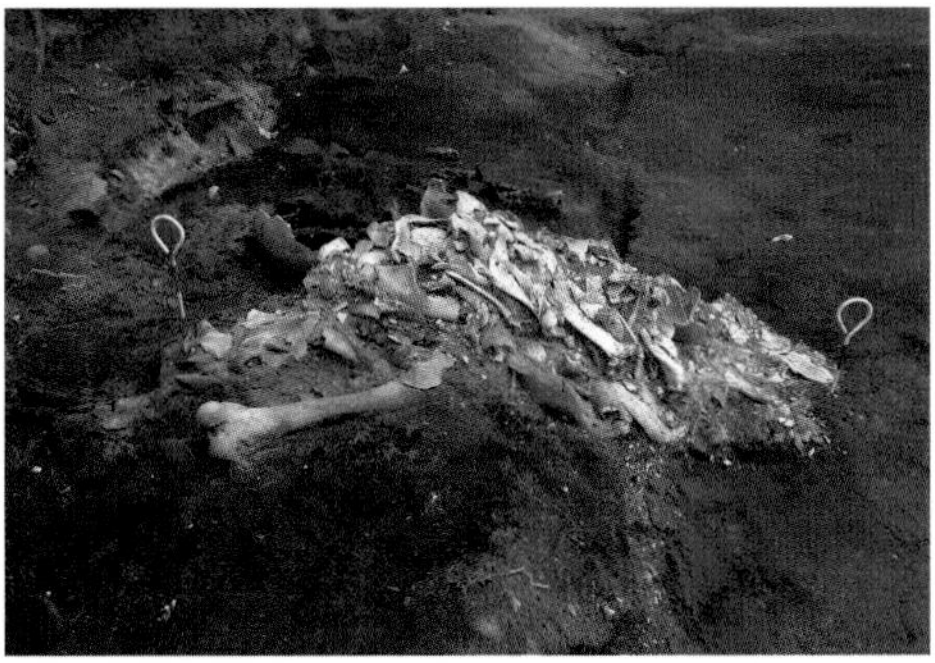

［図4］110個体分のクマ頭骨を集積した骨塚：トコロチャシ跡7a号竪穴。この個体数は道内で最大規模となる

［図5］墓：「屈葬」の姿勢で頭上には土器が逆さまに被せて置かれる。被葬者は成年男性。網走市モヨロ貝塚

墓が多いことと関連して、モヨロ貝塚では副葬品などとして刀剣などの鉄製武器、青銅製装飾、玉類など、大陸系・本州系の製品が多く出土している。交易によってオホーツク文化に移入されたこれらの製品は、モヨロ貝塚と目梨泊遺跡の二つの遺跡に集中する傾向がみられる［図6］。おそらくこの二つの遺跡は、道東部と道北部のそれぞれを代表する交易拠点として機能していたのだろう。

住居跡では、二〇〇三年に発掘されたオホーツク文化中期の住居跡が特筆される。長軸は約一二メートルと大型で、入れ子状に縮小しながら二回建て替えられていた［図7］。住居内の骨塚も、奥壁部に加えて、側壁部や開口部にも海獣骨やクマ四肢骨などからなる骨塚が併存していた。これらの特徴は従来、オホーツク文化後期の道東部で出現するとされてきたものだが、モヨロ貝塚は中期にさかのぼると判明したのである。モヨロ貝塚は道東部では数少ない中期から継続する集落遺跡であるが、その拠点集落としての位置は中期には確立しており、そこで形成された居住形態や儀礼の影響が、後期になると広く周囲におよんだのであろう。

［図7］竪穴住居跡：壁を内側に縮小しながら２回建て替えられている。粘土の貼床も建て替えに合わせて縮小されている。網走市モヨロ貝塚

祀られた一一〇頭分のクマ頭骨

道東部を代表するもう一つの遺跡に、北見市トコロチャシ跡遺跡（史跡常呂遺跡）がある。オホーツク文化

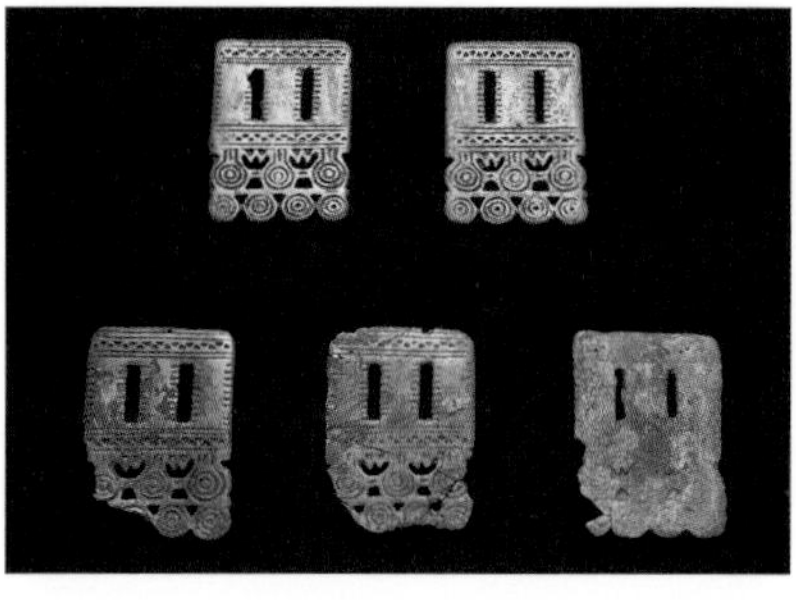
［図6］青銅製帯飾：大陸極東の靺鞨系文化からもたらされた。枝幸町目梨泊遺跡出土

後期の住居跡が一三軒確認されており、うち六軒が発掘されている。六軒のうちの五軒では住居が入れ子状に縮小しながら建て替えられており、建て替え時や廃絶時には焼かれていた。焼かれた住居からみつかった炭化した木製品も目を引くが［図8］、ここではほぼすべての住居が重複して建て替えられていることに注目したい。集落内の大半の住居が重複して建て替えられている遺跡はオホーツク文化のなかでもかぎられており、それらは規模が大きく継続期間も長い集落が多い。一つの遺跡で継続的な建て替えがなされた背景としては、食糧などの資源の占有権が存在し、それが排他的に継承されていた可能性が考えられる。すなわち、これらの遺跡は継続的な占有拠点として位置づけられるだろう。

この遺跡でもう一つ注目されるのは、一軒の住居跡内の奥壁部に残された、一一〇個体分のクマの頭骨を集積した骨塚である［図4］。骨塚に含まれるクマ頭骨の個体数が四〇を超えるような住居跡は、このほかにモヨロ貝塚、目梨泊、北見市常呂川河口の各遺跡でそれぞれ一軒ずつしか確認されておらず、特定の遺跡のなかのさらに特定の住居に集中する傾向がある。これは祭祀の拠点の存在を示すものであり、その具体的な様態としては、複数の集落を単位とした「クマ頭骨を集約する」儀礼が、特定の集落のもち回りでおこなわれていた可能性などが考えられよう。

道東部を代表する二つの遺跡について、交易、継続的な占有、祭祀の観点から、それぞれの拠点的な性格を確認した。ほかの遺跡を含めた文化全体でこれらの各拠点の関係をみると、図9のような入れ子状の構造が指摘できる。オホーツク文化の集落と社会は、このような、交易を頂点として祭祀や占有の関係が重層する構造として読み解ける可能性がある。

［図8］炭化した木製品：やや大型の匙。薄手の精製品で、側面には波状の装飾的な抉りがほどこされている。北見市トコロチャシ跡遺跡出土

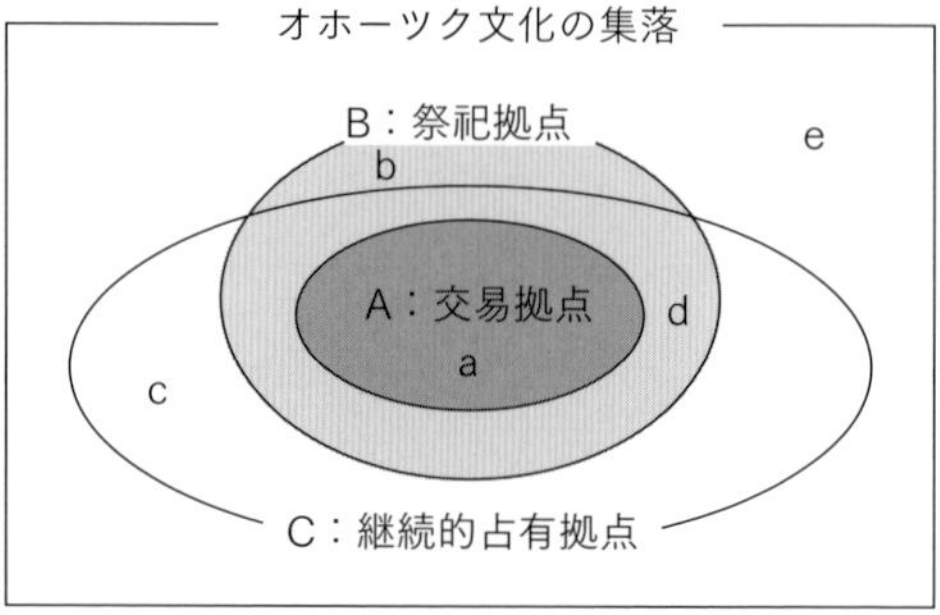

a（A・B・C全ての複合）：モヨロ貝塚・目梨泊
d（BとCの複合）：トコロチャシ跡
b（Bのみ）：常呂川河口
c（Cのみ）：香深井1・ウトロ・弁天島
e：上記以外の集落

［図9］拠点集落の構造

擦文文化との融合

一〇世紀ごろになると、道内で並立していた二つの文化の均衡は崩れ、擦文文化は急速に道北部から道東部へと分布を拡大してゆく。それと連動するように、北海道のオホーツク文化は擦文文化の影響を強く受けて変容し、擦文の側に取り込まれてゆく。擦文文化との融合の進み方は道北部と道東部でやや異なっており、道東部では「トビニタイ文化」とよばれる折衷的な文化が比較的長期にわたり継続する。その過程は、大きく二段階に分けられる。

トビニタイ文化の前半期（一〇世紀～一一世紀前半）では、遺跡が沿岸部から内陸に広がり、住居内の骨塚がなくなるなど、この段階で生業や儀礼にまずは大きな変化が生じる。土器［図10］や住居［図11］にも擦文の影響がおよび、折衷的な内容への変化がみられる。続く後半期（一一世紀後半～一二世紀）では融合がさらに進み、住居にカマドがついたり、使われる土器の多くが擦文土器となってトビニタイ土器は稀になるなど［図12］、住居や遺物の内容が擦文文化とほとんど変わらないような事例も散見されるようになる。

このように、道東部のオホーツク文化は、二百年以上の時間をかけてゆっくりと擦文文化に融合したのである。

[図11] トビニタイ文化前半期の竪穴住居跡：方形の平面形は擦文文化の住居と同じだが、石組みの炉はオホーツク文化の伝統に連なる。常呂川河口遺跡

[図12] トビニタイ土器（右）と共伴する擦文土器：トビニタイ文化後半期の竪穴住居跡から出土。この時期には使われる土器の多くが擦文土器となる。常呂川河口遺跡出土

[図10] トビニタイ文化前半期の土器：器形には擦文土器の影響がおよぶものの、文様や製作方法はオホーツク土器を踏襲する。羅臼町トビニタイ遺跡出土

COLUMN

銛頭

設楽博己

オホーツク文化の漁労具を特徴づける銛頭のなかでも、「燕形銛頭《つばめがたもりがしら》」は個性が強い。まずは燕形銛頭とはどのようなものなのか、見ていくことにしよう。

燕形銛頭は燕を横からみたような形をしているところからその名がある［図1］。基部にソケットをこさえて、そこに長い柄を刺し込んで用いた投擲具である。基部から伸びた燕の尾のような突起を距《きょ》とよぶ。体部には孔があけられるか、溝が彫られて縄を結ぶことができるようにしてある。その孔を索孔《さっこう》、溝を索溝《さくみぞ》、縄を索縄《さくなわ》とよぶ。頭部の先端が二股に分かれているものがあるが、その間の刃溝《じんこう》に石鏃や鉄鏃などをはさんで先を鋭くした。体部に鉤《かぎ》というギザギザのかえしを加えたものがあるが、これらはいずれも殺傷能力を高めるための造作である。

燕形銛頭が獲物に突き刺さると銛頭が柄から抜けて体内に残るか貫通するが、索縄によって獲物を手繰り寄せることができる。索縄を引くと、非対称の形をした銛頭に抵抗

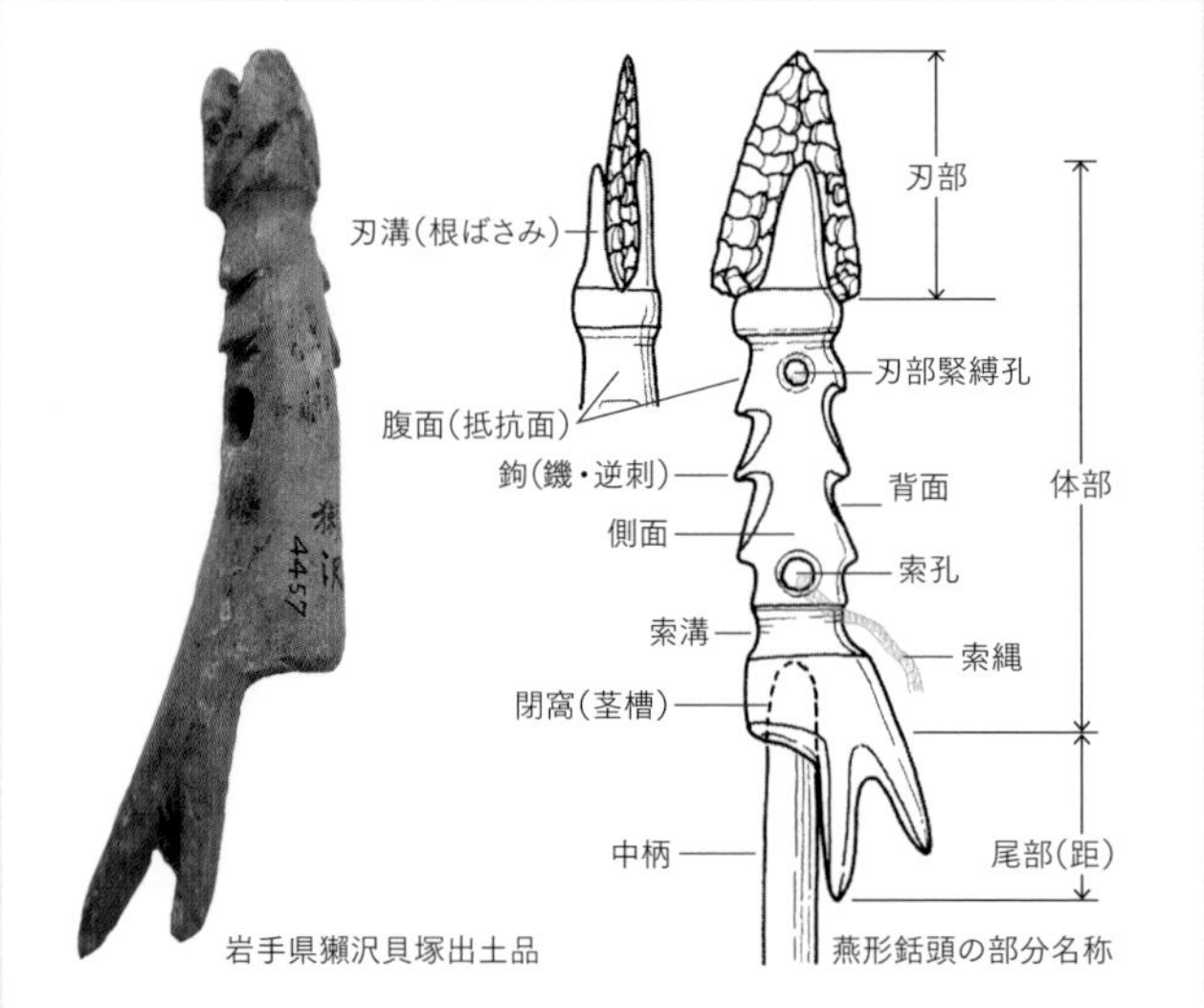

［図1］縄文時代晩期の燕形銛頭と部分名称

がかかって回転をはじめ、銛頭と索縄がT字形に近くなって抜けにくくなる。これが、燕に似た独特な形や各種の造作の秘密である。

燕形銛頭は縄文時代後期の三陸海岸で発明され、いわき地方以北の北方に広がるが、それらの地域の貝塚からは、寒流を好むトドやアザラシ、オットセイなどの海獣類やサメ、カジキ、マグロなどの骨が検出される。暴れまくる海の大物を仕留めるためにこの銛が使用されたのだろう。

それでは、オホーツク文化の燕形銛頭はどのような特徴があるのだろうか。オホーツク文化を代表する北海道網走市モヨロ貝塚は一九一〇年代以降の調査により大量の骨角器が得られたが、なかでも銛、鏃、槍、釣針などの狩猟・漁労具には多種多様な発達が認められる。

図2‐4がモヨロ貝塚から出土した燕形銛頭である。複数出土しており、ほとんどが先端に刃溝をもち、黒曜石製の石鏃が付着したまま出土した個体もある。石鏃を含めた体部の長さは七～一〇センチほどである。体部の形態のバリエーションは多いが、大きく二つに分けることができる。距部を正面においたのを平面、横においたのを側面とよび分けると、平面が広く側面が狭いタイプ［図2‐D・E群］とその逆［図2‐C群］の二種類である。

まず、両者に共通する点は、①平面と側面の幅の差が著しく、扁平であること、②索溝をもつものもあるが、索孔をもつものが多いこと、③ほとんどが刃溝をもつこと、④体部の側面はまっすぐで刃を受ける部分は側面から角を有して三角形に尖らせており、距を無視すれば体部は五角形をなすことである。これがオホーツク文化の燕形銛頭に共通する特徴である。

両者の違いに関しては、①D・E群の距は二股の二尾を原則とするのに対してC群は幅狭であることに規制されて単尾である、②D・E群は側面に索孔をもつ側面索孔型（D群）と平面側すなわち背腹面に索孔をもつ背腹索孔型（E群）の二種類あるのに対して、C群は背腹が幅狭なことに規制された側面索孔型である。

モヨロ貝塚から出土した燕形銛頭の特徴は根室市弁天島《べんてんじま》遺跡西貝塚や礼文町《れぶんちょう》香深井《かふかい》1遺跡など北海道島の各地やサハリンにまで認めることができる［図2‐6・8］ので、オホーツク文化の燕形銛頭の特徴と言い換えることができる。

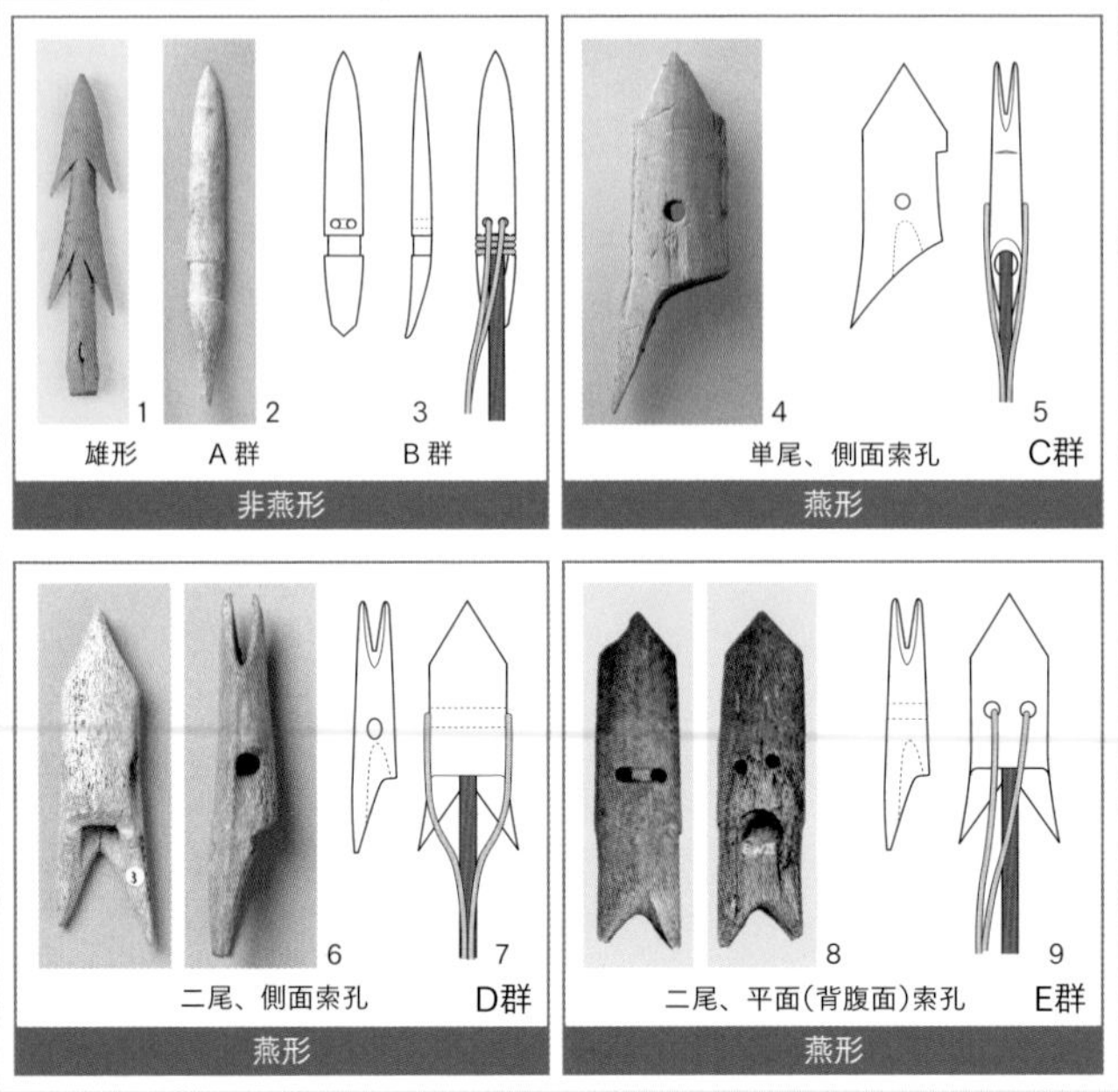

［図2］オホーツク文化の銛頭：1は北見市トコロチャシ跡遺跡、2・4は網走市モヨロ貝塚、6は礼文町香深井1遺跡、8は根室市弁天島遺跡西貝塚出土。1以外はすべて雌形

モヨロ貝塚からは、アザラシやオットセイ、クジラなど海棲哺乳類の骨が出土しており、矢が刺さったまま出土したオットセイの頭骨もある。燕形銛頭はその特性を活かしてこれらの大物を仕留めるために用いられたに違いない。

こうした特徴を縄文文化と続縄文文化の燕形銛頭と比較し、モヨロ貝塚のほかの形態の銛頭をまじえてそれらの系統について考えてみよう。

縄文文化の燕形銛頭の索孔は背腹索孔にほぼかぎられる［図1左］が、続縄文文化になると一斉に側面索孔に変化する。オホーツク文化の燕形銛頭も、両群ともに側面索孔が認められるのは、続縄文文化の伝統にしたがった結果であろう［図2-4・6］。D群の側面は幅が狭いが、それでも無理をして孔を穿っているのは［図2-6］、その規制の根強さを物語る。

モヨロ貝塚から出土した銛頭には、燕形のほかにもいくつかのタイプがある。まず、有茎の雄形と無茎で柄をつける造作をもつ雌形に分けられる。雄形の代表は、鉤のたくさんついた有茎の銛頭である［図2-1］。それ以外は雌形であるが、これにはいくつかのバリエーションがある。一つは側面形が燕形銛頭に近似したペン先形の銛頭［図2-2・3］である。燕形銛頭は柄を刺し込む部分がソケット状になったもので閉窩《へいか》式とよばれるのに対して、ペン先形のほうはソケットではなく溝状になっているので開窩《かいか》式とよばれている。

もう一つの雌形が先に紹介した燕形銛頭であり、これも縄文時代以来の伝統的な銛頭である。しかし、縄文文化や続縄文文化の燕形銛頭との違いもある。E群には背腹索孔があり［図2-8］、縄文文化からの継承と考えたいところだが、続縄文文化にはみられない。加えてその型式が縄文文化と異なっており、平面に二つの孔が並んで穿たれるが、これはアイヌの銛頭（キテ）に引き継がれている。縄文文化と続縄文文化の燕形銛頭の体部は、いずれも断面形が丸あるいは楕円であるが、扁平な感じは受けない。鹿角製が多く、枝角などの先端を利用していることから、その形に規制されて平面形、側面形ともに基部からなめらかに先端に向かっていくので、五角形のオホーツク文化の形態と違う印象を受ける。オホーツク文化の銛頭は骨製が多いので、素材転換も形態の違いをもたらしたのであろうか。

このように、モヨロ貝塚に代表されるオホーツク文化の燕形銛頭を含む銛頭は、縄文文化の系統である点をまず指摘できる。また、燕形銛頭に側面索孔型が多いことからすれば、続縄文文化を継承している点も指摘しなくてはならない。しかし、五角形や扁平であるといった点や索孔の型式などは、縄文―続縄文文化の燕形銛頭とかなり異なっている。扁平な点や刃溝に対応する先端部が角張る点は、七世紀ごろとされる北アラスカのNear Ipiutak文化やカムチャツカ半島の燕形銛頭に近似したものがある。むしろいろいろと違いの方が大きいが、オホーツク文化の燕形銛頭は在地的な伝統の上に北方文化との交渉も加味しながらかたちづくられた可能性はないだろうか。

COLUMN

動物意匠遺物

高橋 健

オホーツク文化の遺跡からは、動物をモチーフとした遺物が多く出土する。その特徴としては、二三〇点あまりの資料が見つかっていてヒトをあらわした彫像（牙製婦人像とよばれる）よりも圧倒的に多いことと、骨角歯牙など動物に由来する素材が多いことが挙げられる。単独の動物像として作られたもののほかに、道具の器面や端部に装飾としてつけられたものも多い。

道東部では一四カ所の遺跡から一四四点の動物意匠遺物が出土している。網走市モヨロ貝塚で三八点ともっとも多いが、それ以外にも一〇点以上出土している遺跡が常呂地域のトコロチャシ跡遺跡、常呂川河口遺跡、栄浦第二遺跡を含めて五カ所ある。道北部の資料が礼文島香深井1遺跡に集中しているのに比べると、偏りは少ない。

器種の内訳をみると、単独の彫像が三割弱、生活用具につけられたものが三割強、装身具と狩猟・漁労具につけられたものがそれぞれ一割弱である［図1a］。動物種ではクマと海獣がそれぞれ三分の一程度、鳥類が二割程度を占める［図1b］。クマ以外の陸獣は少なく、とくにシカを描いた確実な例はない。魚類や爬虫類・両生類も少ない。主要な食料資源だった魚類やシカが少ないことから、獲物として重要な動物をモチーフとして選んでいた訳ではないことがわかる。素材としては骨角歯牙といった動物質の素材が半分を超えており、土製（大半は土器）も三分の一を占める［図1c］。石や木の例は少ない。木製品は焼失住居で蒸し焼きになった場合しか残らないが、木製品が大量に出土したトコロチャシ跡遺跡7号竪穴で出土しなかったことから、それほど多くはなかったのかもしれない。

単独の彫像は三九点が出土している。モチーフとなった動物は、クマが五割強、海獣が四割弱である［図2a］。素材としては骨角歯牙製が六割、土製が二割程度で、やはり木や石は少ない。トコロチャシ跡遺跡出土のクマ丸彫り像（七〇頁参照）のような全身像のほかに、クマの頭部像［図

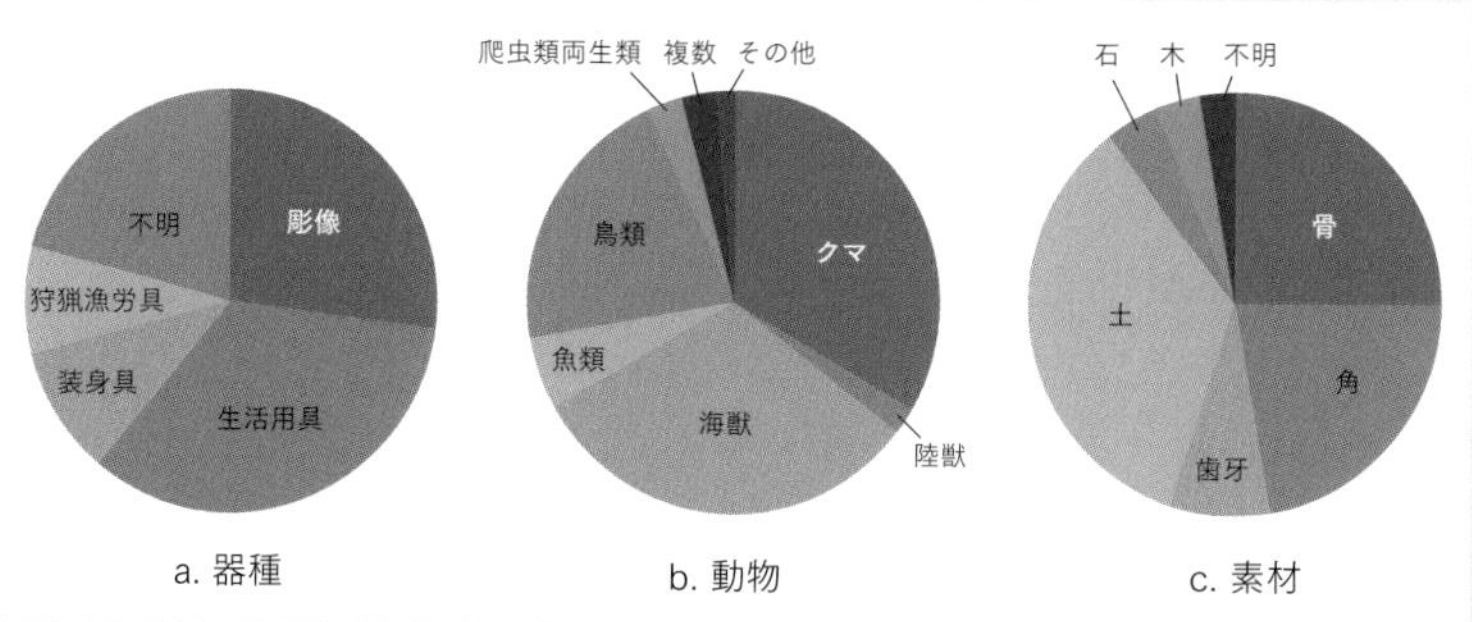

［図1］道東オホーツク文化の動物意匠遺物

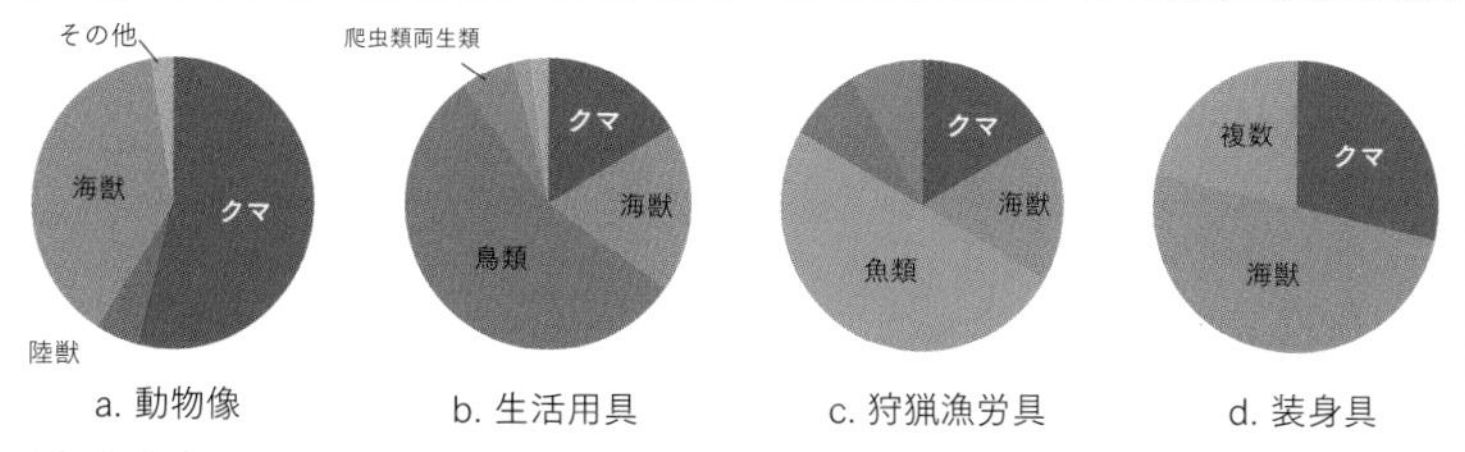

［図2］モチーフとなった動物（器種別）

［図3］クマ頭部像：モヨロ貝塚出土

3］や座像、水面から上半身を出したアシカ類の像などがある。

常呂川河口遺跡から出土したラッコの全身像［図4］は前肢を胸の前で合わせたポーズや腹の皮のたるみも表現されており、対象となる動物をよく観察して作られていたことがわかる。このように動物の特徴をとらえた写実的な表現がオホーツク文化の動物像の特徴である。ラッコをかたどった遺物はほかにも道東部の遺跡から出土している。道東部から千島列島にかけて生息するラッコは非常に上質の毛皮が取れることから、オホーツク文化期にも毛皮を利用していたのかもしれない。

生活用具につけられた例は四九点ある。土器の器面に粘土を貼りつけた文様やスタンプで押した文様が大半を占める。突起部分で動物の頭部を表したものもある。モチーフとなる動物は、鳥類が半分以上を占め、海獣が二割弱みられる［図2b］。鳥類は土器の器面に貼りつけた「水鳥文」［図5］がほとんどである。クマは一五パーセント程度で、そのほとんどが足跡のスタンプ文である。立体的な彫像にみられる写実的な表現に対して、土器の文様になると記号化された表現が主になる。

縫い針を入れておく筒状の骨製容器が針入《はりいれ》であり、北方民族の間で広く使われている。針入には線刻で装飾が施されることが多く、幾何学的な模様以外に動物が描かれることもある。クジラ猟の様子を描いた弁天島遺跡出土例が有名だが（七二頁図1参照）、それ以外の例でもクジラが描かれていることが多い。裁縫道具とクジラの間に一体どんな関係があったのだろうか。

狩猟・漁労具につけられた例は一二点あり、うち九点が釣針軸、二点が石錘、一点が弓弭《ゆはず》（弓の両端の弦をかける部分）である。モチーフとなる動物は半分が魚で、そのほかにオットセイやアザラシなどの鰭脚類《ききゃくるい》やクマ、フクロウなどがみられる［図2c］。釣針や石錘に魚を描くことは、豊漁を願う意味があったと考えることができる。それではほかの動物についてはどうだろうか。シマフクロウはサケやマスなどの魚を主食とする大型のフクロウで、アイヌ語でコタンコロカムイ（村を守る神）ともよばれており、人間に魚を授けてくれるという伝承が残されている。オホーツク文化にも同様の観念があったかはわからないが、フクロウや鰭脚類などの魚をとるのが上手な動物の力にあやかって豊漁を願ったのかもしれない。一方で、海獣猟やクマ猟に用いられた銛頭や槍などに動物のモチーフを描いた例は道東部にはない。

装身具につけられた例は一四点見つかっている［図2d］。

うち六点は指揮棒と呼ばれる叉《さ》状の鹿角製品で［図6］、儀礼的な杖のような道具だったと考えられている。端にクマの頭部を彫刻した例が多く、幹の表面に浮彫状にクジラなどほかの動物が表現されることもある。焼けた状態で骨塚から見つかることが多く、骨塚での儀礼に用いられた可能性がある。五点は垂飾で、その多くが海獣である。

以上みてきたように、オホーツク文化の動物意匠遺物においては、モチーフとなる動物の種類、施される器種、表現方法の間にはある程度定まったルールがあったようである。そこには人間と動物の関係についてのオホーツク文化の人びとの考え方が反映されていたのだろう。

［図4］ラッコ垂飾：常呂川河口遺跡出土

［図5］水鳥文土器：トコロチャシ跡遺跡出土

［図6］指揮棒：栄浦第二遺跡出土。佐藤雅彦撮影

COLUMN

骨製クマ像

熊木俊朗

手のひらに乗るサイズにクマの全身がリアルに表現されたクマ像は、オホーツク文化を代表する遺物の一つである。ここでは三点を紹介しよう。

図1の左は、写実的な表現がとくに目を引く像である。注目されるのは首と背中に描かれた帯状の線刻で、これは樺太アイヌのクマ送り儀礼の際にクマに着せる装束（腹帯）を模したものとする説がある。この見方は、オホーツク文化にも仔グマ飼育型のクマ送りが存在したと認めることにつながる。

図1の右は、短足でさらに愛らしくみえる像である。左の像も同様であるが、頭身の比率からすると仔グマがモデルかもしれない。これらの像は、送り儀礼の対象でもある仔グマを特別視する観念があったことを思わせる。

図2は、首輪と、それにつながる縄とみられる浮彫が背中に表現された像である。アイヌのクマ送り儀礼では飼育された仔グマを送る際に同様の縄がつながれることから、

［図1］クマ全身像：左／牙製。湧別町川西遺跡出土（複製）。右／骨製。北見市トコロチャシ跡遺跡出土

これもオホーツク文化に仔グマ飼育型のクマ送りが存在した根拠とされることが多い。

オホーツク文化ではクマを表現した遺物がほかにも多数出土している。その姿には全身を表現した像のほか、座像や頭部のみの像（六七頁図3参照）があり、素材も骨・牙・角のほかに土製品や木製品があるなど、多種多様である印象が強い。しかし、全体を俯瞰すると、頭部を表現した像が多いことや、座像が特定の遺跡に集中することなど、一定の傾向も見出せるようである（高橋二〇二一）。オホーツク文化の儀礼や観念にせまる上で、クマ像にはまだまだ研究の余地がありそうである。

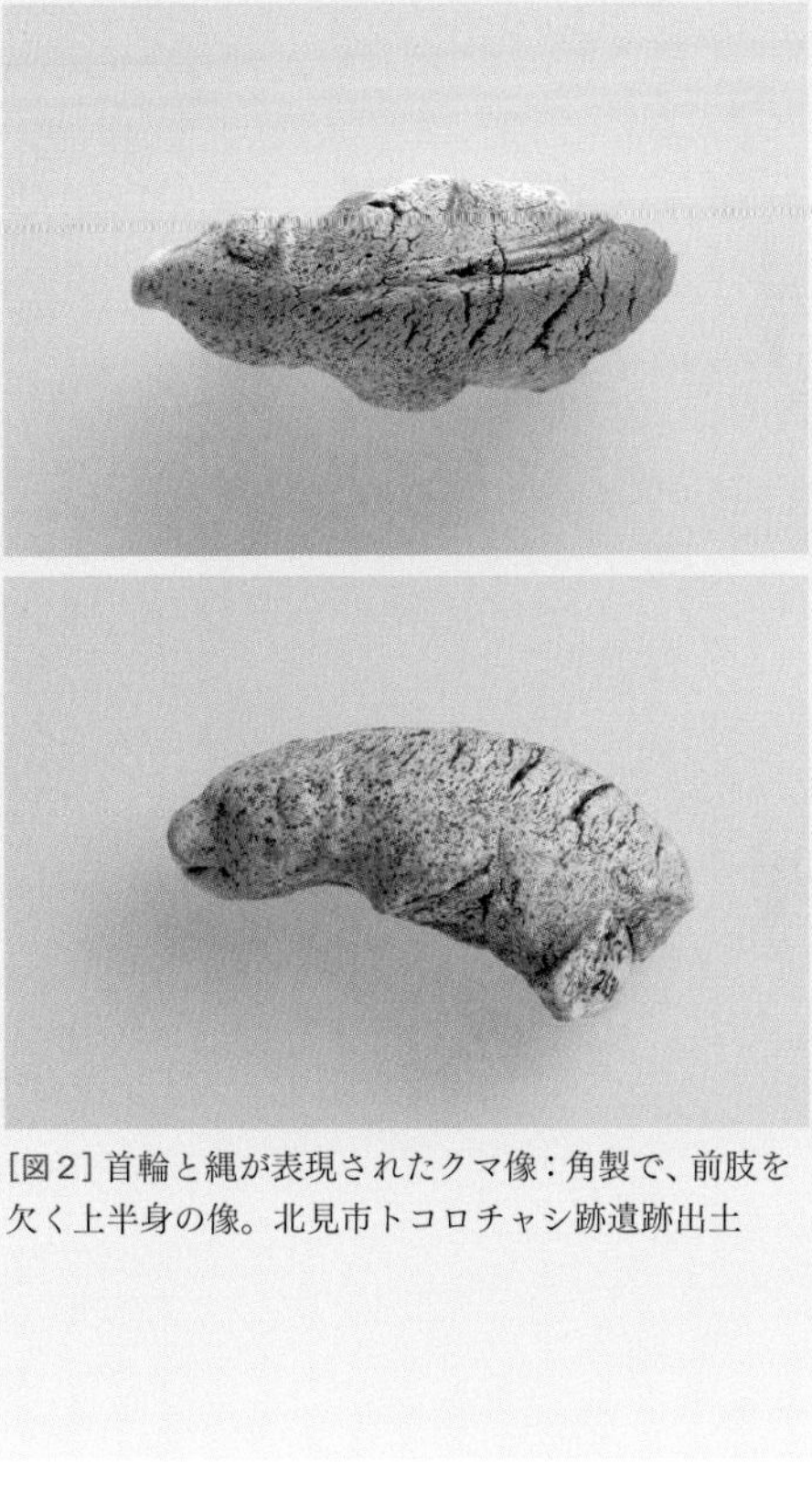

［図2］首輪と縄が表現されたクマ像：角製で、前肢を欠く上半身の像。北見市トコロチャシ跡遺跡出土

COLUMN

日本列島の古代船からみたオホーツク文化の船

塚本浩司

サハリン・アムール川河口といった北方にルーツをもつオホーツク人は、海洋民とも呼称されるように勇壮な海獣猟や大陸、さらには北海道西部、本州との活発な交流で知られる。その基礎となった船はどのようなものだったのか。

いまだ実船の出土はないが、船をモティーフにした土製品や絵画から推測することができる。まず、著名な資料に根室市弁天島遺跡出土の骨製針入に描かれた船がある。クジラを離頭銛《りとうもり》で仕留める一艘の船が描かれるが、六人の漕ぎ手と四本の櫂が表現され、さらに船首には銛を構える射手が立ち、大型船であることが推測できる［図1］。

その姿は日本列島の古代船、準構造船や近世アイヌの板《いた》綴《つづ》り船、イタオマチプを参考にするとより鮮明となる。準構造船とは、木材をくりぬいた刳船《くりぶね》（丸木船）に舷側板《げんそくばん》（側面の板）などの部材を取りつけて、大型化したものである。江戸時代の絵画から知ることができるアイヌの板綴り船も同様の構造である。

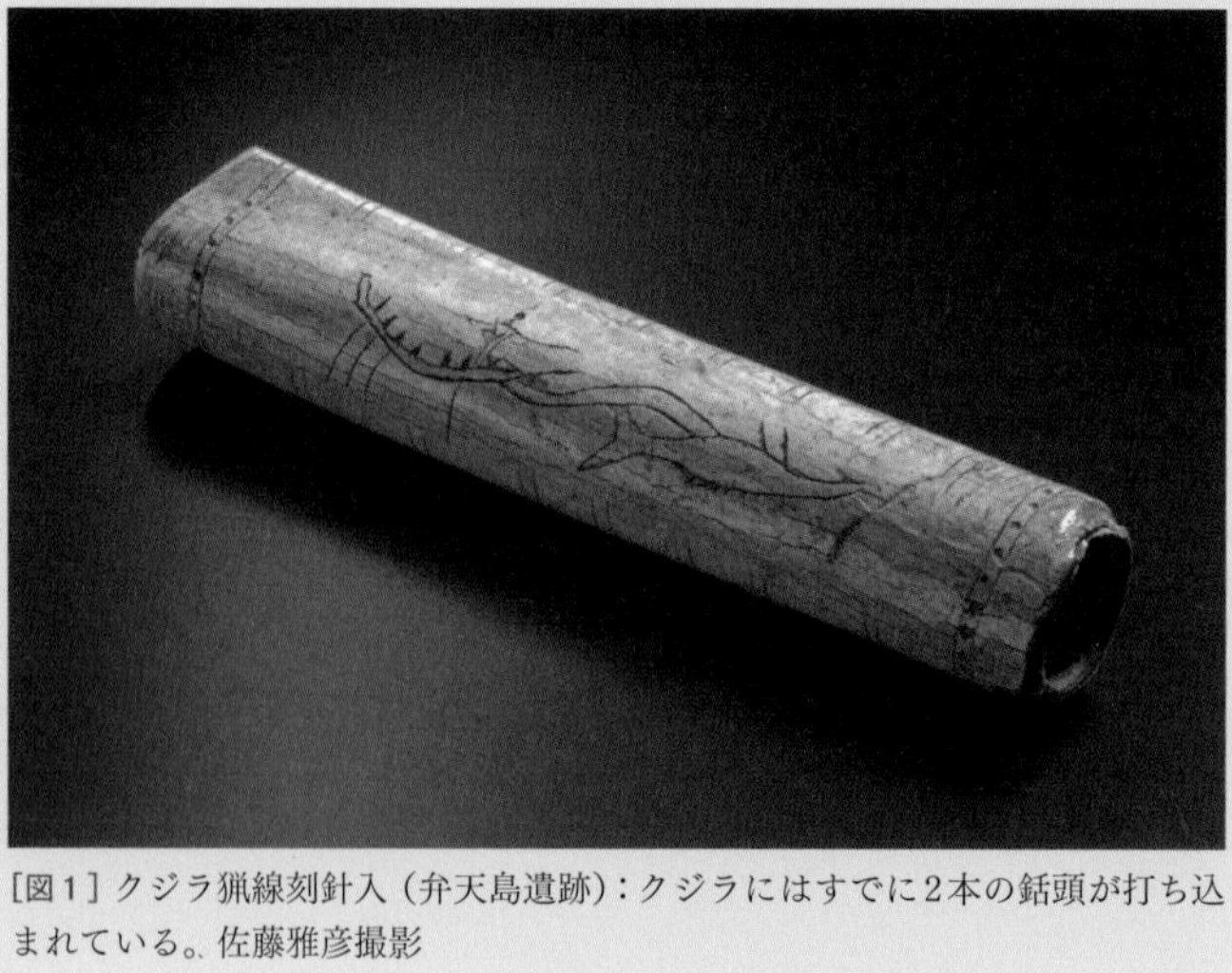

［図1］クジラ猟線刻針入（弁天島遺跡）：クジラにはすでに2本の銛頭が打ち込まれている。佐藤雅彦撮影

準構造船は弥生時代から確認されるが、全体がわかる資料はまだ出土していない。そうしたなか、大阪府八尾市久宝寺《きゅうほうじ》遺跡で刳船の船首尾部分と波除板《なみよけいた》（竪板）が検出され、その規模や接合方法などが明らかになった［図2］。弥生時代終末期（今から約一八〇〇年前）のもので、部材は樹皮でしばって固定したり、ホゾ溝や木栓で組み合わせていた。

古墳時代には準構造船をモデルにしたリアルな埴輪が製作される。これから復元される大型の船は、全長が一〇メートルを超え、幅が二メートル近くとなる。船べりにはオールの支点となる櫂座《かいざ》が表現され、片側四人から六人の漕ぎ手が二列になってオールで漕ぎ進めたと考えられる。準構造船は、船体そのものを延長、拡幅する進化を遂げ日本では中世まで主流となり、近隣地域に影響を与えた（ここでは丸太をくりぬいた部材を使用するものは準構造船とする）。続縄文文化の北海道でも土器に描かれた船に準構造船がある。

アイヌの大型イタオマチプは、全長が一一メートルを超えたと推測され、舷側板を二段積み上げて縄でしばる。二

［図2］準構造船船首尾部分と竪板（大阪府久宝寺遺跡）：3 mの長さに切断された船首尾部と長さ1.7mの竪板が出土した

人掛け三列の六人でオールを漕ぎ、帆も備えた船の絵画が存在する。

オホーツク人の船もこうした船だったろう。弁天島遺跡の船絵は船尾が高く反りあがっているが、これは取りつけられた波除板と思われる。集団による海獣猟や交易のための長距離航海用の船がモデルである。

一方で、礼文町香深井1遺跡や網走市モヨロ貝塚などで出土する船の土製ミニチュアはよりシンプルなタイプを示しているようだ。香深井1遺跡の船は船首尾が垂直に立ちあがるもの、イカのヒレのように広がるものなどバラエティーに富む［図3］。より小型の船がモデルと考えられるが、これらも準構造船であり、用途によって使い分けられたことがわかる。

北方民族の船には樹皮を船体としたものや木製の枠に革を張った船、カヤックなども知られている。オホーツク文化でも用いられた可能性はあるが、それを示す事例は今のところない。樹皮船は一時的な渡河、カヤックは木材資源の不足する島嶼部という特殊なタイプなのであろう。

ところで、アイヌの船は、日本の和船とは異なる北方系

［図3］船形土製品（香深井1遺跡）：形態にバラエティーがあり、左は舷側板の表現がある

の特徴をもっている。それは舷側板の接合が板面を重ねる鎧《よろい》張《ば》りであることと、オールの柄に孔があり棒状の櫂座に差し込んで使う車櫂《くるまがい》にあらわれる。こうした北の技術は、オホーツク文化が北海道にもたらした可能性があり、証拠となる出土船の発見が待たれる。

オホーツク文化の船絵画や土製品には帆の表現はなく、オールやパドルを使って人力で漕ぎ進めたと考えるが、時代的に風力を利用する帆があってもおかしくはない。帆の有無は船の性能を大きく左右する重要な問題で、今後も探索が必要である。

オホーツク文化のダイナミックな航海は、出土遺物や日本の古記録からも感じることができる。たとえば、栄浦第二遺跡などで出土する青銅製帯飾（一三一頁図1b参照）は大陸極東に類例があり、モヨロ貝塚などで出土する牙製婦人像も大陸にルーツをもつ可能性がある。礼文島のセイウチ牙製品の存在はさらに北のカムチャツカ半島との交流を示す。

本節冒頭でも述べられた通り、『日本書紀』には「粛慎」という集団が登場し、オホーツク人とする説が有力である。粛慎が佐渡に漂着した六世紀の記事や七世紀には阿倍比羅夫の北征での交流や戦闘の記載がある。ちょうどオホーツク文化の遺跡が日本海側まで拡大したオホーツク文化前・中期にあたる。

八世紀以降は北よりも南の本州との交流が強まり、蕨手《わらびて》刀《とう》や銭貨などがもたらされた。一方で本州以南の日本では古代・中世にヒグマや海獣の毛皮、鷹の羽など北方でしか手に入らない産物の需要が高まった。権力のシンボルとなったのである。オホーツク人は積極的にこうした狩猟に力を入れて交易をおこなったが、その際に対価となったのは必需品となった鉄器や穀物である。中間に居住した擦文文化がその仲介に立つこともあったが、オホーツク人が直接本州に渡海することもあったはずだ。

航海に適した季節を選び、物資を積んで海を渡る。複数の集落が船を出し、船団が組まれることもあっただろう。空前の交易時代に入ったのだ。

改めて弁天島遺跡出土の針入の船をみてみる。巨大な獲物へのとどめの一撃を狙う射手の緊張と追い詰める快速船の力漕とが伝わってくる。

擦文文化からアイヌ文化へ

熊木俊朗

農耕文化の影響

擦文《さつもん》文化は、七世紀後半ごろ、続縄文文化が本州東北地方北部の農耕文化の影響を強く受けて変容し、成立した文化である。この文化において農耕文化の影響をもっともわかりやすく表しているのは、竪穴住居と土器であろう。擦文文化の竪穴住居は方形でカマドをもち、内部に四本の柱を立てて屋根を支える形態を基本とするが〔図1〕、これは東北北部から導入されたものである。擦文土器も、新しい時期のものは文様などが独自の発達を遂げるが〔図2〕、もともとは東北北部の土師器《はじき》の強い影響を受けており、甕にみられる器形、坏《つき》などの器種、「擦文」という名称の由来である擦痕（刷毛目《はけめ》）が付される製作技法などは、土師器のそれに由来する。

ほかに、この時期から本格的に導入されるものとして注目されるのが、鉄器と栽培植物である。鉄器は続縄文文化の時点から導入され始めていたが、刀子〔図3〕や斧などが本格的に普及し、入れ替わるように石器の使用が著しく減少するのは擦文文化になってからである（笹田二〇一三）。栽培植物は、続縄文文化でもイネやオオムギなどが検出された例はあるが数は非常に少なく、アワ・キビなどの雑穀類を含む栽培植物が普及するのは擦文文化以後となる（高瀬二〇一四）。ほかにも、土製の紡錘車（九〇頁参照）や、臼・杵・曲物《まげもの》・箸の木製品など、擦文文化には本州の農耕文化に由来するものが数多く認められる。

相反する性格とその位置づけ

このように、擦文文化には物質的な面で本州の農耕文化の影響が強くおよんでおり、雑穀栽培もある程度普及したと考えられている。しかし、基本となる生業は漁労であり、とくに河川でのサケ・マス漁が高い比重を占めていた。サケ漁への特化に関しては、とくに石狩川水系では遺跡立地の分析によってそれが実証されている（瀬川二〇〇五）。また、土器に付着した炭化

[図1] 擦文文化の竪穴住居跡：写真左上、住居の南東側の壁際中央にカマド、四隅近くに柱穴、中央に炉がある。北見市大島2遺跡

[図2] 擦文土器：11世紀後半ごろの土器。擦文土器の頸部には刻線による文様が9世紀ごろから発達し、このころに隆盛をきわめる。北見市岐阜第二遺跡出土

[図3] 鉄製刀子：写真の左側、全体の4分の3が柄に相当し、木質が残る。刃部である写真右側は欠損。北見市大島2遺跡出土

物の分析でも、煮炊きされた食物は海生生物に由来する部分が大きいことも明らかになっている（一一八頁参照）。

このように、擦文文化には、物質面では農耕文化の影響を強く受けながらも、生業の基盤は漁労を中心とする狩猟採集にあるという、一見すると相反する性格を合わせもつ特質がある。研究史上でも、この「相反」のどちらに重きを置くかという問題意識と関連して、擦文文化の性格について、北方に拡大した本州の土師器の文化とする立場と、続縄文文化からの伝統を重視する立場の間で論争がなされてきた。しかし現在の研究では、こうした単純な二分法的な枠組みを超えて、擦文文化をより広域的な政治・経済・社会の動向のなかに位置づけて評価する考え方が主流となっている。とくに、朝貢や交易といった交流を通じて東北北部への影響を強めていった古代国家の動向を踏まえながら、擦文文化と東北北部との「交流」の実態と、その背景にある社会の動きを明らかにするという方向で研究が活発化している。

遺跡分布の変化

擦文文化の集落遺跡は、道内の大・中河川の河口付近や川筋を中心に、道内のほぼ全域に存在が確認できるが、どこでも全期間継続して遺跡が形成されていたのではなく、時期とともに遺跡分布の中心が大きく移動してゆく動きがみられる。竪穴住居跡をともなう集落遺跡の変遷で確認してみよう（澤井二〇〇七）。

まず、成立期（七世紀後半）から九世紀前半ごろ（澤井のii期［図4］）までは、集落遺跡の分布は石狩低地帯とその周辺にほぼかぎられる。この時期はオホーツク文化が道東北部に展開している時期でもあり、両者の間には鉄製武器の搬入などのかたちで交流が認められるものの、基本的にこの二つの文化は地域を異にする「棲み分け」のような関係にあった。九世紀後半ごろになると、擦文文化は日本海側を北上するかたちで分布域を広げ始める。この擦文文化の拡大の影響を受けてオホーツク文化は変容し、一〇世紀になると道東部では両者が折衷し「トビニタイ文化」（六〇頁参照）が出現する。そして一一世紀後半には道東部のオホーツク海岸でも擦文文化の大規模な集落遺跡が形成され、さらに一二世紀には道東部太平洋岸にも遺跡が広がるが（澤井のvi期［図5］）、石狩低地帯や日本海沿岸北部では遺跡が減少する。

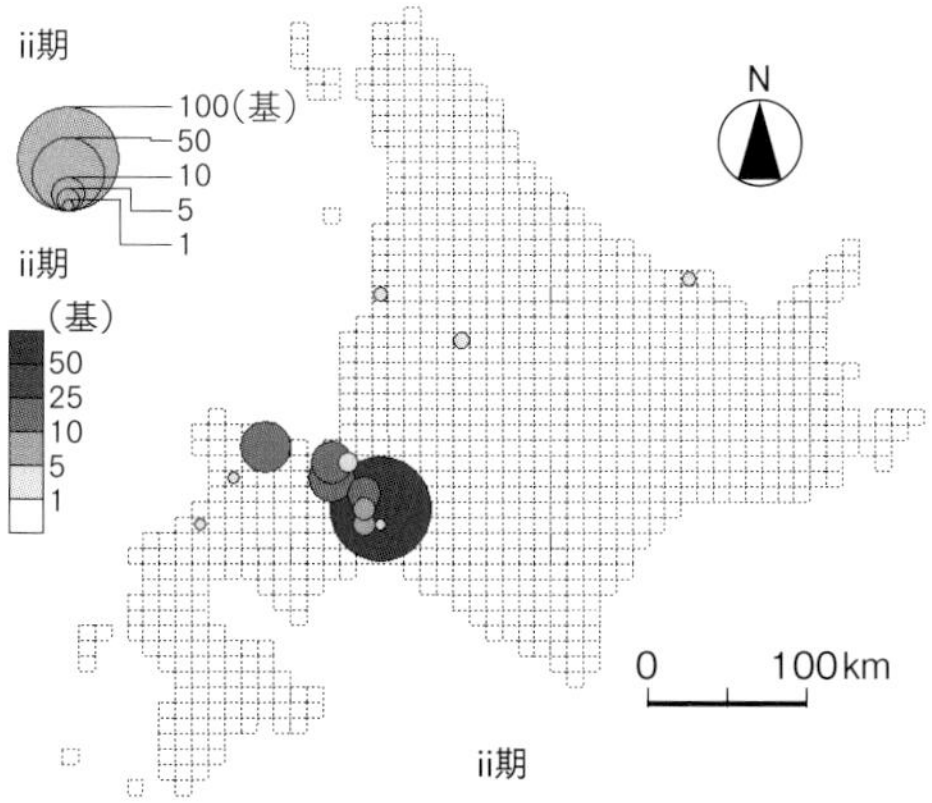

［図4］擦文文化の竪穴群遺跡の分布①
（8～9世紀前半）

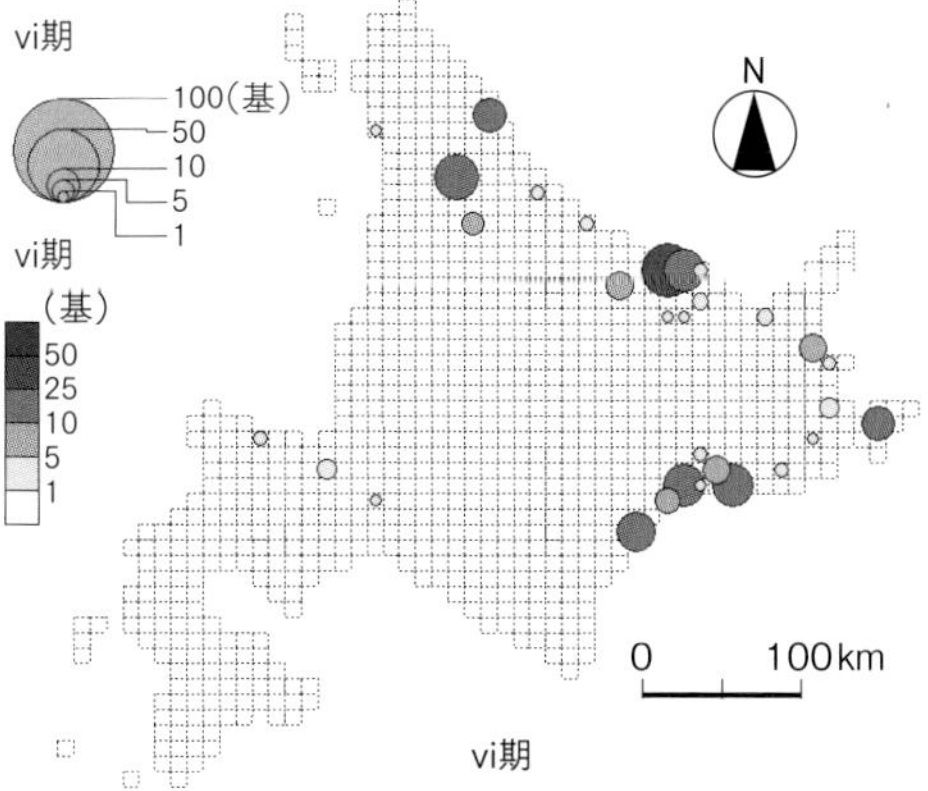

［図5］擦文文化の竪穴群遺跡の分布②
（12世紀前半～13世紀前葉前後）

擦文文化が道東部に拡大していった理由についてはさまざまな説があるが、現在主流になっているのは、サケやオオワシ・オジロワシの羽、アザラシの毛皮など、道東部で多く産出される交易品の入手が目的であったという見方である。考古学的な証拠は乏しいが、文献史学の研究成果からすれば、それが要因の一つであった可能性は高いだろう。一方で、擦文文化の拡大ルートが道北部を経由する時計回りで、拡大が段階的であったのは、擦文文化がオホーツク文化との交渉を強く志向しながらも、その取り込みには時間がかかったことを反映しているのであろう。

北方への進出と交流

九世紀後半ごろに日本海沿岸北部へと拡大した擦文文化は、道北端部でオホーツク文化と接触し、そこでも両者の折衷的な文化が出現した。この文化にともなう土器が「元地《もとち》式土器」〔図6〕であるが、それは従来のオホーツク土器とはまったく異なる厚手で粗雑な作りで、擦文土器の影響に加えて、それまでの道北部ではみられなかったサハリンのオホーツク土器の影響があらわれている。このような土器の様相からは、道北端部のオホーツク文化と日本海沿岸北部の擦文文化が、サハリンのオホーツク文化を巻き込むかたちで交流を活発化させたことが読みとれる。土器の作りがあまりに粗雑である点からすると、そこにはある種の社会的混乱があったのかもしれない。

元地式土器の例にみられるように、一〇世紀に北海道のオホーツク文化が大きく変容した後は、擦文文化とサハリンのオホーツク文化が交渉するかたちで、宗谷海峡間の交流は継続した。

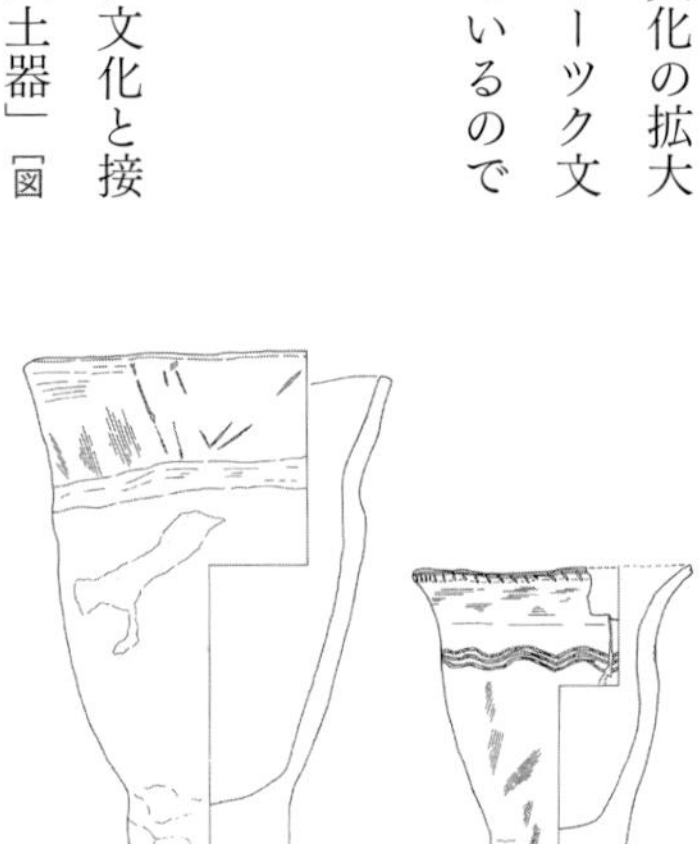

〔図6〕元地式土器：器形には擦文土器の影響がみられる一方、左の例にはオホーツク土器の要素である太い凹線文（摩擦式浮文）が施される。礼文町香深井5遺跡出土

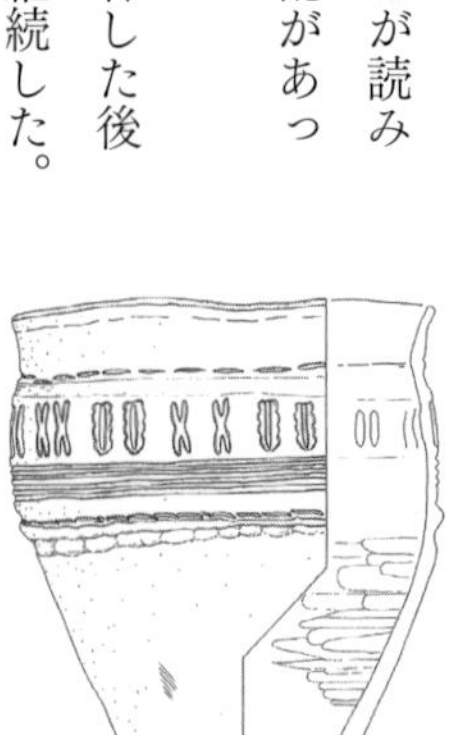

〔図7〕道北部で出土した南貝塚式土器：カマド付きの竪穴住居跡から出土した。枝幸町ウエンナイ竪穴群出土

サハリンの状況をみると、擦文土器がサハリン南部の日本海側を中心に数カ所の遺跡で確認されているが、これらの土器はすべて一〇世紀以後のもので、元地式土器の時期以降に持ち込まれていたことがわかる。また、サハリン南東部のセディフ1遺跡やオホーツコエ3遺跡では、オホーツク文化終末期の南貝塚式期（一一～一二世紀ごろ）に属する、カマドが付いた竪穴住居跡が発見されている。これらのカマドも、擦文文化の影響で作られたと考えられている。

北海道の側でも、サハリンの南貝塚式土器が出土した例がある。枝幸町ウエンナイ竪穴群や稚内《わっかない》市シュプントー遺跡では、カマドをもつ竪穴住居跡内から擦文土器とともに南貝塚式土器が見つかっている［図7］。さらに、わずかではあるが大陸系とみられる遺物もある。厚真町《あつまちょう》ニタップナイ遺跡出土の鉄鏃と、常呂町栄浦第二遺跡出土の青銅製垂飾《すいしょく》［図8］は、いずれもアムール川下流域の靺鞨系文化と関連する製品とみられ、一〇世紀～一一世紀ごろの擦文文化にともなうとみられる状況で発見されている。また、根室市穂香《ほにおい》竪穴群など、この時期の擦文文化の遺跡から出土したガラス玉にも、大陸産のものが含まれる可能性が指摘されている。

擦文文化の終焉と「アイヌ文化」

擦文文化で採用されていた生活の様式は、一三世紀ごろに大きく変容する。考古資料でみると、竪穴住居に代わって平地式の住居が作られ、鉄鍋が導入されて土器が廃用されるといった大きな変化がある。考古学では、これらの変化をもって擦文文化の終焉とし、以降の時期を「（考古学上の）アイヌ文化」として扱ってきた。この名称は、平地住居や鉄鍋の利用が、幕末や明治の記録に残る伝統的なアイヌの文化の生活様式と近似するという視点にもとづいたもので

［図8］青銅製垂飾：11世紀後半ごろの擦文文化の竪穴住居跡（北見市栄浦第二遺跡）から出土。靺鞨系文化など、大陸に由来する製品とみられる

ある。
「アイヌ文化」に対して「考古学上の」という但し書きを付けるのは理由がある。この語が指しているのは、考古学的に捉えられたこの時期に特徴的な物質文化の資料、具体的には平地住居の跡〔図9〕、砦（チャシ）の跡（一五七頁図七参照）、墓、送り場などの遺構や、鉄鍋やそれを模した土鍋〔図10〕・漆器・銛頭〔図11〕・弓矢・ガラス玉などの遺物、そしてそれらから知りうる技術や経済などの特徴の組み合わせであり、そのような組み合わせの時空間的な広がりを考古学上の文化や時代区分として設定しているからである。こうした考古学上の概念に対して、文化全般や集団の呼称でもある「アイヌ」の語を当てることへの問題は、瀬川拓郎などによってもすでに論じられている（瀬川二〇〇七）。また昨今では、時代区分の概念として設定されたこの「（考古学上の）アイヌ文化」が曲解され、一三世紀以前や近代以降にはアイヌの歴史や文化が存在しなかったかのような誤った引用がなされて、差別的な言動の根拠となる事態も目にするようになった。この問題については、用語の変更を含めた対応や工夫が学会でも検討されつつあるのが現状である（蓑島二〇二三）。

考古資料として残りやすい竪穴住居や土器が使用されなくなると、遺跡や遺物が発見しにくくなるという研究上の制約が生じる。そのため、とくに道東部では、擦文文化の終焉直後の詳細な文化内容に関してまだわからない点も多い。しかし最近では、標津《しべつ》町《ちょう》ポー川河岸3遺跡

[図9] 平地住居の跡：炉と周囲の柱穴によって構成される平地住居の跡。母屋に出入口を兼ねた納屋とみられる施設が付属する。18世紀中葉以前。千歳市オルイカ2遺跡

において土器をともなわない一三世紀から一四世紀代の竪穴が調査される（小野二〇二〇）など、徐々に研究が進展しつつある。

大規模な竪穴群遺跡を道東部に残した人びとの生活が、その後、どのように変貌を遂げたのか、オホーツクの古代文化の研究において、この問題の探究はきわめて重要な課題となっている。

[図10] 内耳（ないじ）土器：鉄鍋を模して作られた土鍋で、内面に吊り下げ用の耳をもつ。15世紀ごろ。北見市ライトコロ川口遺跡出土

[図11] 銛頭：15世紀ごろの送り場遺跡から出土した。鹿角製または鯨骨製で、右端の先端には鉄鏃が残る。北見市ライトコロ川口遺跡出土

COLUMN

常呂川下流域の擦文集落

榊田朋広

常呂町を中心とする常呂川下流域は、多くの擦文集落が存在する地域である。その立地と規模を詳しくまとめた熊木俊朗によると、当地域の擦文集落は、①常呂川下流域右岸遺跡群（一〇遺跡）、②常呂川下流域砂丘地帯遺跡群（六遺跡）、③常呂川下流域岐阜台地遺跡群（一五遺跡）、④サロマ湖前面の「ワッカ半島」上の遺跡（一遺跡）、の計四地点・三二遺跡に大きくまとめられ、すべて海岸から二キロ以内の場所にある。確認されている擦文文化の竪穴住居跡の総数は、地表で確認できる方形の窪みと発掘調査されたものをあわせて一九二一軒になり、そのうち二三六軒が発掘されている。集落の規模は地点・遺跡によって異なり、方形の窪みが一〇七四軒みられる栄浦第二遺跡（一六・一七頁参照）や二一四軒みられる常呂竪穴群のように大規模な例から、四二軒みられるST09遺跡や一一軒が発掘された岐阜第三遺跡［図1］のように中・小規模な例までさまざまである（熊木二〇一九）。

発掘された竪穴住居跡の時期を宇田川洋の土器編年（宇田川一九八〇）でみると、擦文文化前・中期の例がわずかにある以外はすべて後・晩期に属する。早期の例はない。未発掘の竪穴住居跡に中期以前のものがある可能性はあるが、各遺跡の詳細な分布調査などで得られた土器の数をみるかぎり、中期以前の竪穴数が今後大幅に増えるとは考えにくい。したがって、未発掘の竪穴住居跡の多くも後・晩期に属する可能性が高い。常呂川下流域の擦文集落は、前期ごろに小規模なものが少数形成され、後期以降に急速に数が増え規模が大きくなったといえる。

五〇軒未満の竪穴住居跡からなる中・小規模の集落をいくつか分析した藤本強は、同時に存在した住居の数は一～三軒で、二軒一組で建て替えがくり返された様相を復原している（藤本一九八二）［図1］。一方、一〇〇～一〇〇〇軒以上の竪穴住居跡からなる大規模な集落の細かい様相は現在もわかっていない。ただ、藤本は集落の規模が地点によって異なる理由を生業の季節性という点から考察している。大規模な集落が砂丘上の平坦地など環境の変化に乏しく狩猟・採集に適さない場所に立地しているのに対し、中・小規模の集落は周囲に沢・森林・草原・湿地・湧水池など多彩な環境が展開する狩猟・漁労・採集・農耕に適した場所に立地している。このことから、春から秋口に中・小規模の集落で多様な生業活動をおこない、秋から冬に大規模な集落に集まってサケ・マス漁をおこなう、という集落の季節的な住み分けがなされたと考えたのである（藤本一九八二）。この考えには批判もあり、常呂川下流域の擦文集落を残した人びとの生活の実態には現在でも謎が多い。

道央部の前期の擦文集落は、多くの小規模な集落の近くに地域の交易拠点となる比較的規模の大きな集落を構える特徴がある（榊田二〇二〇）。海獣やサケ・マスなど集団でおこなう狩猟・漁労活動に交易品生産の役割もあったとすれば、常呂川下流域の大規模な集落でそのような生業活動がなされた可能性を想定することで、藤本の季節的住み分け論を再評価できるかもしれない（北海道文化遺産活用活性化実行委員会編二〇二三）。いずれにせよ今後の調査・研究を待たねばわからないことが多く、常呂川下流域の擦文集落は、擦文文化の人びとの生活を復原する上で大きな可能性を秘めている。

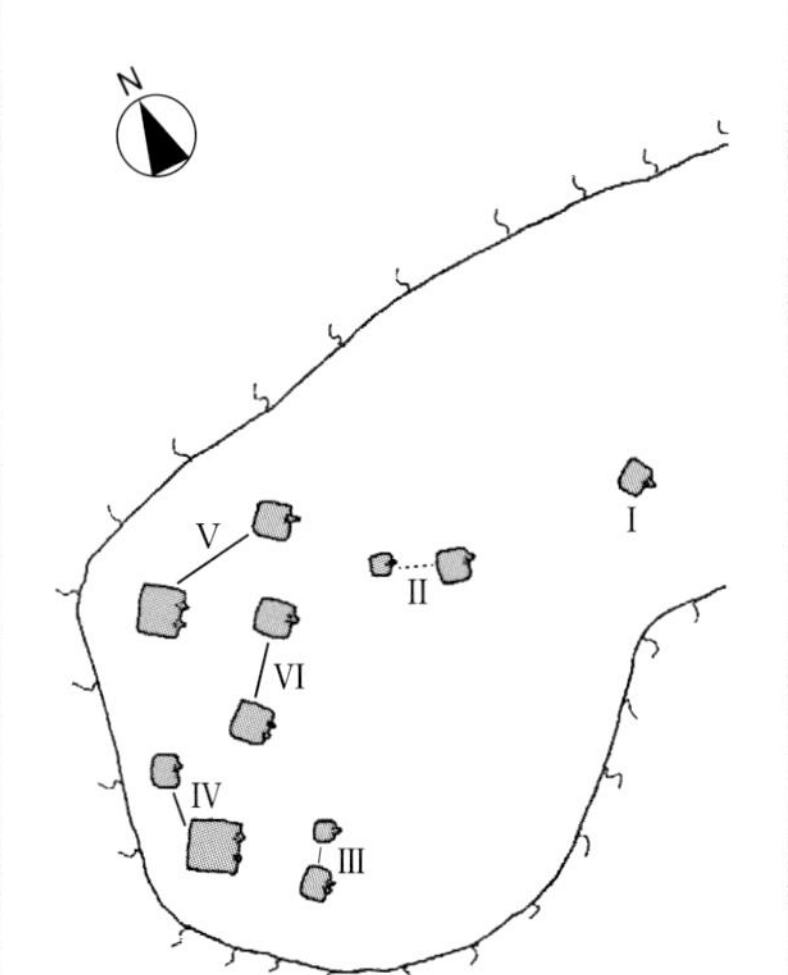

［図1］岐阜第三遺跡の小規模な擦文集落

COLUMN

北日本におけるレプリカ法による土器圧痕調査

太田 圭

北見市大島2遺跡2号竪穴から擦文文化期（一二世紀）の甕が出土した。この甕の表面に圧痕《あっこん》（土器を焼成する前の粘土についた植物や昆虫などの痕跡）が認められたため、レプリカ法による土器圧痕調査をおこなったところ、シソ属果実の圧痕が検出された［図1］。また、この住居に設置されたカマドの焚口からは、炭化したシソ属果実が一七点検出された。土器圧痕と炭化種実の存在から、大島2遺跡で暮らした人びとがシソ属の果実を利用していたことがわかる。同じカマドの焚口からは、キビやブドウ属の炭化種実が出土した。圧痕として検出されたシソ属とともに、これらは食用にされていたと考えられる。この住居からはほかに、マタタビ属やニワトコの炭化種実も出土した。これらは、後にアイヌの人びとが薬用に使ったことが知られている。

レプリカ法による土器圧痕調査では、土器の表面に残された圧痕にシリコンを入れて型取りし、圧痕の由来物質のレプリカを製作する。そして、その形状を走査《そうさ》型電子顕微鏡（SEM）などで観察し、現生標本と比較することで、その由来物質を同定する（丑野・田川一九九一）。この調査方法が普及したことで、縄文時代におけるマメ類の利用や家屋害虫の存在、また縄文時代から弥生時代に移行する時期におけるイネ・キビ・アワといった大陸系穀物の利用の地域差が明らかにされてきた。近年は、擦文文化期のような、より新しい時代にも調査の対象が広がっている。

遺跡から出土する植物遺体のうち炭化種実は、過去の人びとがくり返し利用した場所から検出されることが多く、年代を特定することが難しい。近年、中世以降の穀物が縄文・弥生時代の住居の埋土から出土していたことが明らかになった例もある。炭化種実の出土量が少なければ、直接年代を測定することもできないため、後世の混入例を見きわめるのは難しい。一方、レプリカ法では、土器が作られた年代から圧痕の由来物質が存在していた時期を直接知ることができる。遺跡から出土する植物遺体とレプリカ法により検出される圧痕とでは確認される植物の種類に違いがあるため、当時の植物利用により接近するためには、両方の方法を使った調査が重要となる。

レプリカ法は、「ある時期・地域にある種実が存在した」ことしか示さない。調査結果は、ほかの分析や考古学資料の検討と合わせて解釈する必要がある。北日本では八世紀以降になると、ムギ類が炭化種実として頻繁に出土するにもかかわらず、筆者が東北地方で約九〇〇キログラム、北海道で約一九〇キログラムの六～一二世紀の土器を調査したところ、ムギ類の圧痕は一点も見つからなかった（太田二〇二二）。ほかの種実とムギ類とでは、保管する場が異なっていたのだろうか。あるいは、ムギ類はイネ・アワ・キビといったほかの穀物と収穫時期が異なるので、土器製作の時期と収穫時期が異なっていたのだろうか。

レプリカ法の調査成果は、当時の人びとの植物利用のあり方だけを示すのではない。土器の製作時期や穀物の保管方法といった、当時の集落における暮らしの一場面にもアプローチすることができるはずである。

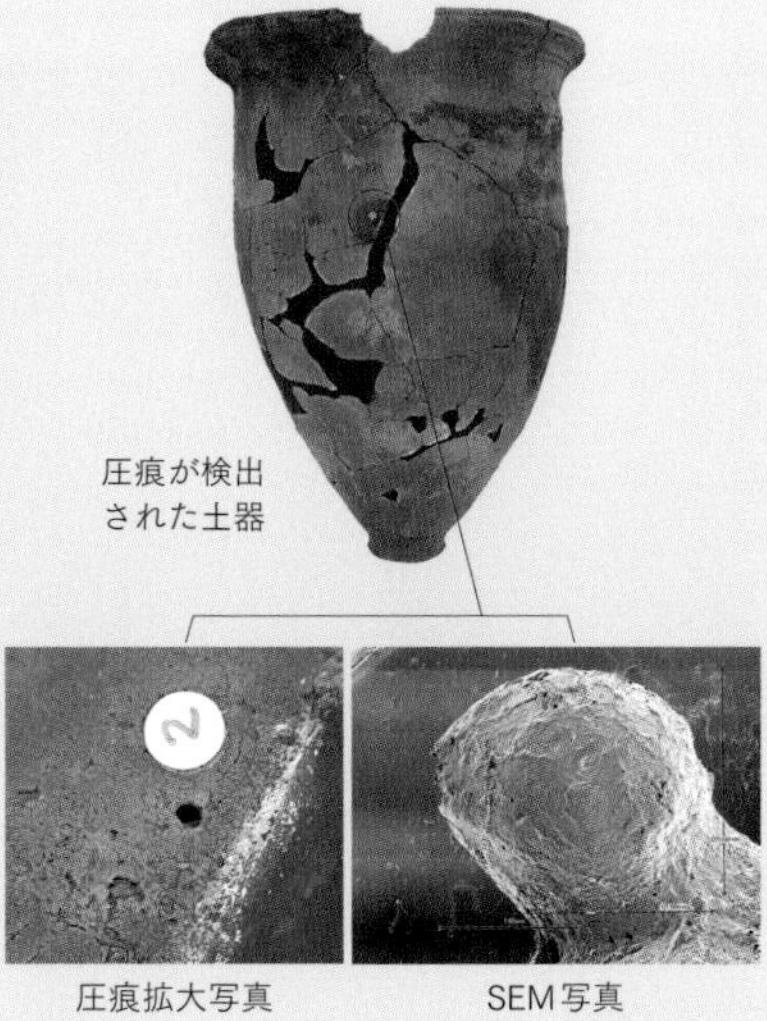

［図1］レプリカ法による種実の圧痕の検出例（北見市大島2遺跡）

［図2］レプリカ法による調査風景

COLUMN

擦文文化のフォーク状木製品

大澤正吾

擦文文化の竪穴建物には、焼失したことがわかる事例がしばしば確認される。この焼失住居については、竪穴建物の廃絶に際し、儀礼として意図的に火をかける、いわゆる「家送り」儀礼との関連で理解しようとする研究者もいる。大島2遺跡の2号竪穴建物もそうした焼失住居の一つで、多くの炭化した木材や茅状の茎、木製品が出土した。

とりわけ注目されるのが、竪穴建物の北西壁際から出土した、フォークのような形をした炭化木製品である[図1]。炭化した遺物の大部分は、建築部材と目されるものであったため、発掘調査が進み、フォークのような形となることがわかった時は、少なからず驚いた。

このフォーク状木製品は、正面左側の歯が欠損しているほかは、ほぼ完存しており、全長が二〇・七センチ、遺存する最大幅が四・三センチ、歯の長さは六・〇センチである[図2]。現存する歯は四本だが、本来は六本、ないしそれ以上であったと復元される。歯は先に向かって幅が細く

[図1] フォーク状木製品の出土状況：向かって左が歯、右が柄。北見市大島2遺跡

なり、先端を尖らせている。

柄は、根本の方がわずかに厚く、先端に向かって扁平に広がっている。柄の根本から歯の先端にかけては、全体が反り返っているが、これが本来の形なのか、それとも被熱によってゆがんだものなのかは判然としない。

これまでのところ、このフォーク状木製品の類品は、擦文文化の木製品には確認されていない。本州で出土した弥生時代のものや古墳時代末〜平安時代初頭のものは、歯の数が二〜四本と少なく、全体の形もやや異なる。一方で、柄の長さや形は異なるものの、歯が六本という点で類似する資料がサハリンアイヌの民族資料にある（熊木編二〇一六）。

2号竪穴建物からは、カマド付近に意図的に置かれた海獣骨も出土した。住居の廃絶儀礼に用いられたとみられ、オホーツク文化やトビニタイ文化との関連をうかがわせる。これらの要素とあわせ、このフォーク状木製品が、擦文文化とオホーツク文化、トビニタイ文化、そしてアイヌ文化との関係を読み解く鍵の一つになることが期待されよう。

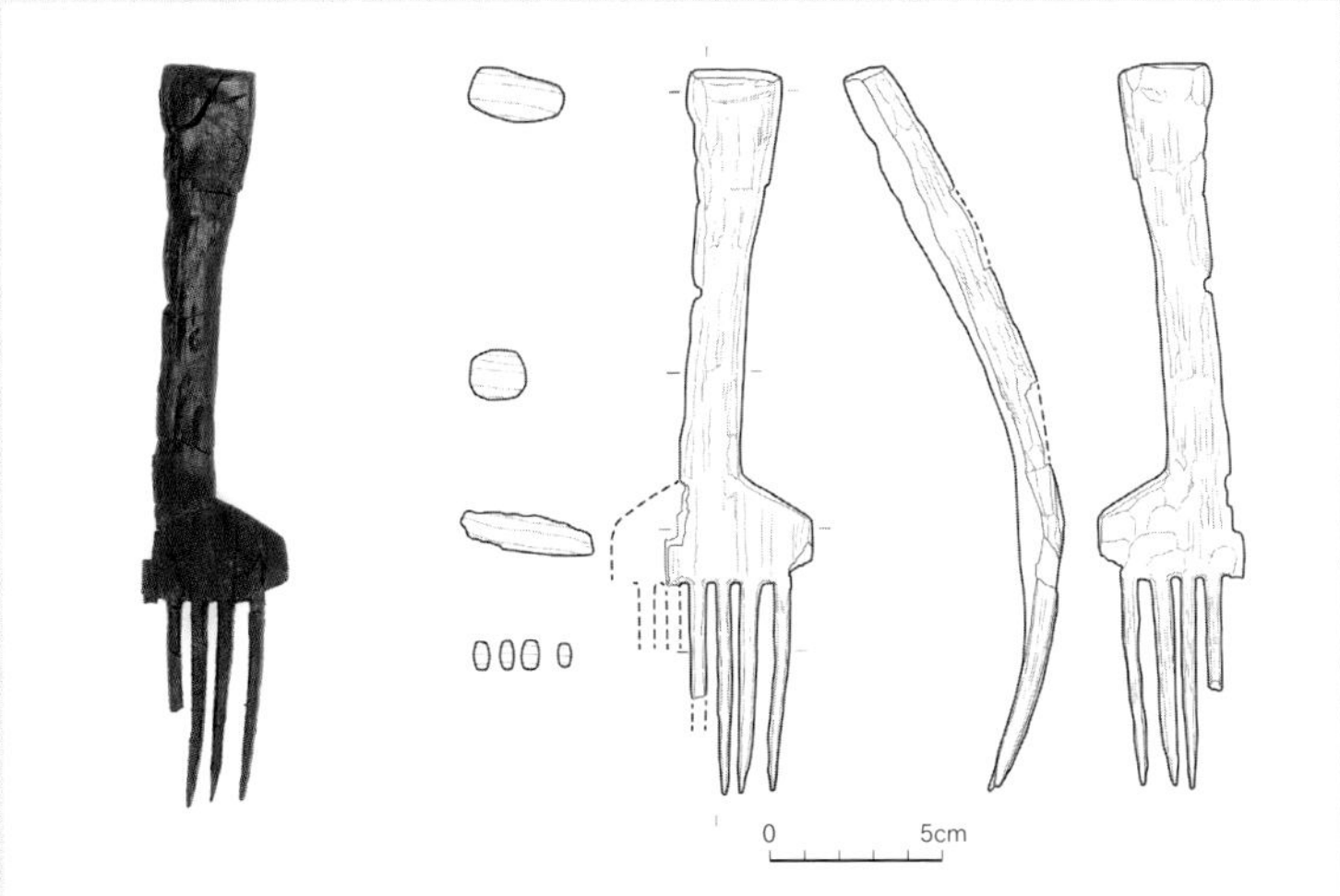

［図2］フォーク状木製品：左／写真、右／実測図

COLUMN

紡錘車と擦文文化

市川岳朗

［図1］紡錘車の使い方

紡錘車《ぼうすいしゃ》（または紡輪）は「繊維を撚り、糸を作る」、用途はこれだけの道具の一部である。構造は単純だが、弥生時代から糸車の普及する江戸時代まで広く使用されていた。

紡錘車には孔があり、孔には木製もしくは鉄製の軸棒である紡茎《ぼうけい》を通し、紡茎の半分より下、もしくは紡茎の下から三分の一程度の位置に紡錘車を配置する。紡茎は上端が鉤状になっていると使いやすい。全体の印象としては軸棒の長いコマである。

紡錘車の使用方法は、①繊維を数本つまみ、軽く束ねて指で撚りをかけ短い糸を作る。②紡錘側と紡茎の付け根に①の糸を巻きつけ固定する。③糸を紡茎上端の鉤に掛けた状態で片手で糸をもち、もう片方の手で紡錘車を回し、繊維に撚りをかけ、糸にする。④できた糸は軸棒に巻きつけ、糸巻き状にする。②~④をくり返して糸を作る。図1では紡錘車を空中で回転させている。鉤に糸をかけているため持ち上げて回転させる方が安定し、繊維が張った状態を維持しやすい。

紡錘車が日本列島にもたらされたのは弥生時代からといわれている。弥生時代には稲作をはじめ、中国・朝鮮半島経由で多くの人、物、価値観などが本州に渡来した。養蚕とそれに付随する紡錘車もその一つといわれている。本州では弥生時代以降、土製、石製、鉄製など、紡錘車はさまざまな素材で作られ、古墳時代には古墳の副葬品として納められることもあった。

北海道では、紡錘車は八世紀ごろの擦文文化から本格的に登場する。紡錘車も本州の文化である土師器や、平面方形の住居、屋内のカマドなどと同じく、新しく北海道に流入した技術の一つであったからである。しかし、弥生文化のように手間のかかる絹糸の生産ではなく、植物繊維を利用していたと考えられる。

擦文文化の紡錘車はほとんどが土製で、わずかに本州から来た鉄製の紡錘車が存在する。紡錘車の形態は平面が円盤状で中心に孔があり、大別すると横断面は台形、もしくは長方形。文様は孔を中心に、刺突や刻線などさまざまな文様が放射状に描かれるものが多く[図2]、文様がないものもある。

近年の調査では北見市大島2遺跡4号竪穴で、一部炭化した紡茎をもつ紡錘車が出土している。植物の種類までは特定されていないが、内部が中空のため、イネ科植物のような丈夫でしなやかな植物を紡茎としていたのだろう。また、北見市大島2遺跡は擦文文化後期後半〜終末ごろ（一二世紀前後）の遺跡であるため、北海道に伝わった紡錘車は形態的にはあまり変化しなかったといえる。

しかしながら、擦文文化期以降のアイヌ文化期では紡錘車はほとんどみられなくなる。この理由については、被服や布は本州との交易で得るようになり、生産用の道具である紡錘車は次第に減少していったのではないかとの説もある（中田一九八九）。

［図2］炭化紡茎をもつ紡錘車：北見市大島2遺跡4号竪穴出土

2

東北アジア世界と北海道

東北アジアからみたオホーツクの古代文化

福田正宏・佐藤宏之

一九〇五年（明治三八）の日露戦争が終結し、日本領土が拡大したことにより、オホーツク海を取りかこむ樺太・千島およびその周辺にも、往時の「アイヌ」に関連する遺跡があることが知られるようになった（一三八頁参照）。一方、北海道内では明治末〜大正初期に網走本線が延伸し、オホーツク海沿岸で開拓と移民が進んだこともあり、この地の遺跡に本州とは異なる遺物や埋葬形態があることが明らかになった。

折しも鳥居《とりい》龍蔵《りゅうぞう》らが大陸内部の遺跡や民族文化に関する実地調査成果をさかんに発信し、「日本」との関係を論じていたころである。以来、さまざまな時代のオホーツク海沿岸古代文化に関して、樺太／サハリン、黒龍江／アムール川流域を経由した大陸内部からの文化的影響が指摘されるようになった［図1］。

本稿では、日露の最新研究の成果にもとづき、後期旧石器時代〜オホーツク文化（並行）期のロシア極東（中国東北地区を一部含む）と北海道―とくにオホーツク海沿岸との交流史を概観する。

三万年を超える長大な時間のなかに、これまで多くの文化動態、考古学的文化の存在が認定されてきた。それらを第四紀学や北海道考古学の編年と対比して最大公約数的にまとめると、

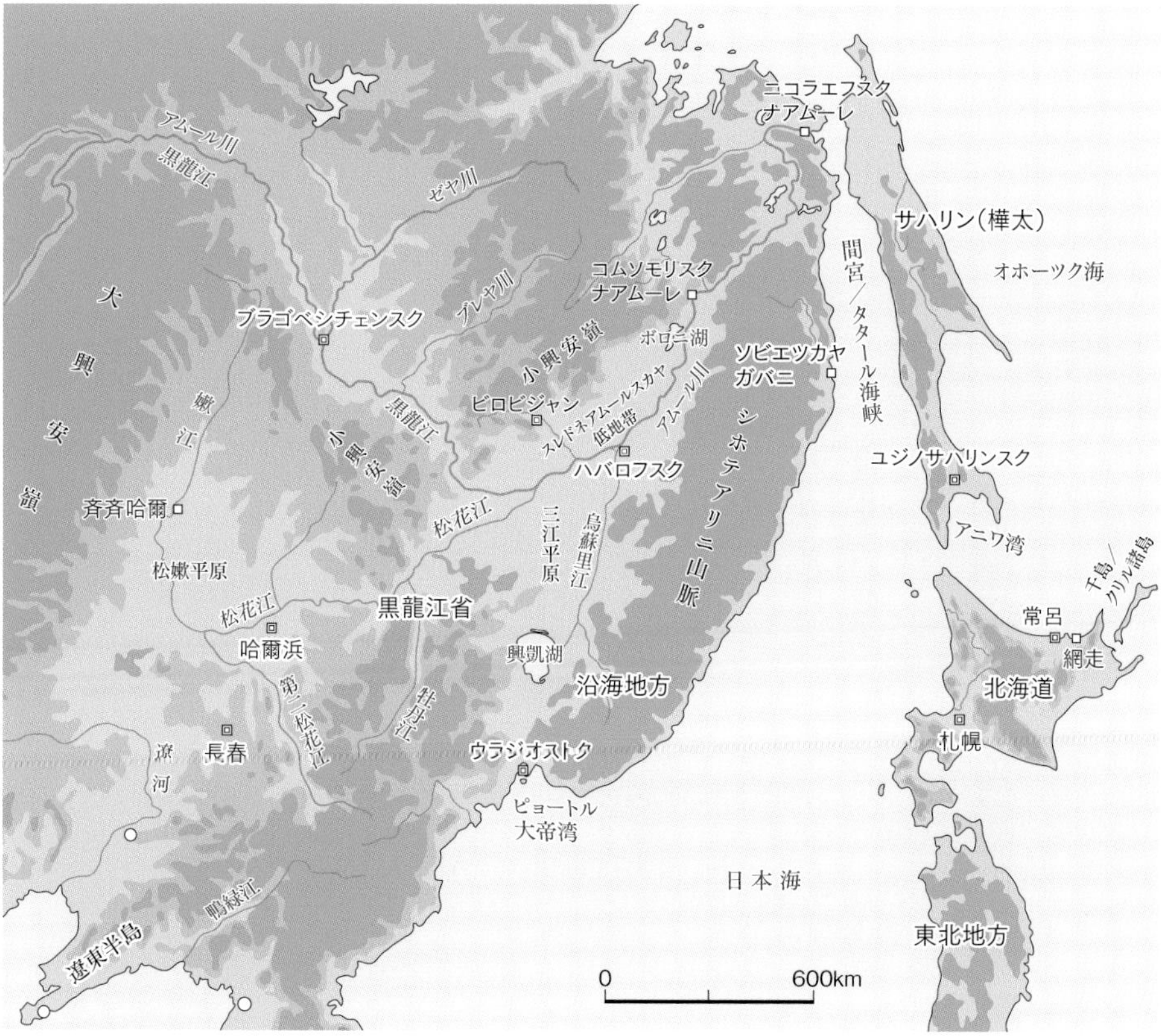

［図１］東北アジア北部地図

Ⅰ期は最終氷期～晩氷期（後期旧石器～旧石器／縄文移行期）、Ⅱ期は完新世初頭（縄文早期の大部分）、Ⅲ期は最温暖期～紀元前一千年紀前半（縄文早期末～晩期）、Ⅳ期は紀元前一千年紀後半～紀元後一二世紀（縄文／続縄文移行期～オホーツク文化期）という順になる（福田二〇二二）［図2］。なお、交易交流を主題とするならば、対象を一四世紀以降に確認される民族誌の時代の交流（山丹《さんたん》交易など）にまで拡張すべきであるが、いま把握することができる考古学的事実の範囲を超えるため、ここでは触れられない。

Ⅰ期：ホモ・サピエンスの定着化と土器の出現

後期旧石器時代になると、アフリカを起源とする現生人類ホモ・サピエンスがユーラシアを北回り（シベリア南部・モンゴルを経由）に拡散して、ロシア極東と北海道に到達した。当時は不安定な氷期であり、現在より海面が一四〇～一〇〇メートルほど低く、サハリン・北海道・千島列島南部は大陸と陸でつながる一つの半島（古サハリン―北海道―千島半島）をなしていた。そのため、大陸からの人の移動は比較的容易であった。

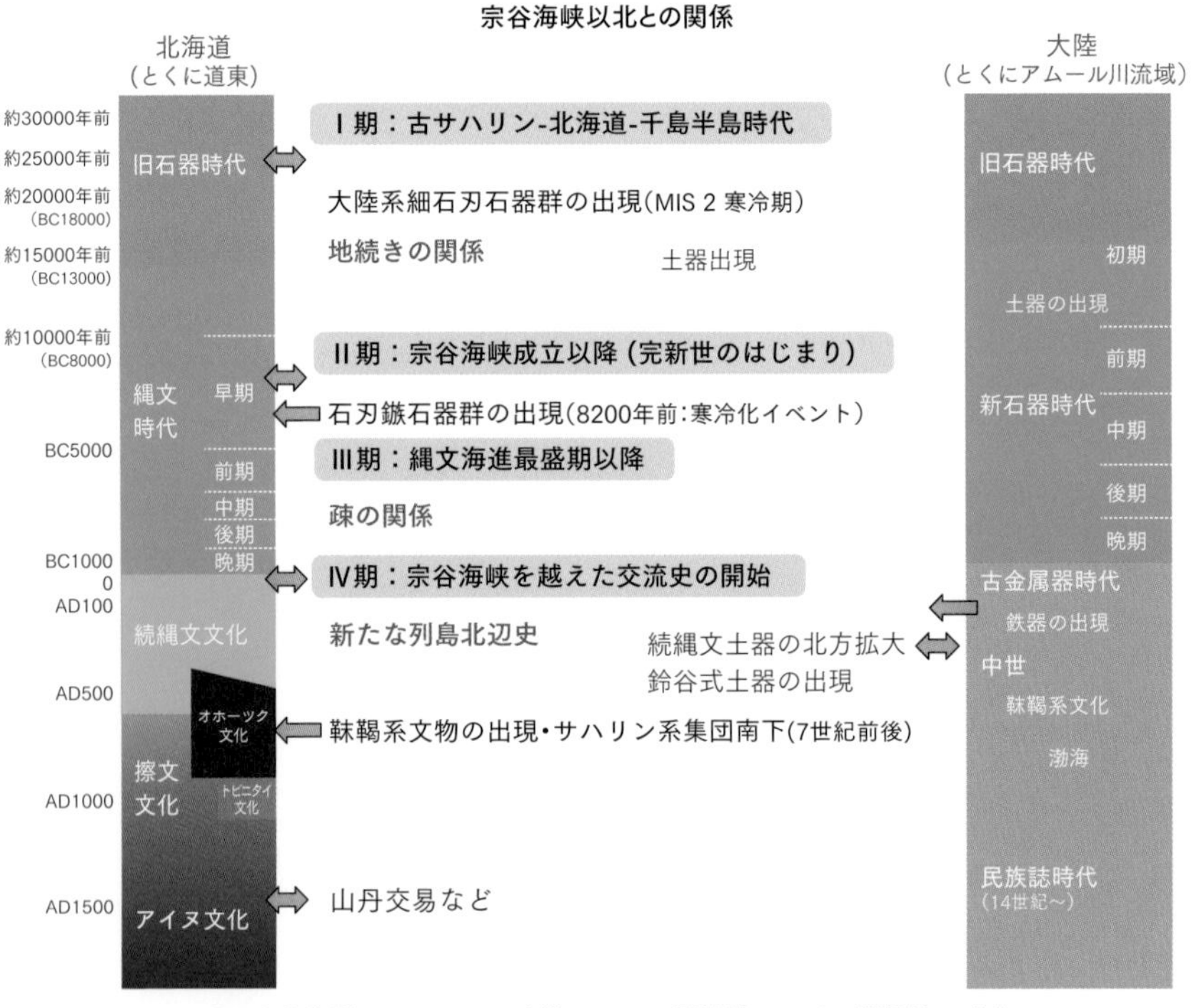

［図2］北海道－サハリン－大陸アムール川流域における関係性の変化

二万五〇〇〇年前の最寒冷期になると、酷寒のシベリアを避けてマンモスゾウなどの動物群が北海道に移動し、それまで分布していた南方系のナウマンゾウなどの動物群と交代した。それと同時に北海道では、狩猟の対象であったマンモス動物群を追って、シベリアにいた細石刃をもった集団が新たに出現し、それまでいた本州系の台形様石器や尖頭形石器をもった集団と置きかわった。北海道内では複数種の細石刃石器群が発達した。そのうちの札滑型細石刃石器群（一万九〇〇〇～一万六〇〇〇年前）は、東日本やサハリンのソコル遺跡など、広い範囲で発見されている。人びとは頻繁に広域移動をしていたと考えられる（佐藤二〇一九）。

氷期末の晩氷期（一万五五〇〇～一万一七〇〇年前）になると、バイカル湖周辺やアムール川流域、そして日本列島で土器が出現した。この時期は、ロシア極東の新石器時代最初期、また本州以南の縄文時代草創期に並行する時期が始まる画期とされ、寒冷化と温暖化を短い期間でくり返す激しい気候変動期であった。土器は新たに出現した食料資源を調理するための土鍋調理具として各地で使用され始めたと考えられているが、サハリンの土器出現の様相がまだよくわかっておらず、大陸側と北海道側の集団の関係性は未解明のままである。

II・III期：極東型新石器文化の成立と展開

一万一七〇〇年前以降は完新世の温暖気候となる。II期の完新世初頭にサハリンと北海道は大陸から離れ、島嶼化した。日本列島は温帯森林に覆われ、道南以南の列島各地は新たな生活環境のもと、定着的食料採集社会に移行した。本格的な縄文文化の始まりである。

一方、オホーツク海に近い道東は気候が安定せず、温暖環境に適した石器群と寒冷環境に適した石器群が頻繁に入れ替わった。とくに、約八二〇〇年前の世界的な寒冷化は道東集団の生活に甚大な影響をおよぼしたとみられる。宗谷海峡成立後も広範囲に渡り存続していた道東産黒曜石の流通ネットワーク〔図3〕を通じて、ロシア極東に広く普及していた石刃鏃石器群〔図4〕が、道東でも一時的に導入された。特殊な形の鏃は石刃鏃とよばれ、縄文文化には存在しない外来系遺物として注目されている（三五頁参照）。気候はすぐに回復し、さらに温暖化が進んだため、そうした北方系の技術は短期間で消滅した。その後、北海道は全体が東日本縄文文化の一部に組み込まれた。

約八〇〇〇年前から、完新世中期の比較的安定した温暖期に入る（Ⅲ期）。アムール川下流域とサハリンでは遅くとも七〇〇〇年前までに、定着的食料採集社会へと移行する。下流域では約八五〇〇年前からコンドン文化がはじまるが、遺跡数が増加し、緯度の高い河口部にまでその分布が拡大するのは、現在の気候・地形に近づいた七四〇〇〜七〇〇〇年前である。コンドン文化の後は、マルィシェボ文化、ボズネセノフカ文化〔図5〕と独自の変遷が続く。サハリンでは、約七五〇〇年前、南部を中心にソーニ文化（日本語名は宗仁《そうに》文化）〔図6〕の遺跡が増加する。温暖化にともなう宗谷海峡の拡大とともに、サハリンでは道東産黒曜石の出土量が減少し、北海道側の縄文文化とは異なる文化動態が展開し始めた。そして北海道のオホーツク海沿岸では、広域に供給された良質な黒曜石材資源とオホーツク海由来の豊かな海洋資源を優先的に確保することができるようになり、温帯性の生活環境に適応した南方の縄文文化とはやや異なる生活システムが広がった。

こうしたアムール川下流域―サハリンの新石器文化群や日本列島の縄文文化には、竪穴住居

石材の分布範囲と遺跡群の位置　　地域ごとの主要石材

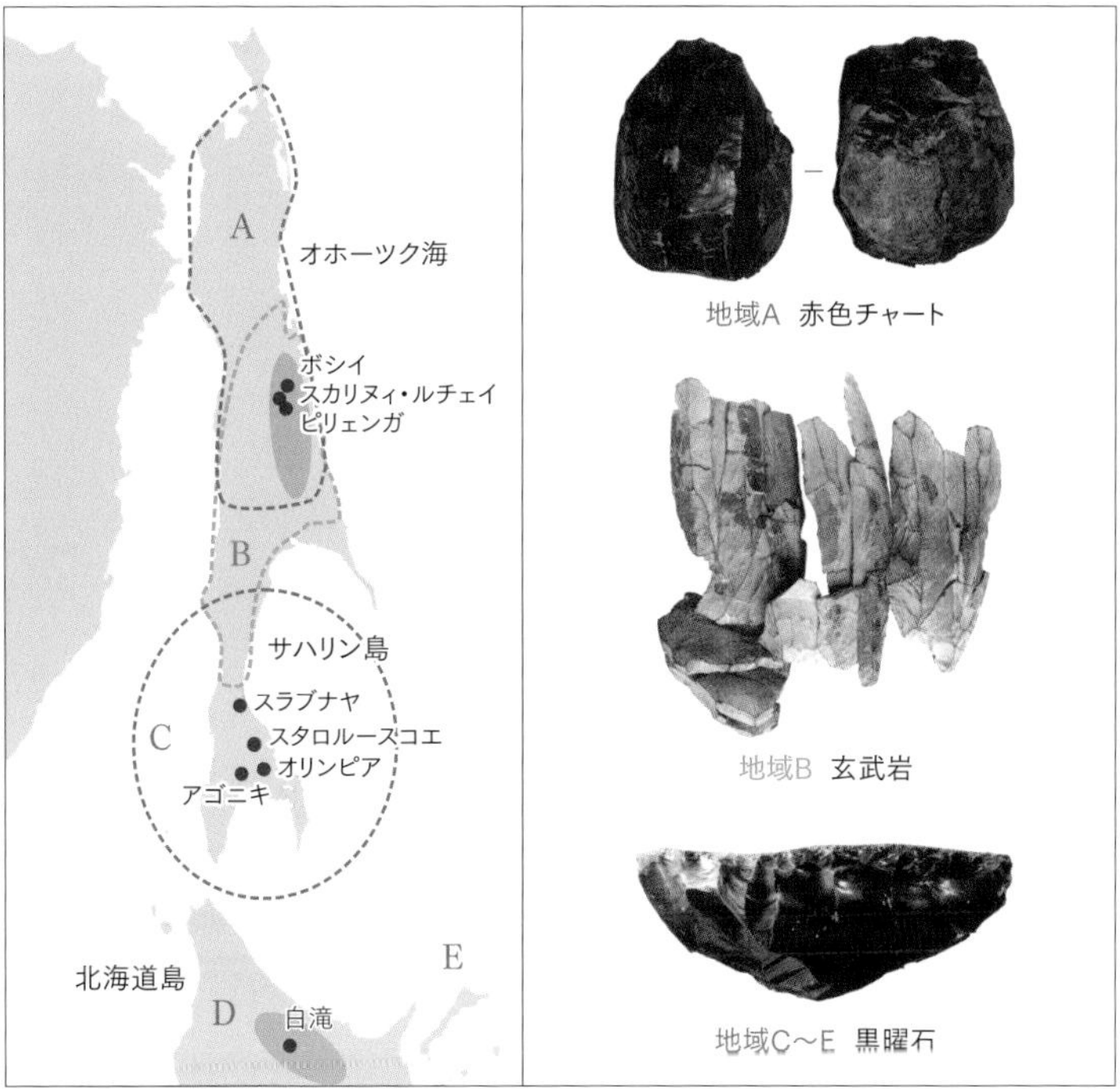

東サハリン山地の赤色チャート原産地
北海道の黒曜石原産地　● 考古遺跡群
分布範囲の年代は後期旧石器～前期新石器時代
（放射性炭素年代で2万～7500年前）

［図3］サハリン・道東・南千島の石材分布域と各地域における主要石材

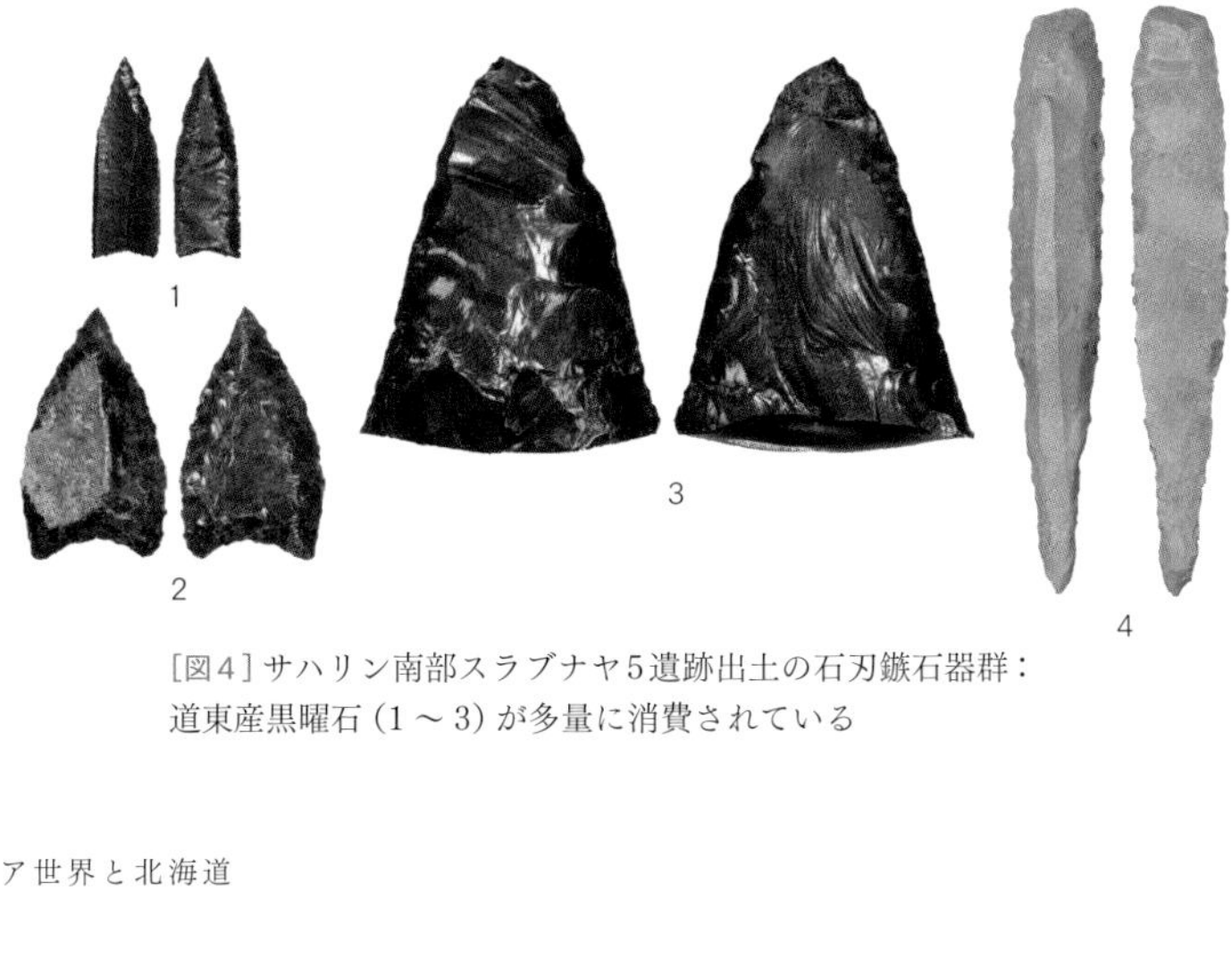

［図4］サハリン南部スラブナヤ5遺跡出土の石刃鏃石器群：
道東産黒曜石（1～3）が多量に消費されている

での定住、煮沸用平底土器の利用、集落周辺の森林資源や水産資源を計画的に利活用する生業など、共通する点が多く認められる。これは、完新世中期の環日本海北部全体に類似した生態環境が広がったためである。だが一方で、完新世初頭までにみられるような広域的な交流がさかんにおこなわれた形跡はない。これらの文化は、それぞれ高い独立性を保っていた。以上のような特徴を有するⅢ期の環日本海北部各地における文化群を「極東型新石器文化」と総称している(福田二〇一五)。

それに対してスタノボイ山脈より北の東シベリアでは、新石器時代以降も寒冷環境に適した遊動生活が営まれ、天幕式住居・丸底土器、細石刃・石刃石器群が採用された。北緯五〇度以北のタイガ気候への移行帯となるアムール川河口部やサハリン北部では、約六七〇〇年前と約三七〇〇年前の東シベリア系丸底土器が出土している。行動様式が異なる極東と東シベリアの集団が接触していたと考えられる。

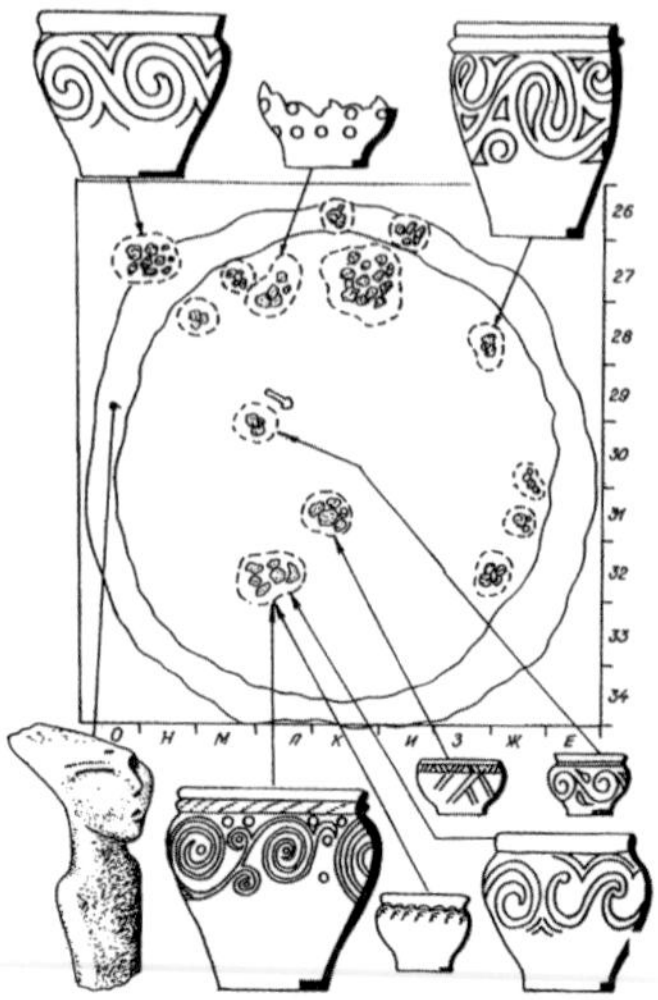

[図5] ボズネセノフカ文化の竪穴住居とその出土品：日当たりのよく、水辺に近い微高地に竪穴住居が群集する傾向がある

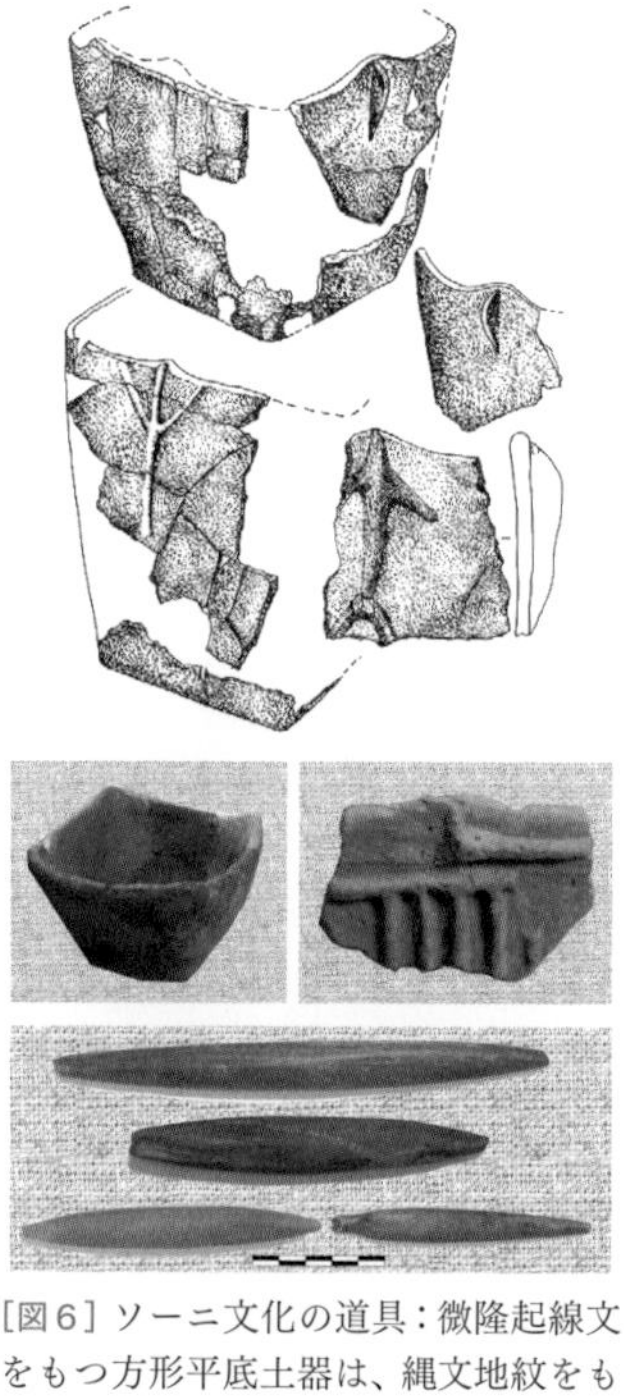

[図6] ソーニ文化の道具：微隆起線文をもつ方形平底土器は、縄文地紋をもたない。組み合わせ釣針の一部や疑似餌とされる磨製棒状石器がともなう

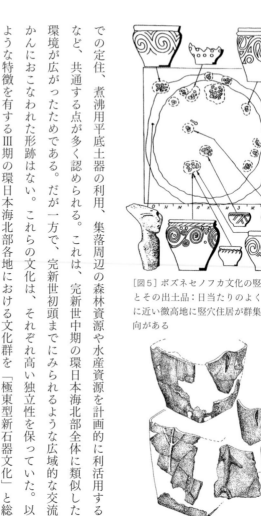

Ⅳ期：極東型新石器文化の再編からオホーツク文化形成まで

Ⅲ期末の紀元前二千年紀前半になると、それまでの新石器文化群の配置関係に変化が生じる。三八〇〇～三四〇〇年前のアムール川下流域およびサハリン北部には、松花江の流域や河口域（露領ユダヤ自治州を含む）に展開した文化動態の影響がおよんだ。同時期の三江平原南部、興凱／ハンカ湖周辺や牡丹江流域では、雑穀農耕の普及にともない、新たな食料生産社会が始まる。朝鮮半島方面との関係性も強まる。巨視的にみれば、これらは東北アジア全体における大きな変化と関係した一連の現象である。しかしその影響は二次的、三次的なものであり、間宮海峡方面の社会構造や生業形態は大きく変化しなかった。この段階は新石器時代晩期とよばれ、後続する古金属器時代への移行期に位置づけられている。

紀元前一千年紀に入るとアムール川流域でウリル文化が展開し、同後半期には鉄を使う集団が間宮海峡周辺方面にもあらわれる。サハリンの様相は一層複雑化し、北部では丸底土器が増えるなど、東シベリアからの影響も受けるようになる［図7］。また、南部では宗谷海峡を挟んだ交流が活発化し、縄文時代晩期後半～続縄文初頭の北海道系の土器が増え、完新世中期以降少なくなっていた道東産黒曜石の出土量が急に増える。広域的な文化交流はさらに進み、紀元前後になると、サハリン南北の土器が在地で融合した鈴谷式土器（四一頁参照、［図8-1・2］）が、宗谷海峡を越えた北海道にも出現する。サハリンでは鈴谷式の時期の遺跡から鉄製品［図8-5］が

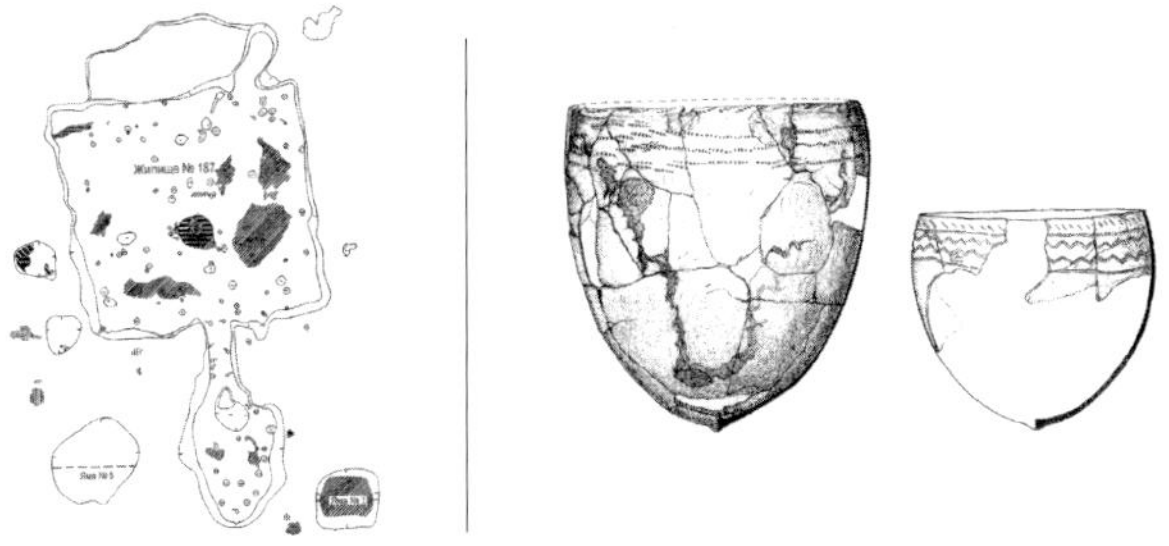

［図7］北サハリン・ナービリ文化の住居と土器：竪穴住居に出入り口がつく特徴があり、北海道縄文晩期後半〜続縄文前半の住居様式に影響を与えた可能性が指摘されている。丸底土器が特徴的である

出土すると報告されているが、北海道での共伴事例はまだ確認されていない。いずれにせよ、ここから、大陸側と北海道側の文化的影響を緩衝するサハリンの文化動態が重要な鍵となる、新たな日本列島北辺史が開始する。

なお、紀元前一千年紀半ば～後半となる縄文晩期から続縄文初頭への移行期に、すでにサハリンから種々の影響が北海道―とくにオホーツク海沿岸におよんでいた可能性もある（福田二〇一四）。

北海道のオホーツク文化は大陸渡来文化か？

こうしたなか、紀元後まもなく、サハリン―北海道―千島列島の海洋環境に適応しながら、アムール川流域にいた靺鞨系集団との交易をおこなったとされるオホーツク文化が成立した。唐代の『通《つ》典《てん》』には靺鞨が渡海して北方の「流鬼《りゅうき》」と接触したと記され、これがサハリンのオホーツク文化集団であった可能性も指摘されている（菊池一九九五）。

五～九世紀ごろに展開した北海道のオホーツク文化は、中国の歴史書にあらわれる黒水靺鞨《こくすいまっかつ》や女真《じょしん》などの国家的統一体の盛衰と関係するとされてきた。大陸の関連遺跡は三江平原からアムール川流域に広く分布する。しかし、その指標となる農耕の痕跡、鉄器・青銅

［図8］南サハリン鈴谷文化の道具組成：1・2は多蘭泊（カリーニナ1）出土（菊地美紀撮影）、3～4は石器、5は鉄器。鈴谷式土器では、北海道続縄文系の縄線文・平底、北サハリン（大陸系）の櫛歯文・丸底という特徴が融合・共存する

器・装飾品などをともなう集落や墓地、また防御性の高い土城が発見されるのは、北緯五〇度付近のスレドネアムールスカヤ低地帯北部（ボロニ湖周辺）までである。アムール川河口部には、サハリン側に通じる江《え》の浦《うら》式土器や、より北方的な成形技術（丸底・ワッフル模様の叩き痕）が特徴となるテバフ式土器を有する集団が存在した［図9］。彼らは、より低緯度に位置する上流側の平原環境に住む集団とは、生活様式や社会的背景が異なっていた可能性が高い。アムール川が主たる往来の回廊となったのであれば、そうした地域を中継し、七世紀に成立する渤海《ぼっかい》国に先行する「中世」国家的統一体、もしくはそれに関連する集団からの影響が、集団移住も含めて、直接的または間接的に環オホーツク海におよんだといえる。それらのうち、南の最前線となる温帯性に近い生活環境（北海道）に残された考古学的現象が、日本ではオホーツク文化とよばれる。そこには、地元の石材資源や海洋資源に強く依存した生活があった。また大陸内部に起源するとたしかにいえる遺物は、七世紀前後の中期に集中している。大陸系文物は、北海道特有の解釈や受容がなされたようである。国家的統一体の社会システムは同心円状に東方に及んだとはいえず、各地の集団が必要な要素を選択的に受け入れたと考えるのが妥当であろう。地域固有の条件は他所にもあったはずである。これが環オホーツク海の「中世的世界」は一様ではないという、ロシア極東考古学の今日の理解につながっている（福田二〇二二）。

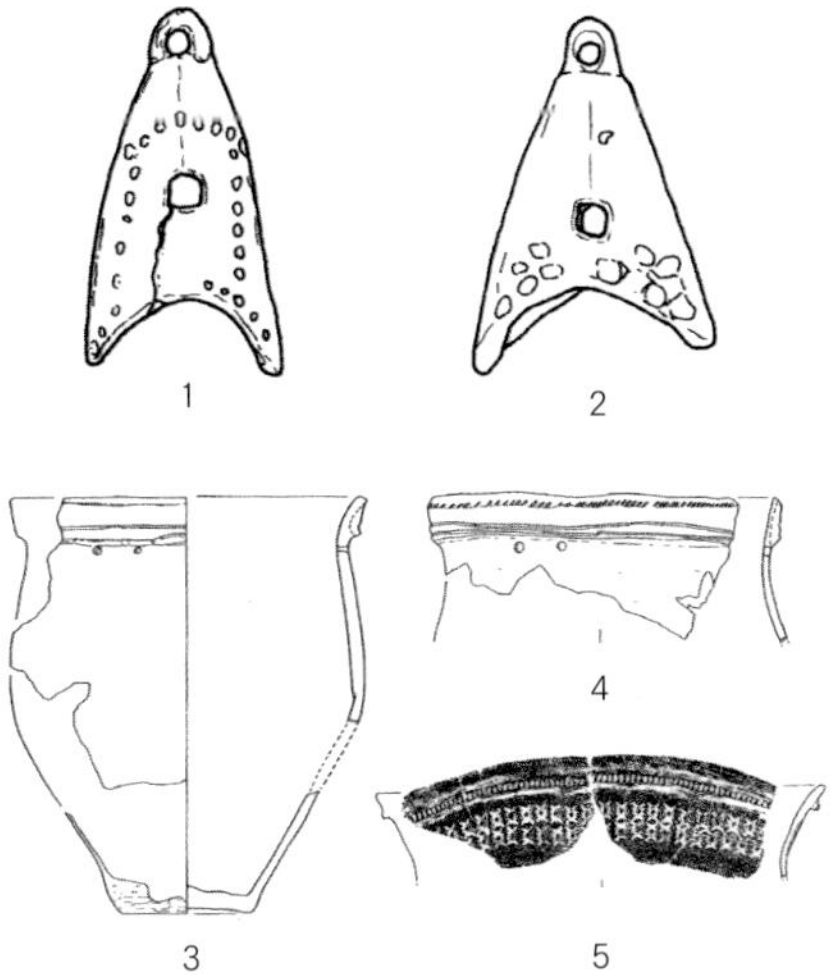

［図9］アムール川河口・ニコラエフスク空港1（アエロポルト1）遺跡竪穴住居出土の遺物群：青銅製小鐸（1・2）はスレドネアムールスカヤ低地帯で製作されたものと考えられる。住居からは江の浦式土器（3・4）とテバフ式土器（5）が出土した

常呂川下流域の古環境

一木絵理

常呂低地の地形と地質

常呂低地は、東側の新第三紀層からなる常呂丘陵と、西側の第四紀層からなる岐阜台地の間に挟まれた、東西約五キロ、南北約一〇キロの小規模な沖積平野である［図1］。常呂低地の東部には、常呂川がオホーツク海に流れ、西部にはライトコロ川（アイヌ語で「枯れたる常呂川」の意）が蛇行をくり返しながら流れ、サロマ湖に注いでいる。オホーツク海に面しては、新砂丘と旧砂丘からなる幅約五〇〇メートルの砂丘列が発達している（遠藤・上杉一九七二）。

常呂低地の多くが標高三メートル以下であるが、常呂市街地や土佐の集落は標高四〜六メートルの微高地となっており、「土佐面《とさめん》」（海津一九八三）とよばれる。土佐面は貝化石を含む海成の砂層・泥層からなり、ハマグリで５８２０ＢＰ（前田ほか一九九四）、マガキで５８４０ＢＰ（海津一九八三）という結果が得られており、おおよそ縄文時代前期の縄文海進の安定期に形成されたと考えてよいだろう。縄文海進とは、縄文時代のころ現在よりも海面が数メートル高くなり、日本列島の各地で内陸の奥深くまで海域が広がった現象をよんでいる。これら海成層の標高と年代などから、この土佐面は、砂州の切れ目から内湾側に発達した潮汐三角州《ちょうせきさんかくす》と考えられている（遠藤・上杉一九七二、斎藤二〇一一ほか）。また、土佐面末端付近における、マガキの年代は２５５０ＢＰ（海津一九八三）という結果であり、いわゆる縄文時代の終わりころには土佐

＊本稿で扱う放射性炭素年代測定値は、ほとんどがβ線による測定値であり、ＡＭＳ法による再測定および海洋リザーバー効果の検討はまだされていない。そのため、論文に記載された測定値のまま取りあげている（ＢＰにて記載）。また、〜年前の表記は較正暦年代にもとづく。

面は完全に離水したと考えられる。

　では、常呂低地の地下の地質はどうなっているのだろうか？　近年、常呂川下流地区では、国営かんがい排水事業が進められ、共立排水機場および排水路の新設のためにボーリング調査がなされている。その結果をみると、標高マイナス三五メートル前後から砂層を含み、標高マイナス五〇メートル前後で、直径五センチ前後の円礫を含む砂礫層がみつかっている（国土地盤情報検索サイトKunijiban）。この砂礫層が沖積層の基底礫層であろう。沖積層とは、約二万年前の最終氷期最盛期以降、海面上昇にともなって堆積した一連の地層を指し、その最下部には砂礫層が認められる。そして、標高マイナス三五メートル前後より上位は貝殻を含む粘土層ないしシルト層が厚く堆積する。とくにこの粘土層の最下部には貝殻が多量に含まれ、常呂低地が

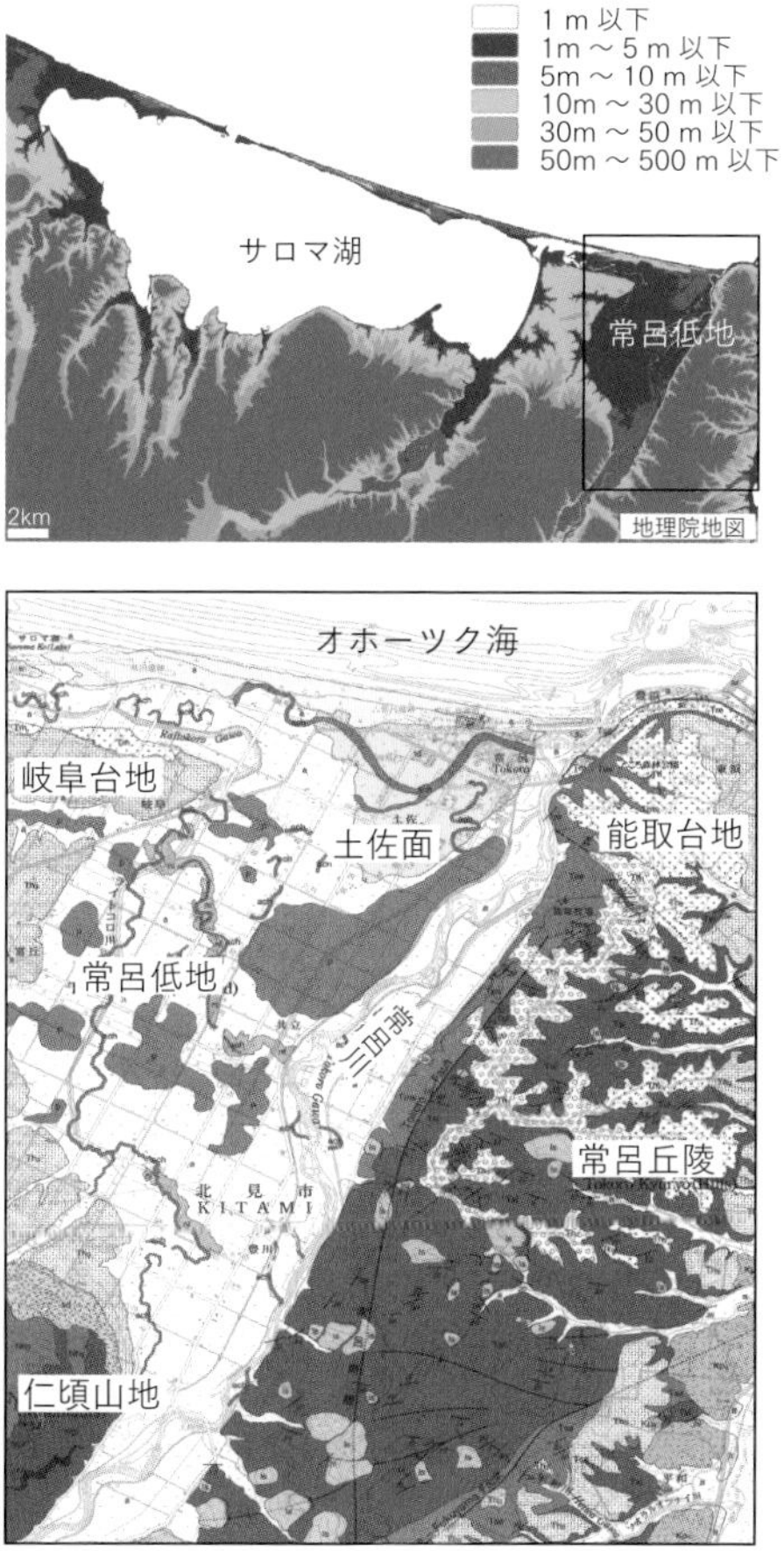

［図１］常呂低地の地形と地質：常呂低地の堆積物は主に、砂丘堆積物（薄黄）、砂や火山灰質砂・シルトからなる土佐面（黄）、泥炭や腐植質泥からなる湿地堆積物（紫）、放棄河道堆積物（青）、自然堤防堆積物（橙）からなる。

淡水~海水域であった時代の堆積物であり、約一万年前以降の完新世の堆積物に相当する。また粘土層の上位は、植物が多く含まれ、4600~3900BPの年代値が集中することから（阪口ほか一九八五）、海面低下による河川の下刻《かこく》によって埋積作用が急速に進んだと考えられる。さらに汽水域ないし湾奥部に生息する有孔虫《ゆうこうちゅう》が突然消滅し、淡水生の珪藻群集が増加することからも（阪口ほか一九八五）、急速な海退の様子が伺える。この現象は、年代的にも約四二〇〇年前の全球的な気候変動と対応するものであろう。その後、地点により層準、厚さに違いがあるものの、標高マイナス五メートル前後より上位は砂層となり、泥炭層からなる湿地性堆積物に覆われる。

古常呂湾の変遷

サロマ湖は、現在の福島番屋とキムアネップ岬とを結ぶ段丘堆積物によって、二つの内湾（古サロマ湾）になっていたと考えられている。常呂低地には、古常呂湾が形成され、湾奥部まで海域が広がり、湾口の広い内湾が形成された［図2－1］。

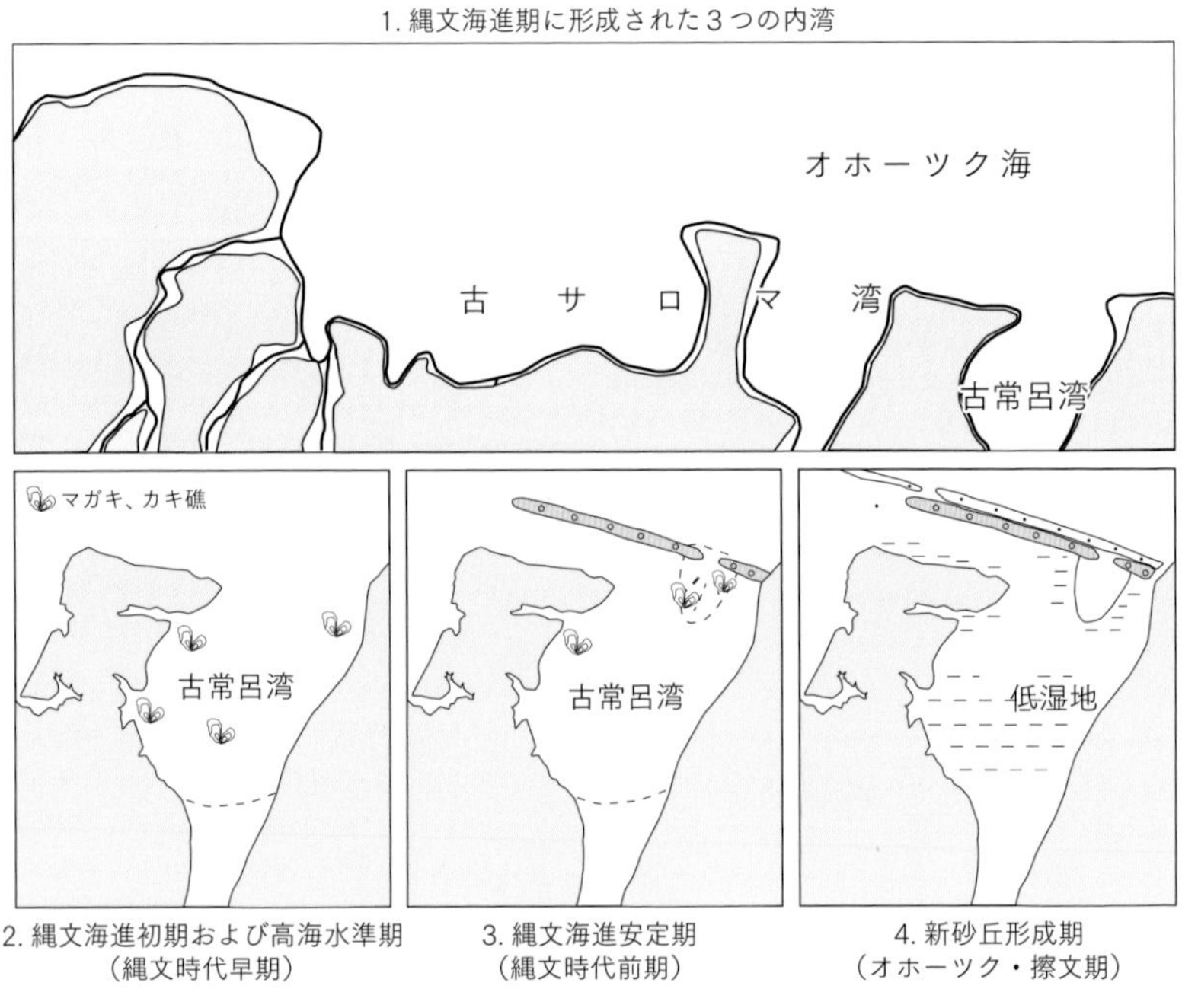

1. 縄文海進期に形成された３つの内湾

2. 縄文海進初期および高海水準期
（縄文時代早期）

3. 縄文海進安定期
（縄文時代前期）

4. 新砂丘形成期
（オホーツク・擦文期）

[図2] 古常呂湾の変遷

ここでは、古常呂湾の変遷を四つに区分してみていこう（大島一九七一、遠藤・上杉一九七二ほかにもとづく）。

縄文海進初期および高海水準期（縄文時代早期　約九五〇〇年前〜）［図2-2］には、古常呂湾で約8520BPにカキ礁が形成され（阪口ほか一九八五）、温暖種であるウネナシトマヤガイもみられることから、対馬暖流が宗谷海峡を通ってオホーツク海を南下していたと考えられる。

縄文海進安定期（縄文時代前期　約七〇〇〇年前〜）［図2-3］には、古常呂湾の湾奥部の埋積が進むと同時に、湾口に砂州《さす》が顕著に発達し、古サロマ湾と細い水道でつながる閉塞的な内湾環境となった。このとき、沿岸州の切れ目から潮汐三角州が発達し、カキ礁が形成された。

海退期（縄文時代中期後半　四二〇〇年前〜）には、海退による河川の下刻、河川活動の活発化により古常呂湾の埋積が一気に進んだ。このころトコロ貝塚が形成され、マガキやハマグリが多く出土していることから、砂州は完全には閉塞していなかったのであろう。貝塚形成以後は、さらに埋積が進み、内湾環境は消滅していった。

新砂丘形成期（オホーツク・擦文期）［図2-4］には、古常呂湾の埋積が進み、氾濫原および湿地が広がった。

現在は低地の広がる常呂川下流域であるが、約一万年間の変遷をみると、海から陸へと大きな変動を遂げていたことがわかる。

形質人類学からみた北海道の先史

近藤 修

東北アジアへのホモ・サピエンスの進出

形質人類学では、ホモ・サピエンスがアフリカで誕生した年代を中期更新世の三〇万年前ほどと推定し、ユーラシア大陸への拡散については諸説あるが、早期拡散モデルでは一〇万年前ごろ、後期拡散モデルでは六万年前以降を推定している。日本列島を含む東アジア、東北アジアへの到達はおよそ四万年前以降であろう。

日本列島へ到達した旧石器時代人についての人骨情報は非常にかぎられ、琉球諸島で発見されている港川《みなとがわ》遺跡、白保竿根田原《しらほさおねたばる》洞穴《どうけつ》遺跡などをのぞくと、静岡県の浜北《はまきた》人が旧石器時代人として確認されるのみである。北海道も旧石器時代人骨の発見例はなく、縄文時代以降の人骨よりその形質が議論されてきた。

一方で、日本列島の人類史を考える際には、北海道は欠くべからざる存在である。日本列島は南北に長い弧状の列島であり、ユーラシア大陸の東側を取りまくように位置している。北海道の存在は、日本とユーラシア大陸の接点の一つとして、人類史的にはヒトの流入・流出の拠点として、あるいは文化の行き来を考える上でも重要である。すなわち、北海道出土人骨の地域特性はヒトやその生活・文化の環境適応を考える上でも価値がある。

日本列島の人類史は、世界的にみても非常に特徴的である。多くの偶然と幸運に恵まれた結果であるが、それは比較的単純かつ明快な仮説「二重構造仮説」によって説明される。日本列島の基層集団として縄文人を仮定し、その上にアジアからの移住集団が重なる形で現在の日本人が成り立っているというこの仮説は、現代日本人の形質や表現型の地域差、あるいは文化や言語などの地域差を説明する基本原理として、しばしば取りあげられる。そのなかで、北海道の人類史は、縄文・続縄文、擦文・オホーツク・トビニタイ、アイヌといった特徴的な文化伝統を育みつつ、本州以南の日本列島やサハリン、東北ユーラシアとの交流を考える上で重要な役割を担う。

縄文人とその地域差

縄文時代人の時代差、地域差、周辺諸集団との系統関係については、多くの研究がある。北海道の礼文島から沖縄本島まで、いわゆる縄文的な形質をもつ人骨が出土している一方で、縄文人は、サハリンや東北アジア、華南や台湾の新石器時代人とは異なる形質をもつことが指摘されてきた。このことは、縄文人の系統が人類史（ホモ・サピエンスの拡散の歴史）のなかでも比較的古く、縄文文化の成立範囲がほぼ現在の日本列島と一致するという見方とも相まって、早期にアジアに拡散したホモ・サピエンスが、日本列島という緩やかに閉ざされた地域で固有の歴史を育んだというシナリオを紡ぎだす。

頭蓋形態による東ユーラシア集団の系統関係を分析した研究では、アジアに進出したホモ・サピエンスを二層の系統として考える仮説（"two-layer" モデル）が提唱されている（Matsumura ほか二〇二一）。すなわち、東ユーラシアへのホモ・サピエンスの拡散は第一波の古層集団がおそらく南方から東アジアへ拡散し、その後新石器時代に東北アジア集団が南下・拡散することにより、大きく二層の集団構造をもっていると考えた。これによると中後晩期の縄文人はベトナム、南中国あるいは台湾の旧石器・先史時代人に近く、第一波の古層集団に含まれる。最近の発掘調査で出土した群馬県居家以《いやい》岩陰《いわかげ》遺跡の人骨を含む早期縄文人もまた、中後晩期縄文人のクラスターに近く、上記の古層集団に属すると考えられる［図1］。一方で、日本列島は南北に長く、その環境は変化に富む。また、北海道の地理的位置は、つねにサハリンなどを経由して、東北アジアからの影響、あるいは文化的結びつきを考える必要がある。これは、骨格形態の地域差よりみることができる。

縄文人の骨格形態の地域差の要因は環境適応と遺伝的なものとの双方が考えられる。これらにより、縄文人には日本列島の南北に沿った地理的勾配（クライン）がみられることがわかっている。たとえば四肢骨では上腕骨、橈骨《とうこつ》、大腿骨、脛骨の長さが北海道から沖縄に向かって徐々に短くなる。頭骨でも、とくに北海道の縄文人は脳頭蓋の全体サイズが大きく、下《か》顎枝《がくし》の幅が広いという。北海道縄文人の海産哺乳類への食性の依存の高さや齲歯《うし》率の低さともあわせて考えると、食生活をはじめとした生活様式が本州や九州と異なっていたと考えられ、このような幅広な下顎枝が形成されたのではないかと考察される。

以上を大胆にまとめると、ホモ・サピエンスの古層集団が日本列島へたどり着き、そこで比較的孤立したヒト集団として縄文人は成立した。その

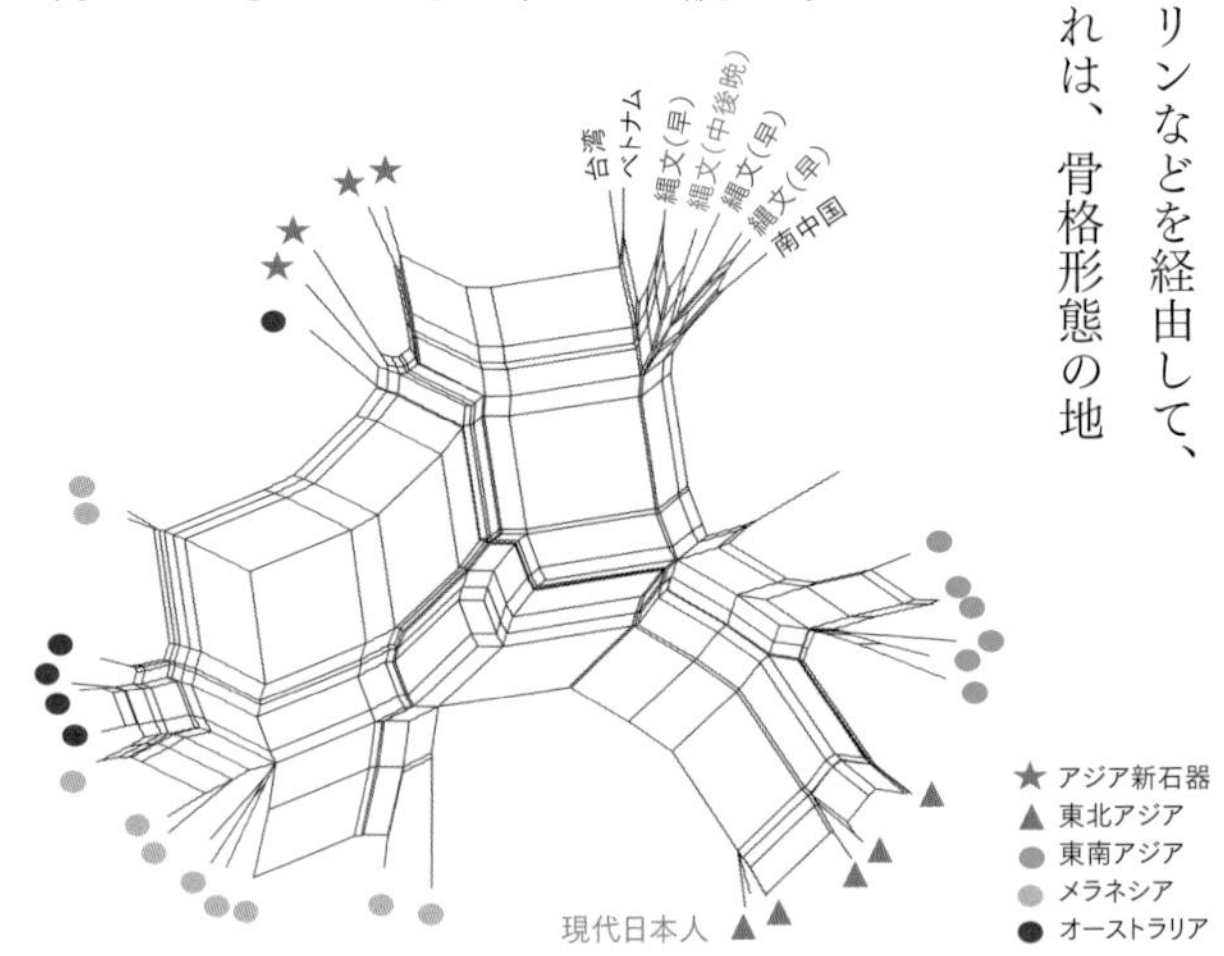

［図1］東ユーラシア現代人と新石器時代人、女性頭蓋計測値11項目による系統ネットワーク図：ネットワーク上での距離が近いほど似ていることをあらわす。縄文早期（早）人は群馬県居家以洞穴出土のもの

後、長い期間南北に長い列島の環境に適応する形で縄文文化を育み、同時に形質にも地域差が生じたことが予想される。

オホーツク人とアイヌ

オホーツク人とはどんな人びとか？　古人骨の形態学的研究では、オホーツク人は、同時代、あるいはその前後に北海道に居住した人びととかなり異なる集団である。オホーツク文化が北海道の在来の文化とはきわめて異質であることとあわせて、この人びとが、あたかも一時期、北海道の一部にやってきた外来集団であるかのような印象を与えている。オホーツク人の地理的な広がりは、北はサハリンから、北海道オホーツク海沿岸に沿って、東は千島列島まで分布する。この分布は時間的、地域的に限定されるが、北海道の人類史で彼らが果たした役割は大きい。

とくに、オホーツク人とアイヌとの関係が重要視される。従来、アイヌは、北海道、サハリンおよび千島の三地方群に分けるのが一般的である。では、いつからアイヌはこれら三地域に暮らし始めたのか、なぜ、三地域のアイヌは形態的に違ってきたのか。本論であるオホーツク文化は、今問題にしている三地域のすべてに関係しており、アイヌの形成史を考える上で、一つの鍵になると考えられる。

オホーツク人の形態特徴

図2は稚内市オンコロマナイ貝塚出土続縄文人頭蓋と大岬《おおみさき》遺跡出土のオホーツク人頭蓋で

ある。この二者を比較してわかるように、オホーツク人では顔面の縦径も横幅も大きく、全体に顔が大きい。すなわち上顎骨《じょうがくこつ》が大きく、頬骨は横に張り出す。また、顔面がきわめて平坦なのも顕著な特徴である。鼻骨も平らで、横から見ると頬骨と鼻が重なるくらいである。ちなみに、エスキモーなどの極北の人びととは鼻が高く、オホーツクの人びととは違っている。

四肢は、肘から先、膝から下の部分が相対的に短いのが特徴である。推定身長は、大岬遺跡で男性の平均が約一六〇センチである。これらの特徴は、シベリア・極東の寒冷地に暮らす人びとの形態と共通する。

このほか、より生活環境や生業活動に関連する、比較的顕著な特徴がみられる。例をあげると、オホーツク人骨は歯の咬耗《こうもう》が著しく、いわゆる歯周病の頻度が高い。これは永久歯として早く萌出する第一大臼歯の咬耗が激しかったため、歯髄腔《しずいこう》が露出し、感染がおこり、歯髄炎から病巣が歯周部、骨へと広がったのであろう。その代わり、虫歯はまったくないといってよい。北海道の古人骨では縄文時代から近代に至るまで一貫して齲蝕《うしょく》が少ない（大島一九九六）。また、オホーツクの人びとは歯石の沈着も著しい。本来、歯石はデンプン質の多い食生活を反映していると考えられるが、彼らが海産食に偏っていたことなどを参考にすると、別の原因を考えた方がよさそうである。

アイヌ形成史

これらのオホーツク人の特徴は、北方近隣集団では、どの人びとの形態に類似するのであろうか。頭蓋形態では、オホーツク人頭蓋は、現在の東北アジア集団の範囲にある。ウリチ、エ

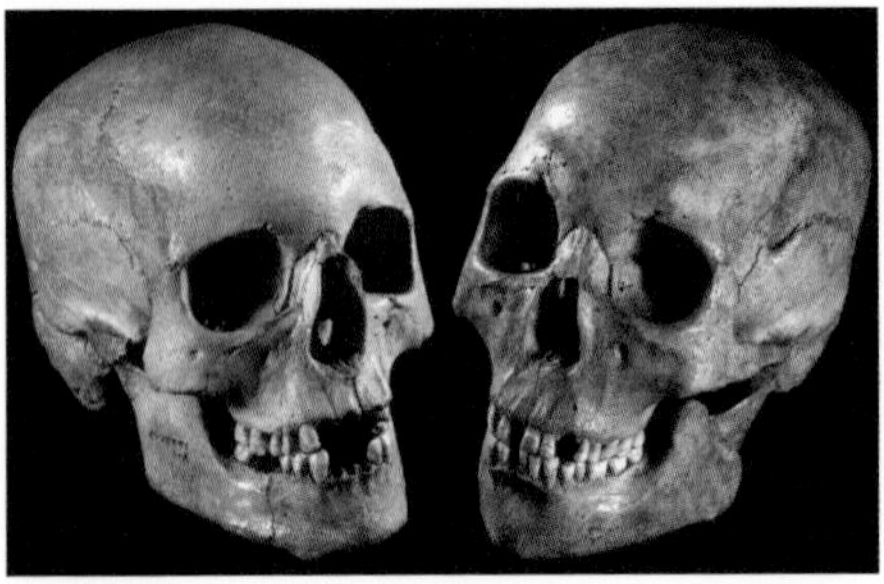

［図2］続縄文人（左：稚内市オンコロマナイ貝塚）とオホーツク人（右：稚内市大岬遺跡）：続縄文人は、縄文人と似て顔面が低く幅広で、鼻が高く鼻根部が立体的。一方オホーツク人は顔面が大きく平坦である

クヴェン、モンゴル、ニブフといった集団に類似し、サハリンアイヌを含め、アイヌとは相当な距離があることがわかっている。

では、アイヌとオホーツクの人びとはまったく違った集団なのだろうか。見た感じや頭蓋計測値の分析、四肢骨の比などは、これほど対照的な群が隣接することがあるのだろうかと驚いてしまうぐらいである。しかし、複数の古人骨DNAの分析からはアイヌの遺伝的構成のうち三五パーセントはオホーツク人由来であるという研究もある（Adachiほか二〇一八）。

個体ごとにみていくと、オホーツク人のなかにもアイヌ的特徴をもったものがある。たとえば、枝幸町の目梨泊遺跡からみつかった人骨は、オホーツク土器を被って出土したにもかかわらず顔面にはアイヌ的特徴がみられた（石田一九八八）。さらに北海道アイヌの地域差の研究からは、脊稜《せきりょう》山脈を境として地域差が大きいこと（Kondo一九九五）、そのなかでオホーツク沿岸地域のアイヌの顔面頭蓋が幅も高さも大きいことがわかっている。このことは、北海道アイヌの地域差を産み出す一要因としてオホーツク人の関与を想起させる。一方で、北海道アイヌ頭蓋の地域差とオホーツク人頭蓋を三次元比較した研究では、北海道東部からオホーツク海沿岸部のアイヌがオホーツク人に似ているかというとそうでもないという指摘もある（Fukumotoほか二〇一〇）。

アイヌの成立に北海道縄文の系統とともにオホーツク人、また本州日本人が遺伝的影響をおよぼしたことは確からしい。それは同時に文化的な影響をもおよぼしただろう。一方でアイヌの生物的・文化的地域差の成立に関してはさらに研究が必要であると思われる。

動物遺体からわかる生業や環境

新美倫子

北海道にはさまざまな時代の遺跡が数多く残されている。それらのなかでも「貝塚」とよばれる遺跡を発掘すると、当時の人びとが利用した動物遺体が出土する。動物遺体とは、一般に貝殻や魚・鳥・哺乳類の骨などの「動物に由来する遺物で加工品（骨角器など）ではないもの」を指し、それらには狩猟や漁労で捕らえられた野生動物もあれば、飼育されていた家畜も含まれている。土に埋もれた普通の遺跡では、動物遺体は腐ってしまい、出土しないことも多い。しかし、貝殻がたくさん捨てられた貝塚では、貝殻に保護される形で骨が残るのである。運良く現在まで残っていた動物遺体は、当時の人びとの生業—そのなかでも動物を対象にした仕事—や遺跡周辺の環境を考えるための直接的な証拠であり、貴重な情報源となる。

常呂町内にも動物遺体が出土する遺跡は何カ所もみられるが、ここではとくに縄文時代に形成されたトコロ貝塚を取りあげて、動物遺体からわかることについて述べてみたい。

トコロ貝塚と出土した動物遺体

トコロ貝塚はオホーツク海に注ぐ常呂川右岸の台地上にある。遺跡の標高は一〇〜一五メートル程度で現在は畑地として耕作されており、遺跡からは常呂川を挟んで左岸側に広がる低地を見渡すことができる［図1・2］。一九五八・五九・六一年の三カ年に渡り東京大学文学部考古学研究室によって発掘調査がおこなわれ、縄文時代後期の貝塚と擦文文化の竪穴住居址一軒、および縄文時代後期を中心とする遺物が発見されている。貝層はマガキを主体とする純貝層（貝殻が圧倒的に多く、土のほとんど混じっていない貝層）で台地上の広い範囲に分布しており、ハマグリやアカニシも少量出土している。発掘調査時には目についた動物遺体が取りあげられたが、貝類以外の魚類・鳥類・哺乳類は少ない。魚類ではヒラメ・ボラ類・スズキなどが比較的多くみられた。哺乳類では陸獣より海獣の出土量が多く、海獣類の主体はオットセイの雄の成獣で、少なくとも七個体程度出土している。トドとイルカ類も少量出土している。一方で、北海道の遺跡でよくみられるエゾシカは非常に少なかった。

［図1］現在のトコロ貝塚：斜面に露出した貝層の断面を観察できる

［図2］トコロ貝塚から常呂川左岸側の低地を望む：手前の水面が常呂川

生業について

出土した動物遺体からは、遺跡の人びとが何をどのぐらい獲って食べていたということがわかる。さらに、その動物種をどの季節に獲ったかがわかる場合もある。たとえば、この遺跡ではオットセイの雄の成獣が多いのが特徴だが、オットセイは季節によって生息場所が大きく異なり、雄の成獣が北海道近海にやってくるのは冬だけだ。しかも、海岸にはあまり近づかず沖の方に滞在していることが多いので、荒れることの多い冬の海でこれらを捕獲するのはなかなか困難である。にもかかわらず、トコロ貝塚の人びとがこれらをある程度捕獲しているのは、彼らの海獣狩猟の技術力を示すものといえるだろう。

なお、トコロ貝塚のように古い時期におこなわれた発掘調査では、動物遺体は発掘時に目についたものが取りあげられるのみだった。しかし、近年では、このやり方だと魚骨など小さな資料の見落とし（サンプリングエラー）の割合が大きいことがわかっている。そこで、現在ではこの問題をカバーするために、貝層の一部をブロックサンプルとして土ごと一括して採集するようになった。このサンプルを目の細かい篩《ふるい》にかけて、篩上に残った動物遺体を回収するのである。トコロ貝塚でも筆者が一九八八年に貝層の一部を採集した。

採集時に貝層にはマガキ以外の貝や魚骨・獣骨などはほとんど含まれていないようにみえたが［図3］、採集したサンプルを篩がけしたところ、実際には小さな魚骨がかなり含まれていた。その大部分はウグイ類であった［図4］。これらのウグイ類には、淡水域から内湾にかけて生息し体長三〇センチ程度まで成長するウグイと、河口から内湾にかけて生息し体長五五センチ程度に成長する大型のマルタが含まれている。出土したのは椎骨《ついこつ》と咽頭歯《いんとうし》だが、椎骨の長さは五ミリ程度のものが多く、これらは大型のマルタであろう［図5］。ウグイ類以外の魚類では、ニシン類やサケ・マス類がやや多い程度でそのほかは少なかった。つまり、ブロックサンプルを採集・分類することにより、発掘時取りあげ資料からみた「魚類ではヒラメ・ボラ類・スズキなどが多く利用された」という印象は、実際の状況とはかなり異なっていたことがわかる。

［図3］貝層のようす　マガキ以外の種はほとんど見あたらない

環境について

動物遺体からは遺跡周辺の環境も復元することができる。トコロ貝塚で興味深いのは、少量ではあるもののハマグリやアカニシなどの暖かい海に生息する貝類が出土していることである。遺跡のあるオホーツク海沿岸地域は、最近でこそ気候の温暖化にともなってやや暖かくなりつつあるが、それでも遺跡付近の海は冬には流氷が接岸する冷涼な環境である。そのため、ハマグリやアカニシは生息できない。しかし、当時はオホーツク海沿岸に沿って南下する宗谷暖流の影響が現在よりも強く、海水温が高かったので、ハマグリやアカニシが遺跡付近で採れたのであろう。また、魚類で暖流系のボラ類やマグロ類・マカジキ・タイ類が出土していることからも、当時は暖流の影響が現在よりも強かったと考えられる。

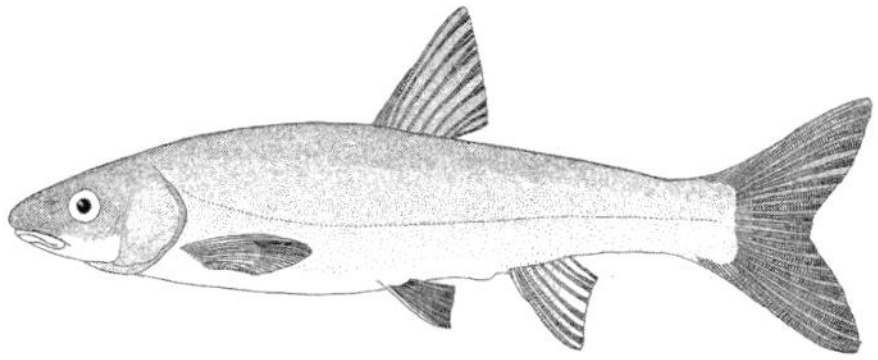

［図４］ウグイ

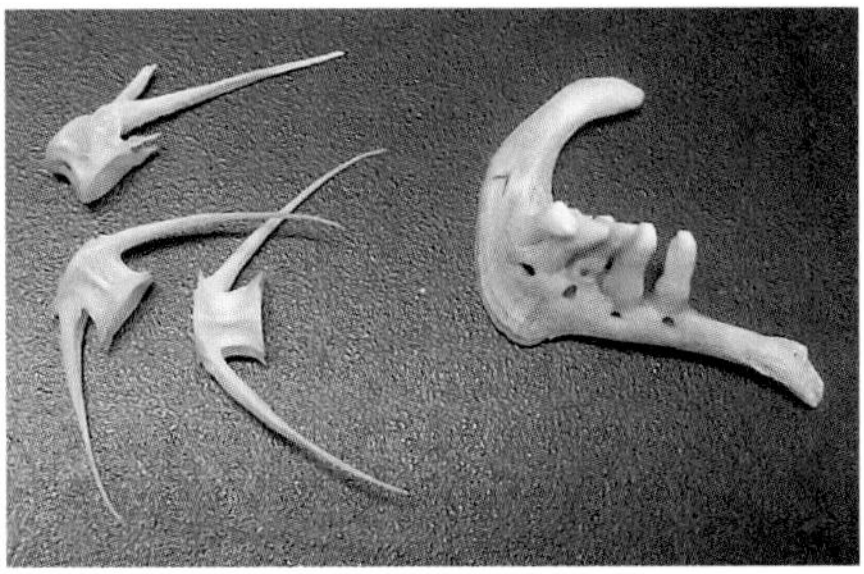

［図５］現生ウグイ類の椎骨（左）と咽頭歯（右）

常呂の遺跡と食生態分析

國木田大

先史時代の人は何を食べたのか？

先史時代の人が何を食べ、どのような生活を送っていたかは、考古学者でなくても興味をひかれるテーマである。過去の食生活を考えるためには、遺跡から出土する動物の骨や貝殻、炭化した植物の種子などを調べる方法が一般的である。また、人骨の化学成分を対象として、食物の内容を復元する研究もある（米田二〇〇二など）。しかし、これらの研究は、主に人骨や動植物遺体が数多く出土する低湿地遺跡や貝塚などで実施されており、それ以外の遺跡では食生活の議論をおこなうことは難しかった。近年、新たな科学分析の進展により、土器の内面に付着したお焦げから、煮炊きした内容物を推測することが可能になってきた。本稿では、その分析法を簡単に説明し、常呂の遺跡などでおこなわれた研究事例を紹介してみたい。

土器のお焦げから食べ物を探る

生体に由来するタンパク質には、炭素と窒素という元素が含まれている。その同位体比《どういたいひ》は、食物連鎖や光合成回路の違いなどを反映して、各生物種によって異なる。同位体とは、原子番号が同じで質量数が異なる元素のことである。人骨の化学分析では、人骨からコラーゲンという物質を抽出・分析し、その人が生前食べていた食料を推定することができる。この方法を

［図1］お焦げが付着した土器：常呂川河口遺跡出土

炭素・窒素同位体分析法とよんでいる。近年では、この炭素・窒素同位体分析を土器に付着したお焦げに応用する研究が進展した。お焦げが付着した土器は、遺跡から出土することが多いため、食性を考える機会が大幅に増えてきた［図1］。分析は数ミリグラム程度の量があれば可能で、質量分析計という装置を用いておこなわれる。データは、グラフの横軸に炭素同位体比、縦軸に窒素同位体比の結果を表示する［図2］。海洋生物、C_4植物（アワやキビなど）、C_3植物物（イネやムギなど）・陸上動物のどのグループに似ているかを調べて、煮炊きした食料がどのような生物群に由来しているか知ることができる（國木田二〇一九など）。また、炭素と窒素の割合（C／N比）もあわせて評価することが多い。

北海道の先史文化は、弥生農耕文化が波及しないことから、縄文文化に後続して続縄文文化が設定され、その後も擦文文化、トビニタイ文化、（考古学上の）アイヌ文化といった本州とは異なる文化が成立する。また、五〜九世紀には大陸・サハリンからオホーツク文化が渡来する。前述の人骨コラーゲンの分析では、北海道に住んでいた人びとは本州とは異なり、海洋資源に強く依存した食生活を送っていたことが明らかになっている。二〇〇〇年代以降に進められた土器のお焦げの研究でも、この海洋資源を中心とした食生活の

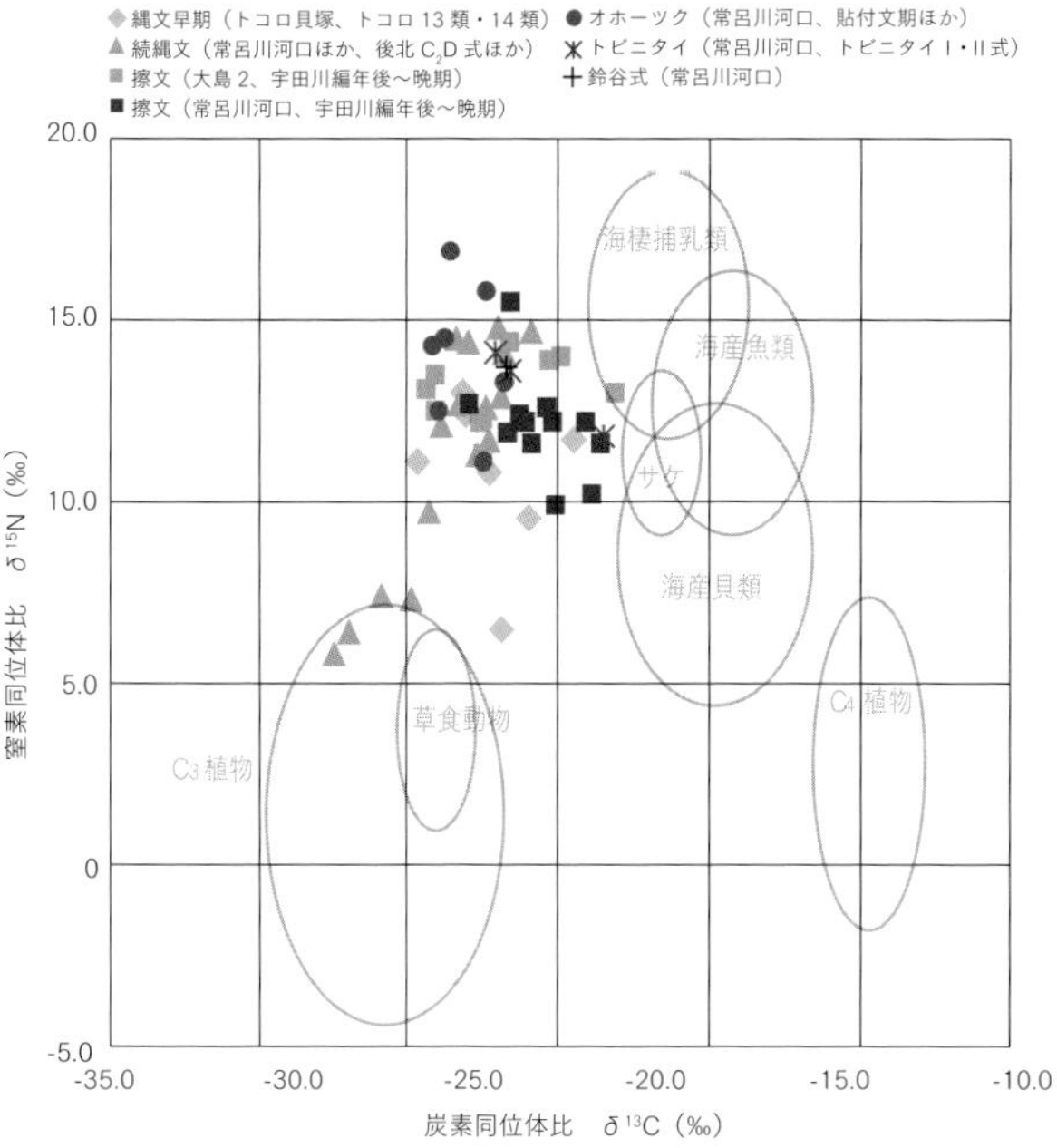

［図2］常呂の遺跡から出土した土器のお焦げの炭素・窒素同位体比

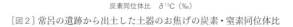

実態が追認された。これらの研究では、縄文、続縄文文化が陸域資源から海産物まで幅広く利用するのに対して、擦文、オホーツク、トビニタイ文化では、それよりも海生生物に偏った食性の傾向を示す。また、データの分布傾向の違いから、オホーツク文化では、栄養段階の高いオットセイなどの海棲哺乳類の利用、擦文、トビニタイ文化ではサケ・マス類＋アワ・キビなどのC_4植物が一部混ざった内容が推定されている（國木田二〇一三）。これらの食生態は、従来の動植物遺体の研究成果とも整合的であり、新たな分析法による実態解明が進んでいる。

常呂の遺跡で解明された食生態

筆者らはこれまでに、土器のお焦げを用いた分析により、常呂の遺跡の食生態研究をおこなってきた。分析遺跡は、トコロ貝塚、常呂川河口遺跡、栄浦第一遺跡、大島2遺跡などである。縄文時代、続縄文文化、擦文文化、オホーツク文化、トビニタイ文化の各時期を検討した。

トコロ貝塚では、縄文時代早期のトコロ14類・トコロ13類土器を分析したところ、すべての試料で海生生物の影響が確認された。研究者にもよるが、窒素同位体比が約九パーミル（‰）より高い場合は、水生生物の影響があると判断される。基礎データの生物領域と照らし合わせれば、窒素同位体比が比較的低い海産貝類などの影響が考えられるが、ほかの縄文時代早期の試料とやや異なる傾向にあり興味深い。

常呂川河口遺跡では、続縄文文化（後北C_1式、後北C_2・D式、北大I式）、鈴谷式、オホーツク文化、擦文文化、トビニタイ文化を幅広く検討した。トコロ貝塚と同じく、ほとんどの試料が海生生物の内容物であったが、常呂川河口遺跡の続縄文文化の試料（四試料）で陸上動植物由来のものが確認された。このような陸上動植物の影響が明確に確認されたデータは、北海道では非常にめずらしい。一方で、オホーツク文化の試料は窒素同位体比が非常に高く、海棲哺乳類の影響があるかもしれない。各文化間の比較では、オホーツク文化と鈴谷式の傾向、擦文文化とトビニタイ文化の傾向が類似している。いずれも海生生物の影響が高いと判断できるが、その内容物の構成は文化間で多少異なるようである。

このほかに、大島2遺跡では、擦文文化の試料を分析した。擦文文化のデータは、分布に右下がりの傾向があり、アワ・キビなどのC_4植物の影響が推測できる。また、大島2遺跡の擦文文化は、常呂川河口遺跡の試料と比較して異なる傾向にあり、各集落間で食生活に違いがあることが判明している。

今後の課題

本稿では、土器のお焦げの自然科学分析について紹介し、常呂の遺跡における各先史文化の食生態の検討をおこなった。各文化の食性の変遷は、基本的にこれまで動植物遺体で推定された内容と整合的であるが、新たな分析法の登場により多くの知見が追加されたことは意義が大きい。遺跡からの情報はかぎられているので、さまざまな分析法を用いて総合的に食生活を復元することが重要になる。今後は、器の種類やサイズによる調理物の違い、遺跡や時期による詳細な比較検討が必要となろう。また、本稿ではふれることができなかったが、新たに登場した土器残存脂質分析（庄田・クレイグ二〇一七など）も注目される。常呂の遺跡の価値をより一層高めるため、今後も分析成果が期待される。

北方漁労民の技術

高橋 健

オホーツク文化を特徴づける遺物の一つが、骨製の大型結合式釣針である。U字形の軸に針先をつけるもの［図1a］と、棒状の軸を二つ組み合わせてさらに針先をつけるもの［図1b］がある。小型の単式釣針もあるが、数は少ない。このように釣針を結合式にする理由は、より大きな釣針を作るためや、結合部をしっかりしばることでより丈夫にするためだと考えられている。U字形軸は板状の鯨骨で作られることが多く［図1a］、鯨骨製掘り具（シャベル）を再加工することもあった。海獣（アシカ・アザラシなど）の肩甲骨や寛骨（骨盤の骨）などを巧みに利用して作られた例もある［c］。棒状の軸は鯨骨製［b］や海獣下顎骨製の例もあるが、一番多いのは海獣の肋骨を材料にして最小限の加工を加えただけのタイプである［d］。

図1の釣針はどれも長さ一五センチから二〇センチ近くあり、現代の釣針と比べて非常に大きい。こんな大きな釣針で本当に魚が釣れるのか疑う人もいるかもしれないが、こうした大型釣針で実際に釣り漁をおこなっていた記録が、太平洋の対岸に残っている。

図2に示したのは、カナダ北西海岸の先住民（ハイダ族やトリンギット族）が近現代まで使っていたオヒョウ用釣針である。オヒョウはカレイの仲間で、北太平洋では体長二・四メートル、体重二三〇キログラムに達することもある。北西海岸では長さ二〇センチを超える大型釣針でこの魚を盛んにとっていた。いずれも木製の軸と骨製・鉄製の針先を組み合わせる結合式釣

針で、木を蒸して曲げて作られたU字形の軸［図2a］と、棒状の木を二本結合したV字形の軸［b］がある。

しかし、いくらオヒョウが大きいといっても、これだけ大きな釣針を飲みこめるのだろうか。カナダの考古学者であるヒラリー・スチュアートによれば、オヒョウはエサのついた釣針の針先側を勢いよく吸い込んで口に入れた後、屈曲部より先が飲み込めないと吐き出すという（Stewart 一九七七）。この時に軸に対して鋭角についた針先が口を貫き、魚を捕えるのである。このタイプの釣針の（針先部の）大きさと獲物の大きさには密接な関連があり、大きすぎても小さすぎても釣針にかからないため、獲物のサイズをコントロールできるという利点がある。

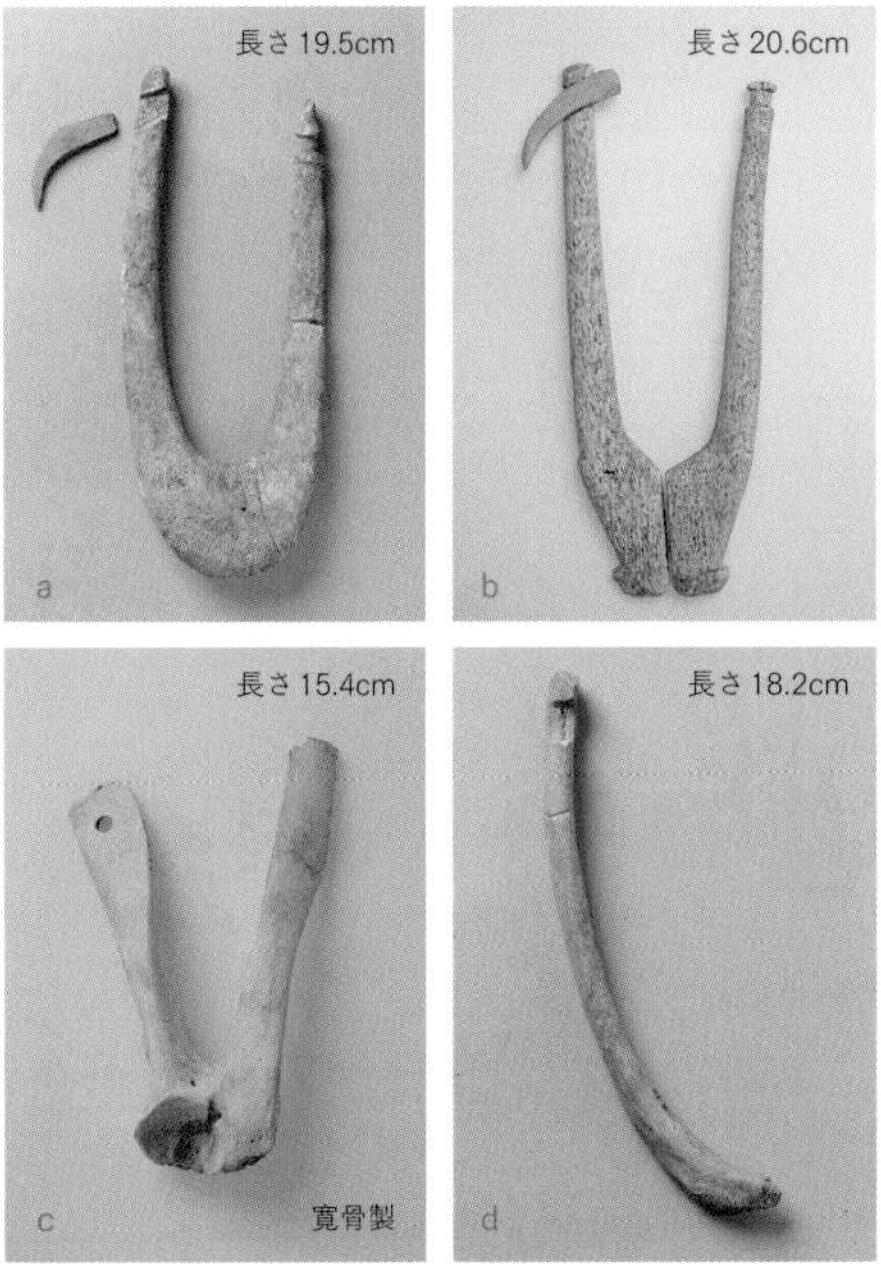

［図1］オホーツク文化の結合式釣針：
［a・c・d］モヨロ貝塚出土 ［b］トコロチャシ跡遺跡出土

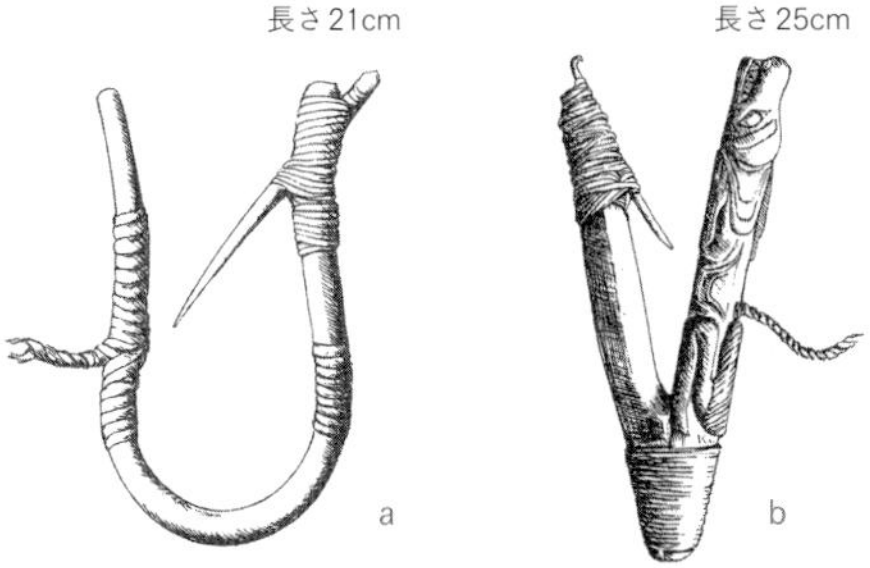

［図2］北西海岸先住民の釣針

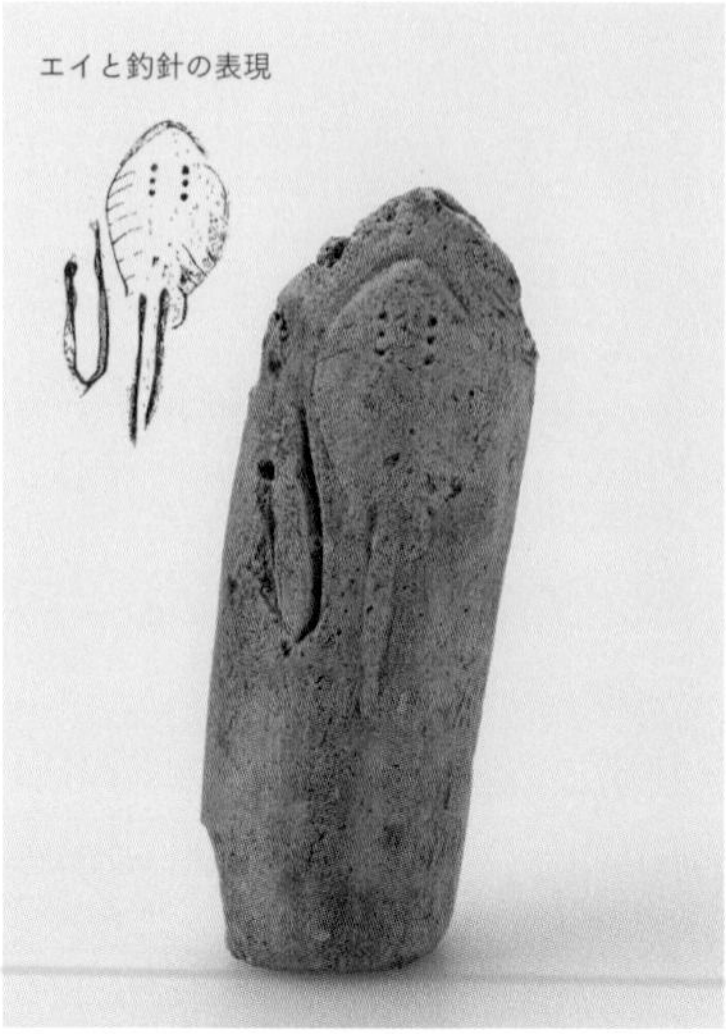

［図３］エイの線刻角製品：栄浦第二遺跡出土

カナダ北西海岸先住民のオヒョウ用釣針は、材質をのぞけばオホーツク文化の釣針とよく似ている。オホーツク海でもかつては畳一畳分もあるオヒョウが釣れたといわれており、オホーツク文化の遺跡からもオヒョウの骨が出土する。こうした遺跡から出土するオヒョウが大型骨製釣針によって釣られていた可能性は高い。ただし、北西海岸においては同じタイプの釣針でタラやサメも釣っていたといい、ほかの魚も使用対象だった可能性はある。オホーツク文化の遺跡からもマダラやネズミザメの骨が出土しており、これらの魚も大型釣針の使用対象の有力候補である。

もう一つ、オホーツク文化の釣針の使用対象を考えるヒントになる資料がある。図3は北見市の栄浦第二遺跡から出土した角製品だが、表面にエイの姿が描かれている。幅広の体部と細長い尾部をもち、鰓孔《えらあな》や腹鰭《はらびれ》も表現されている。間違いなくエイを表したものであり、胸鰭《むなびれ》が強く張り出さないことからアカエイを腹面側からみた様子だと考えられる。エイの左側にはU字形に深く刻まれた部分があり、釣針を表したものではないかと考えられている。たしかに偶然ついた傷などではなく、意図的に深く刻まれていることは間違いない。もしこれが本当に釣針の表現だとすれば、エイを釣る様子を描いた角製品ということになるだろうか。オホーツク文化の遺跡からのエイの骨の出土量は決して多くはないが、大型釣針でエイを釣っていた可能性も十分に考えられる。

　このほか、オホーツク文化の釣針軸そのものにも、動物のモチーフがつけられることがある（六六頁参照）。図4の二点はいずれもモヨロ貝塚出土だが、aは軸の表面に線刻で魚を表現しており、口からは釣糸のような線が出ている。bは軸の端部に動物の頭部を表現している。動物の種を特定することは難しいが、耳の表現がないことから、アシカ・アザラシなどの海獣を表現したものかもしれない。このほかにも釣針軸端部にフクロウやクマ頭部などの彫刻を施した例が出土している。

　カナダ北西海岸のV字形釣針の軸部にも彫刻されたものがある。モチーフとなるのはエサにされるタコやエイ、女性、獲物である魚、魚とりが上手なカワウソなどである。図2bはオオカミの彫刻を施している。大きくて力の強いオヒョウを相手にする漁師は霊的な力を頼っており、こうした彫刻も神に結びつく意味をもっていた。オホーツク文化の釣針にみられる動物のモチーフにも、漁の成功を祈ったり、魚とりの上手な動物にあやかったりする意味が込められていたのかもしれない。

　カナダ北西海岸の民族誌と比較しながら、オホーツク文化の大型釣針と関連資料をみてきた。両者の間には約六〇〇〇キロの距離と一〇〇〇年以上の時間差があるが、北太平洋の魚類を相手に試行錯誤するなかで、よく似た道具を発展させたのだろう。

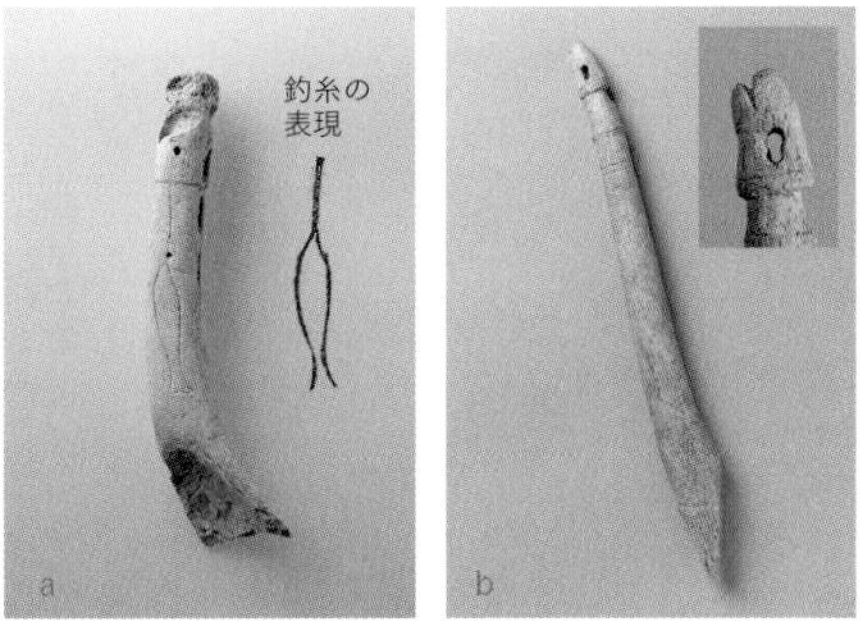

［図4］動物の模様がつけられた釣針：モヨロ貝塚出土

アイヌ文化のクマ儀礼の起源をめぐって

佐藤宏之

狩猟採集民の送り儀礼

動物に対する儀礼的取り扱い、とくに「送り儀礼」は、北方狩猟民などの現生狩猟採集民に広く認められる。送り儀礼の背景には、動物と人間は対立した存在ではなく互いに自由に変成可能であり、本来動物（器物も）は人の形をして生活しているが、人の世界にあらわれる時は動物（器物）の形を仮にとるものだという「野生の思考」にもとづく自然認識がある。「サケやクマには王がおり、手下を人間世界に送り込んだのが、人間が獲るサケやクマである。しきたりに従って解体・調理したのち、残された部分を丁重に元の国に送り返さないと再び人間界に送り込まれない」のだ。この送りの思想は、アイヌをはじめとする北太平洋両北岸の狩猟採集民に広く認められ、日本民俗にも共通してみられる。

アイヌ文化では動物にかぎらず、道具類も送りの対象とされた（宇田川二〇〇一）。縄文時代の土器捨て場や環状盛土も、こうした送り儀礼の産物である。

飼いクマ送り

アイヌ文化に著名なイオマンテは、飼いクマ送り儀礼である［図1］。クマの送り儀礼は、ユーラシアと北米大陸北部の現生狩猟採集民に広く認められるが、その多くは狩猟したクマに

［図1］イオマンテ：『蝦夷島奇観』（江戸時代のアイヌ風俗画）より

対する送り儀礼（狩りクマ送り）であり、ウリチ・ネギダール・オロチ・ニブフ・ウイルタ・アイヌといったアムール川河口部からサハリン・北海道にかけての少数民族の間でのみ飼いクマ送りが認められる。飼いクマ送りは、生け捕りまたは交換・購入などによって獲得した仔グマを半年程度飼育してから盛大な祝宴を開いて「送る」（共食する）儀礼である。アイヌ文化における飼いクマ送りの儀礼の発達は意外に遅く一八世紀以降であり、今日知られるような送り場での主体的なクマ送りのイオマンテが出現するのは、一九世紀後葉からと考えられている。

しかしながら飼いクマ送りは、アイヌの経済・社会・精神世界の中核を形成したと考えられ、「クマ祭り文化複合体」（渡辺一九七二）あるいは「アイヌ文化複合体」（宇田川二〇〇一）とよばれた。宇田川は、「アイヌ文化複合体」の源流を、その直前に北海道に存在したオホーツク文化（精神的基盤）と擦文文化（社会的基盤）に求めた。

クマ送り儀礼の起源

オホーツク文化の礼文島香深井1遺跡（六世紀）出土のヒグマの歯牙にもとづく死亡年齢および季節査定によれば、二歳以上の成獣はすべて春に死亡しているのに対して、当歳獣はすべて秋に死亡していることが確認された。さらに礼文島にはヒグマが自然分布しないので、ヒグマは島外（道内）から搬入されたことになる。当歳クマは春クマ猟ないしは穴熊猟で捕獲された後、秋まで飼育されたことになることから、飼いクマ送り儀礼がオホーツク文化期に存在したことは確実と考えられる（天野二〇〇三）。

道北から道東へと広がったオホーツク文化（五～九世紀）は、海洋資源などを含むより多様な動物儀礼を保持するようになり、やがて擦文文化（七〜一三世紀）に吸収された後も継続し、後のアイヌ文化（一四世紀以降）にその伝統を伝えた。しかしながらアイヌ文化で飼いクマ送りが確認できるのは一八世紀以降なので、この間の事情を検討してみたい。

飼いクマ送り儀礼地帯の環境的特徴

飼いクマ送り儀礼地帯とそれ以南の一般的な狩りクマ送り儀礼地帯の間には、大きく自然環境に違いがある。後者の狩りクマ儀礼地帯は、極東ロシア型の動植物資源（アカシカ・イノシシ、ナラ・クルミなど）に比較的富んでいるが、一方アムール川河口域やサハリンの飼いクマ送り地帯は陸上の動植物資源に乏しいシベリア型に属している（大貫・佐藤二〇〇五）。さらに狩りクマ送り地帯にはツキノワグマとヒグマの両者が分布するのに対して、飼いクマ送り地帯にはヒグマしか分布せず、その数も少ない。

従って飼いクマ送り儀礼の発生は、クマを動物界の至上の存在とみなす信仰体系を共有する北方狩猟採集民のなかで、より資源に乏しい地域のなかから出現したと予想することができる。

クマの胆の生態学と経済価値

飼いクマ送りの発達を、漢方薬として高価なクマの胆の入手に結びつける議論があるが、ことは単純ではない。クマの胆の経済的価値は近世東北・蝦夷地の諸藩の記録から知ることができるが、各藩間で価格差が大きい。しかもヒグマの胆の品質はツキノワグマより劣悪で、その価格はツキノワグマの四分の一程度である。

近世初頭の津軽アイヌは、最初（一六六二年）に「熊ノ子」を弘前藩に献上しているが、それに対する下賜品はない。続いて「熊皮」が献上され（一六六五年）、以降定期的におこなわれた。熊皮には米などの下賜がおこなわれている。クマの胆が記録に登場するのは一七世紀末以降となる。アイヌが最初に贈ったのは仔グマであったが、和人にはその意味が理解できず、武具に利用可能な皮革を要求したのであろう。やがて戦乱が収まり、一七世紀末の元禄期の江戸で漢方薬ブームが巻き起こったが、クマの胆が高騰するのは一九世紀初頭のことである。

飼いクマ送り儀礼の発生と発達

飼いクマ送り儀礼の発生は、北方狩猟民の間に広くみられるクマを頂点の一つとみなす儀礼体系のなかから、クマ資源自体を得にくいという地域的な環境要因が作用したのであろう。むしろこれらの地域では仔グマのギフトに貴重品としての高い社会的価値が存在し、仔グマを長期間の飼育コストをかけて育てた上で客人を集めて送る儀礼（祝宴）の執行は、主催者の社会的威信をさらに一層増大させた。

ところで近世に世界規模でおこなわれていた毛皮交易は、先住民が交易の主体者であった。アイヌが参加していた山丹交易（北海道・サハリン・アムール川流域を経由した清と日本間の交易）もこの一環であり、一九世紀後半の近代国家による国境の成立までの間、アイヌは交易民として利益を蓄積していたと考えられている（佐々木一九九六）。アイヌによる飼いクマ送り儀礼イオマンテの発達は、先住民交易の利益を背景としていたと考えられよう（佐藤二〇〇七）。

東アジアと常呂の青銅器

鈴木 舞

東アジアにおける青銅器文化の始まり

東アジアにおける青銅器の始まりは、紀元前四千年紀にさかのぼる。とりわけ、紀元前二千年紀後半から紀元前一千年紀前半の中国・殷周《いんしゅう》時代に最盛期を迎えた。土製の分割鋳型を用い、複雑な造形をもつ祭祀儀礼の道具を数多く鋳造した。鉄器時代に移行した後も、青銅器は東アジアにおいて、帯金具をはじめとする装飾品、貨幣・鏡といった日用品、仏具、馬具などとして、幅広く利用されてきた。その最東端に位置する常呂もまた例外ではない。

常呂における青銅器の発見

常呂で初めて青銅器の出土が報告されたのは、一九五八年に発掘された栄浦第二遺跡1号竪穴出土の円形垂飾である（駒井編一九六四、八一頁［図8］参照）。その後、一九六〇年にはトコロチャシ跡遺跡1号竪穴表層より曲手刀子［図1a］・耳飾、一九六四年には栄浦第二遺跡の7号竪穴埋土より帯飾一点［b］、一九八八〜九二年には常呂川河口遺跡14号竪穴から小鐸一点［c］、一九九八〜一九九九年にはトコロチャシ跡遺跡オホーツク地点7号竪穴骨塚aで十字形垂飾［d］が発見されている。

このほか、一九九一〜九二年には栄浦第二遺跡の2号土坑墓で、銀製耳飾二点がみつかっている［e］。長軸九〇センチの楕円形土坑墓であり、歯の出土から頭の位置と推定された箇所近くで発見された。また、88号土坑墓からも銀製耳飾一点が出土した。これらの多くは、オホーツク文化期の遺構にともなう。

北海道内で出土するオホーツク文化期の青銅器

北海道内に目を広げると、網走市モヨロ貝塚、枝幸町目梨泊遺跡など、やはりオホーツク文化期の遺跡で青銅製品が発見されている。常呂と同じく、耳飾、帯飾、小鐸や鈴がみつかっている。モヨロ貝塚を例に挙げると、青銅製の環だけでなく、これに軟玉製の環状石製品を通し

［a］曲手刀子

［b］帯飾

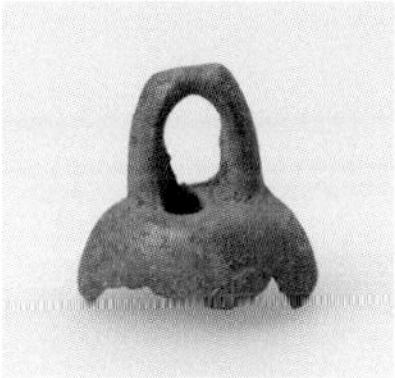
［c］小鐸

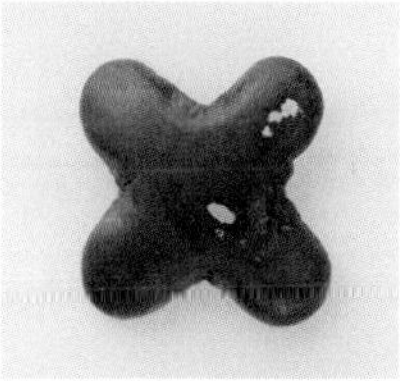
［d］十字形垂飾

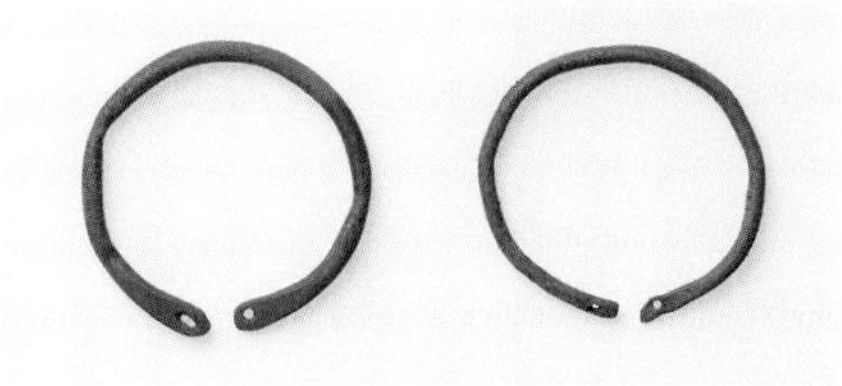
［e］銀製耳飾

［図1］常呂出土の金属製品

た形で、墓のなかで人骨の傍から出土した例もみられ、オホーツク人たちが耳飾として用いていたことがわかる。また帯飾は、その用途はベルトを飾る金具であると推測されるが、北海道内では出土状況が異なり、モヨロ貝塚・目梨泊遺跡で、竪穴やピットからそれぞれ単体で出土している。北海道では、本来とは異なる用途で用いられた可能性もある。

オホーツク文化の遺跡は、代表的なものだけでも、道内において四〇カ所以上でみつかっているが、青銅製品の出土する遺跡は一〇カ所もない。ごくかぎられた集落、人びとのみが青銅器を手にすることができたのであろう。

大陸出土青銅器との関わり

オホーツク文化とは、五世紀から一二世紀にかけて、アムール川河口部、サハリン、北海道のオホーツク海沿岸、千島列島に広がった考古学文化である（五四頁参照）。青銅器の類例をその外に求めてみると、とくにアムール川下流域の靺鞨・女真《じょしん》系の遺跡において、同じような青銅製の帯飾や耳飾が出土していることに気づく。

オホーツク海沿岸の文化と大陸との関係については、とくに土器や骨角器の類似性がいち早く指摘され、二〇世紀初めに早くも議論が始まっていた。その背景には、日本人による樺太調査や、日本の大陸進出による満蒙考古学の進展があった。青銅器については、戦後間もないころ、モヨロ貝塚での発掘調査を契機に、原田淑人《はらだよしと》は遼金《りょうきん》時代の遺物とし、大場利夫《おおばとしお》も大陸からの伝来を指摘した（大場一九六二）。菊池俊彦は北海道、サハリン、ロシア大陸部の関連資料を集成し、大陸との交流のなかでもたらされたものとした（菊池一九七六）。その後も資料の増加とともに検討が重ねられ、今では、青銅器のみならず、軟玉製環状石製品などを含め、「大陸系遺物」とよばれる。

近年では、大陸側の帯飾の詳細な編年とオホーツク文化出土の帯飾との形態比較が進められ、北海道への具体的な搬入時期は六世紀後半〜八世紀前半であると考えられている。東アジアでは渤海が建国され、その北方・東方の靺鞨諸部を取りこんでいく時期に重なる。一方、八世紀後半以降は大陸系遺物が減少し、代わって蕨手刀などの本州由来の製品が増えるという。その背景には、東アジアにおける靺鞨、渤海、唐などの国際関係が影響しているとされる（臼杵二〇〇〇ほか）。

オホーツク文化の遺跡では、これまで青銅器の工房や鋳造の痕跡はみつかっておらず、モノ自体が大陸から伝わってきた可能性が高い。その裏付けの一つとなり得るのは、製作レベルにおける技術比較や金属成分についての研究であるが、こうした観点からの検証はまだ少ない。

このように、常呂、そして北海道で出土するオホーツク文化期の青銅器は、北海道の歴史・文化が中国やロシア大陸部をはじめとする、東アジアとの関係のなかで育まれてきたことを示す一つの証しといえよう。

COLUMN

ロシア極東の遺跡を掘る

森先一貴

日本列島には、隣接大陸から人類が到達して以来、数万年もの歴史があり、いつの時代も程度の差はあれ大陸からの影響を受けてきた。したがって、日本列島の歴史や文化を理解するためには、列島内の考古学的問題意識をもっておこなう周辺世界についての考古学研究が不可欠である。

私がこのことを意識するようになったのは、指導教官や先輩に声をかけてもらい、ロシアのアムール川下流域にあるマラヤガバニ遺跡の日露合同発掘調査に加わって以来である。新石器時代から古金属器時代の遺跡で、かつて北海道産の黒曜石も出土したと報じられた。当時、日本のいくつかの大学が極東で発掘調査をしており、自分もこの未知の世界に飛び込めることに興奮したものである。

調査の起点はロシア極東の大都市の一つ、ハバロフスク。空港の小さなパスポートコントロールを抜けると、屈強そうなロシア人共同研究者に出迎えられ、まず市街地はずれの小さなホテルに送ってもらう。準備のために数日滞在してから、小型のバスでロシア人メンバーとともに遺跡近くの村まで向かうのだが、とにかく道が悪い。固くて小さい二人用座席に体格の良い仲間と並んで二〇時間ほどの道のりだった。おまけに途中で車のトラブルで立ち往生し、道端でテントを張る羽目になったことも、いまでは懐かしい。ようやく着いた現地はアムール川のほとりのテント村である。携帯電話は通じず、ただ遺跡の発掘に向き合う日々。風呂もシャワーもなく、アムール川で水浴びをし、洗濯も川でやった記憶がある。植生、景観、調査方法、調査用具、遺構、遺物、すべてが新鮮で刺激的だった。その後も夏の発掘調査、冬の整理作業に従事し、報告書を作成したことは得難い経験となった。

極東における新石器時代研究は、この調査をきっかけに大きく見直されることとなる。偉大な碩学でも発掘調査に完璧はなく、新たな資料の蓄積、分析手法の発展は日進月歩である。それ以前はほとんどおこなわれていなかった年

[図1] マラヤガバニ遺跡の調査隊キャンプ

代学的研究と、日本列島を含む東アジアで蓄積が進んだ考古学的知見を統合することで、ロシア極東の新石器時代編年を飛躍的に前進させたのだ。たとえば、アムール川下流域を日本列島の石刃鏃石器群の起源地とする有力な学説は、マラヤガバニ遺跡をはじめ、アムール川流域や沿海地方に北海道の石刃鏃石器群と同じ技術や形のものがほとんど見当たらないことが判明すると、成立が難しくなった。大陸には石刃製の鏃はあるが、北海道東部からサハリン南部に分布の中心がある石刃鏃石器群とは技術が異なっていた。北海道の石刃鏃石器群は、大陸部の石器群とは異なる適応を果たした人びとが有する道具だったのである。

大陸からの歴史的・文化的影響の有無は、国内の研究を進めるだけでは理解できない。海外調査には苦労がつきものので、国際情勢がそれを許さない昨今のようなこともありうるが、「そこにしか答えがない」という探究心が海外調査の魅力であり、原動力だろう。

3

東北アジア考古学と常呂

東京大学と東北アジア考古学

福田正宏

東北アジア地域の研究は、複雑な国際情勢に左右されながら続けられている。それは、近代以降、何も変わっていない。なぜなら、日本列島の考古学を語る上で、けっして避けて通れないからである。ここでは、東京大学の考古学研究室と常呂実習施設が、大陸と北海道の関係性を追究するにいたるまでの歩みをたどりたい。

日本人種論と東京大学

東京大学が設立された一八七七年（明治一〇）、理学部動物学教室に着任したアメリカ人動物学者E・S・モース［図1］によって大森貝塚の発掘がおこなわれた。モースは、フロリダの貝塚調査に参加した経験があり、当時最先端の研究法を日本にもちこんだ。そして二年後、日本初の発掘調査報告書となる『Shell Mounds of Omori』（Morse 一九七九）を刊行した。そこでは、遺跡の位置や規模、周辺の遺跡に関する説明、土器の分類や用途の考察、そして人骨の計測や貝類の分析などがおこなわれた。海進の問題や、出土貝類の種類からわかる環境変化にも触れており、その学術的価値は非常に高い。「実物資料に依拠する客観的科学的な研究精神の発露」（今村二〇一三）と評価される所以である。

モースら外国人教師たちは、石器時代遺跡を残した人びとは誰なのかということにとりわけ

［図1］E・S・モース（1838–1925）

関心があったようで、さまざまな分野の専門家による発言が残されている。そのなかのひとつに、石器時代人＝アイヌ説があった。アイヌ文化の工芸品のデザインが石器時代の土器文様に似ていることが、その理由の一つだったようである。ただしモースは、類似文様がアメリカにもあるなどの理由を挙げ、土器を使用したのはアイヌ以前にいた別の人びとであるとしている。

一九世紀末になると、こうした石器時代の人種論は日本人研究者に受け継がれた。一八九二年（明治二五）には東京大学理学部に人類学講座が新設され、初代教授の坪井《つぼい》正五郎《しょうごろう》［図2］を中心に、数多くの遺跡が実際に発掘されるようになった。坪井が提唱した「人類学」は、現在の人類学に考古学や民俗学などを含んだもので、日本人とは何か、石器時代人はアイヌか否かを問う点ではモース以来の関心に連なるが、西洋近代学問の手法には重きを置かなかった。折しも、日露戦争の開戦から終結にいたる時期である。人類学教室の鳥居《とりい》龍蔵《りゅうぞう》が、「日本」の拡大とともに、アジア諸地域で人種や民族文化の実地調査をおこなうようになり、次第に国策を意識した国民教育的な言説が増えていった。そうしたなかで、新領土やその周辺である満蒙・東シベリア・黒龍江（アムール川）流域・樺太、千島などの遺跡に関する情報が得られ始め、日本列島の過去と比較するという研究の視点がうまれた。

東北アジアにおける貝塚研究の黎明

日本で北海道や大陸北方の遺跡に関心が寄せられはじめたころは、帝政ロシアがアジア地域へ拡大した時期と重なっており、ロシア国内では東洋史に関する関心が高まっていた。

極東の沿海地方やアムール川流域では、「東夷」とよばれた古代民族（挹婁《ゆうろう》・沃沮《よくそ》・靺鞨・女真・

［図2］坪井正五郎（1863–1913）

粛慎など）の存在や、現地に住む少数民族の生活文化に注目が集まり、次第に遺跡や遺物に関しても言及されるようになった。

沿海地方南部のピョートル大帝湾周辺にはリアス式海岸が発達し、新石器時代以降の貝塚遺跡が多く分布する。この地域は日本の東北地方太平洋沿岸と類似した生活環境にあり、新石器時代以降、漁労優先型の居住史が顕在化することで知られる。一八八〇年、ポーランド系の起業家であり博物学者でもあったM・I・ヤンコフスキー［図3］がスラビヤンスキー半島（現在のヤンコフスキー半島）で土器・石器・動物骨が出土する貝塚を発掘しており、その成果は帝政ロシアの国策と密接にかかわった帝国ロシア地理学協会東シベリア支部に報告された。貝塚や骨角器、金属器をともなう古金属器時代文化として知られる、紀元前一千年紀のヤンコフスキー文化［図4］は、土地の保有者でもあった彼の姓を冠している。

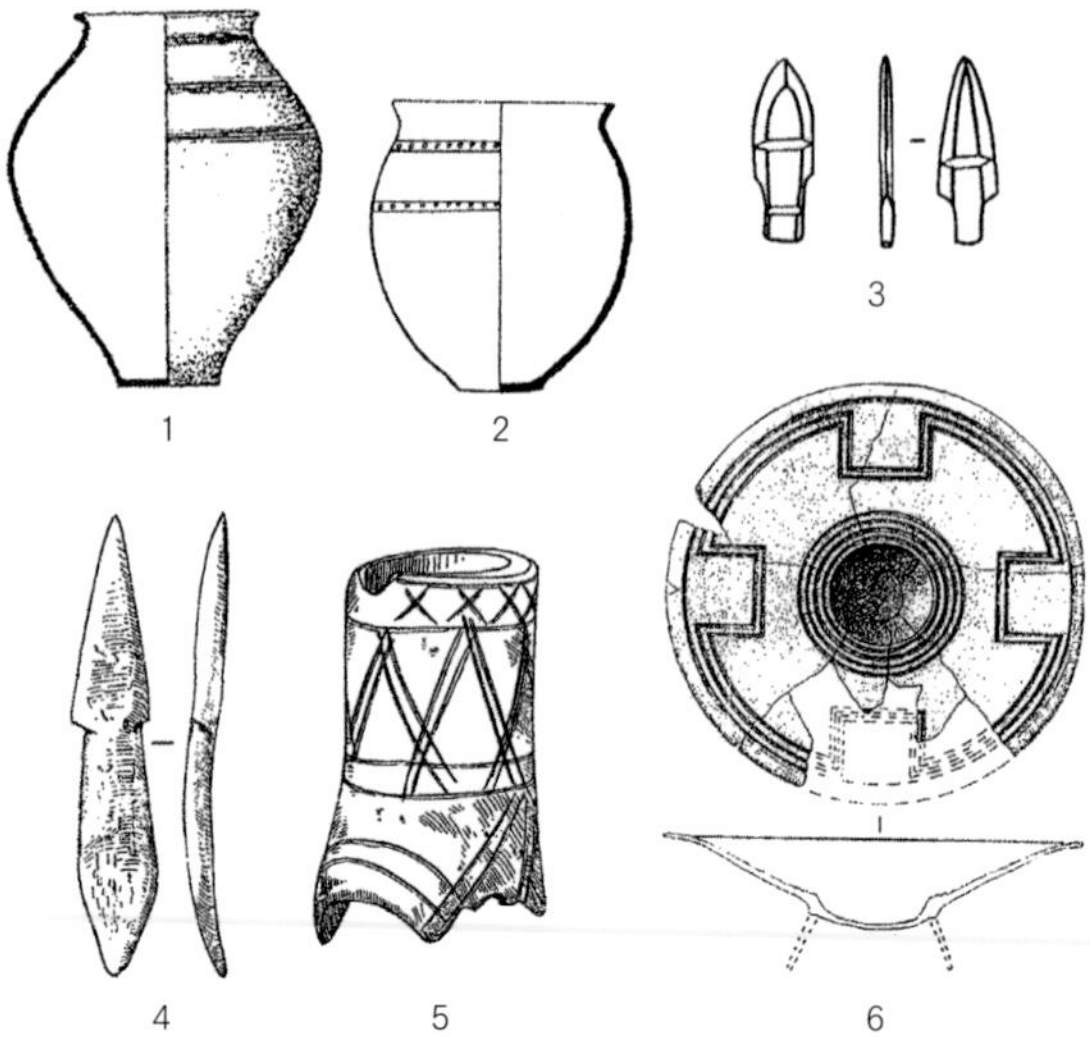

［図4］ヤンコフスキー文化の遺物

一八八二年には、ロシア人動物学者I・S・ポリヤコフ［図5］が来日し、東京で大森貝塚を調査した。氏は来日直前、樺太千島交換条約によって全島露領と

［図3］M・I・ヤンコフスキー（1842–1912）

［図5］I・S・ポリヤコフ（1845–1887）

なったサハリンで帝国ロシア地理学協会が主導した調査に従事し、アニワ湾で貝塚の調査をおこなった。貝塚の存在を知ったポリャコフは出航前のウラジオストクで発掘をし、サハリン南部—沿海地方南部—東京湾間で貝塚や古代集落を比較した考察を試みている。一八八三年（明治一六）に長崎で書かれた手記（Поляков 一八八四）からは、大森貝塚の発掘成果や当時の日本人種論に影響を受けた様子がよくわかる［図6］。一九世紀後半の激動する国際情勢のなか、各国の遺跡研究は間接的にではあるが相互に関連しつつ、その後の研究展開に連なる新局面に移行していったのである。

文学部と東北アジア考古学

東京大学文学部で考古学の研究教育がはじまったのは一九一四年（大正三）である。東洋史学出身の原田淑人［図7］による講義が端緒であった。原田は、京都大学の濱田《はまだ》耕作《こうさく》らとともに一九二六年（昭和元）に東亜考古学会を立ち上げ、中国や朝鮮における調査に邁進した。そこに副手として加わったのが駒井《こまい》和愛《かずちか》である。駒井は原田とともに大陸を主なフィールドとしていたが、一九四五年（昭和二〇）の敗戦を境に方針転換を余儀なくされる。このとき東亜考古学会では、京都大学が九州の壱岐・対馬、東京大学が北海道を新たな調査対象にするという方針を定め

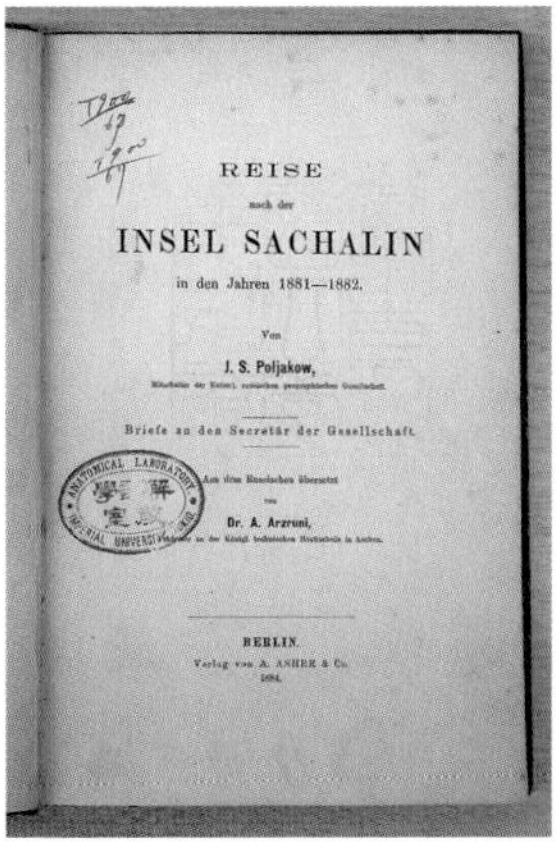
REISE
nach der
INSEL SACHALIN
in den Jahren 1881—1882.
Von
J. S. Poljakow,
Briefe an den Secretär der Gesellschaft.
Dr. A. Arzruni,
BERLIN.
Verlag von A. ASHER & Co.
1884.

［図6］ポリャコフ著書：表紙裏に、大正六年の蔵書印が押される。日露戦争後は、独語訳の氏の著書が研究者たちによく読まれたという

［図7］原田淑人（1885–1974）

たという（杉村一九七七）。大陸と日本列島の接点となる西と東の地域において、大陸文化との交渉を明らかにしたいという意図があったようだ（大貫二〇〇二）。そして翌年、東京大学文学部考古学研究室が誕生した。

日本の遺跡のことを広くアジア全体のなかで考えるという、現在の文学部考古学研究室の学風は、こうしたいきさつから生まれたものである。

戦後の東北アジア考古学と北海道

戦前の東京大学では、理学部人類学教室と文学部を中心とする東亜考古学会とで研究分野の棲み分けがなされていたが（大貫一九九七）、戦後、両者は変質、融合をはじめる。戦前、鳥居龍蔵は満蒙より北方の遺跡まで見通した上で、日本や日本民族のことを論じた。人類学教室に学んだ山内清男《やまのうちすがお》はヨーロッパ考古学まで見据え、バイカル湖を経て北回りで日本列島に土器が到来すると考えた（山内一九三二）。戦後、東洋史学を中心にユーラシア全体における東西交渉史研究が流行するなか、日本ではさまざまな時代や地域の遺跡発掘が進んだ。調査の進展にしたがい、日本列島における歴史的諸現象の出現由来を大陸側に求める意見が出はじめた。山内は、日本の「縄紋土器文化」の起源は大陸のどこか北方の新石器文化にあり、それが日本列島に渡来したとする戦前からの自説を補強しようとした。

一方、北海道—とくにオホーツク海沿岸では、大陸考古学に造詣の深い駒井が、戦後すぐに発掘調査がおこなわれた網走市モヨロ貝塚の遺物に認められる大陸的特徴を指摘し、渤海の興亡と周辺の民族の動向をふまえた考察をおこなった。また、小樽市忍路や深川市音江《おとえ》［図8］な

［図8］音江環状列石（国指定の史跡）

どの環状列石《かんじょうれっせき》の出現を、とくにシベリアとの関係性のなかで捉えようとした。

このほか、先の東西冷戦を経て本格的な国際共同調査がはじまった一九九〇年代になるまで、北海道先史文化の特殊性や、大陸―北海道間における関係性（文化伝播）について、多くの研究者が関心を寄せ、議論を交わした。そこで注目されたのが、大陸側から集団や文物が通過する際の玄関口になると考えられた、ロシア極東である。

二〇〇〇年代以降、日露共同研究が活発化した。筆者らはアムール川流域の一五地点、サハリン島の七地点で新石器時代〜中世・オホーツク文化並行期の遺跡群を発掘し、従来説の検証を進めてきた。現在、日本列島北辺の考古学研究は新たな局面を迎えている（九四頁〜一〇三頁参照）。

COLUMN

駒井和愛と渤海国の考古学研究

中村亜希子

常呂実習施設の開設に携わった駒井和愛は、北海道・オホーツク海沿岸の考古学以外に、中国・朝鮮半島の考古学においても著名な研究者である。一九二六年三月、東京帝国大学の原田淑人と京都帝国大学の濱田耕作が中心となって東亜考古学会を成立させ、一九二七年から中国遼東半島において発掘調査を開始していたが、早稲田大学文学部で東洋史を修めた駒井は、原田に誘われて一九二七年に東京帝国大学の副手となり、以後、原田の片腕として中国調査に参加するようになった。刊行された発掘調査報告書のなかには、原田と駒井が連名で執筆したものが散見される。

東亜考古学会による発掘調査のなかでもっとも大規模なものは、一九三三年および翌一九三四年におこなわれた渤海国（六九八～九二六）の上京《じょうきょう》龍泉《りゅうせん》府《ふ》址《し》とされる上京城（東京城《とうきょうじょう》）遺跡の調査である。現在の中国黒竜江省寧安に所在する上京城には、八世紀半ばから十世紀初頭にかけての大半の期間、渤海国の首都が置かれた。上京城は東西約四・五キロ、南北約三・三キロの里坊制の都城遺跡であり、外郭城の北部中央には王の執政・居住の場である宮城の宮殿群が、外郭城内外には多くの寺址が存在することが判明した［図1］。渤海の都城遺跡については、八世紀末に王都が置かれた東京《とうきょう》龍原《りゅうげん》府《ふ》址《し》とされる八連城《はちれんじょう》（半拉城《はんらじょう》）遺跡や西古城《にしこじょう》遺跡なども相次いで発見され、東アジアの古代都城の解明に大きな前進をもたらした。一方、上京城遺跡の調査が「満洲国」の建国から時を経ずして企画・実施され、宮城で出土したとされる和同開珎が「満洲国」の国宝に指定されるなど、東亜考古学会による上京城の調査が日本による「満洲」統治を肯定的に評価する役割を担ったことも否定できない。

一九四五年八月に日本が敗戦を迎えると、東亜考古学会は中国・朝鮮半島におけるフィールドを失った。そのため、東京大学と京都大学は、それぞれ日本国内の東西で大陸文化との接点となる場所に新たなフィールドを選んだという（一四一頁参照）。戦後の駒井は北海道における新たな研究の開拓に力を注いでいたが、同時に、中国で東亜考古学会などが調査した際の資料の返還手続きにも従事していた。戦後、GHQの指導のもと日本による掠奪文化財の返還手続きが中華民国との間で進められていたが、原田は一九四六年に定年退職しており、助教授になっていた駒井が東京大学側の窓口となっていたのである。

駒井は戦後も中国考古学に関する研究を続けていた。一九七一年の急逝後、未発表の論考などをも収録した『中国考古学論叢』（駒井一九七四）や『中国都城・渤海研究』（駒井一九七七）などの書籍が続けて刊行されたが、採録された文章からは、戦前から交流があり中国科学院の院長となった郭沫若《かくまつじゃく》によって一九五七年に原田らとともに訪中考古学視察団として招聘されたことを非常に喜び、近い将来また中国に行ける日が来ることを見越して後進のために中国考古学研究に力を注いでいたこと、晩年の駒井が自身の渤海研究を総括しようとしていたことがうかがわれる。駒井にとって、自らが遺跡の発掘調査に携わった渤海国の研究は、北海道の研究と並び終生の研究テーマであった。

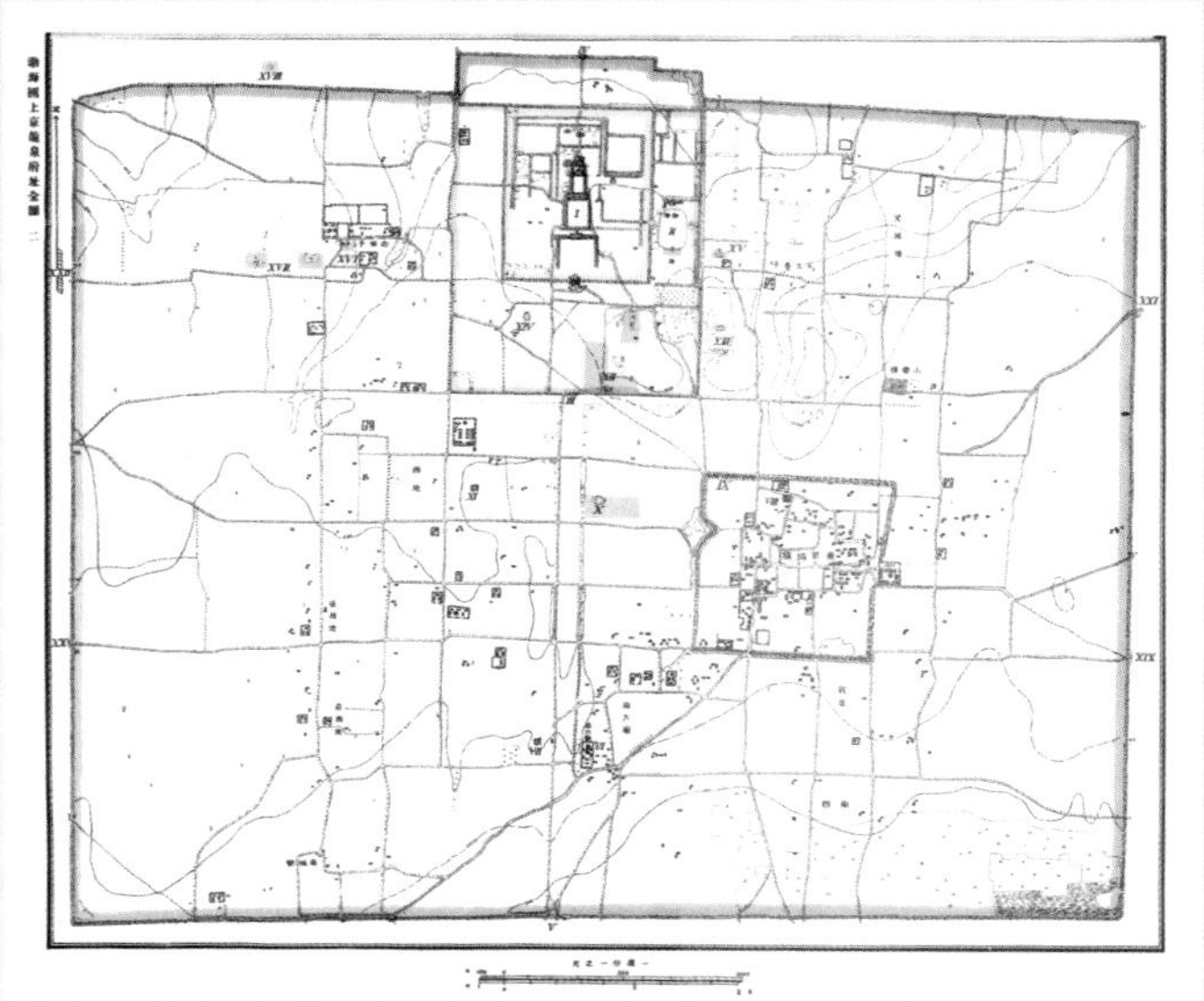

［図1］『東京城』（東亜考古学会編1939）に掲載された上京城遺跡の平面図

東京大学と常呂の出会いとあゆみ

熊木俊朗

文学部考古学研究室と北海道

東京大学文学部が常呂町と最初に出会ったのは、一九五五年（昭和三〇）のことである。この出会いは偶然であったが、文学部の考古学研究室と北海道の関わりは、その少し前から始まっていた。ここではまず、そこに至るまでの流れを振り返ってみよう。

常呂実習施設の設立に至る基礎を築いたのは、一九四六年（昭和二一）に文学部考古学研究室の初代助教授となった駒井和愛である［図1］。前節で述べられている通り、駒井は戦前、東亜考古学会の一員として中国や朝鮮を主なフィールドとしてきたが、一九四五年（昭和二〇）の敗戦を境に方針転換を余儀なくされた。その結果、北海道を新たな調査対象とする方針を定めたといわれる。

敗戦直後の一九四六年（昭和二一）、文学部に考古学研究室が設置された。そして翌年には東亜考古学会の主導のもと、戦後の日本考古学の再出発となった二つの遺跡の調査、すなわち静岡市登呂遺跡と網走市モヨロ貝塚の調査が開始され、駒井はこれらの調査の中心的な役割を担った（一七二頁参照）。このモヨロ貝塚の調査を端緒として、駒井は北海道をフィールドとした考古学調査を精力的に継続してゆく。

モヨロ貝塚の調査は一九四八年（昭和二三）と一九五一年（昭和二六）にも続いたが、駒井は

［図1］駒井和愛（1905–1971）

その前後から、北海道内に残る縄文文化の環状列石と、縄文文化・続縄文文化の貝塚に注目する。そして常呂町での調査が始まる一九五七年（昭和三二）までの間、深川市音江の環状列石や森町の尾白内《おじろない》貝塚など、道内各地の遺跡で発掘調査を進めてゆく。このころに訪れた常呂町との出会いは、偶然とはいえ、駒井にとってまさに絶好の機会でもあったのだろう。北海道でアイヌの歴史を考古学的に明らかにしようとする駒井の研究は、常呂町という新たな調査地を得て、さらに発展してゆく。

常呂町との出合い

北海道で調査を継続していた駒井であったが、常呂町と出会うきっかけは本人ではなく、別の研究者によってもたらされた。それが言語学研究室の服部《はっとり》四郎《しろう》［図2］であり、東京大学文学部と常呂町との関係は、一九五五年（昭和三〇）に服部がアイヌ語の方言調査でこの地を訪れたことから始まった。

この年、調査のために道内各地を訪れていた服部は、偶然、樺太から引きあげて常呂町に住んでいた樺太アイヌ語の話者、藤山《ふじやま》ハルと出会う。彼女がきわめて優れた話者であると理解した服部は、そのまま常呂町に留まり、聞き取り調査を始めた。このときに服部の宿泊する旅館を訪れたのが、常呂町に在住していた大西信武《おおにしのぶたけ》［図3］であった。

大西は、土木工事の仕事に携わるなかで町内の貝塚や竪穴群遺跡の存在を知り、その重要性や調査の必要性を北海道知事や北海道大学、東北大学に訴えていたが、いずれも門前払いに近い扱いを受けていた。不屈の精神で乗りこんできた大西に対し、服部は「何をゆすりに来たの

［図2］服部四郎（1908–1995）

［図3］大西信武（1899–1980）：北海道旭川市生まれ。土建業で道内各地を渡り歩いたのち、一九二八年より常呂町に居住。土建業、劇場経営の傍ら、常呂遺跡の保護を各所に訴え続けた

だろう」と思ったと述懐しているが、その話を真剣に聞き、誠意を読み取ったという。翌年に再び常呂町を訪れた服部は、大西の案内で遺跡を目にすると「日本に類例を聞かない竪穴の市街といってよいものだ」と驚嘆し、考古学者をよんでほしいという大西の要望に応えて、駒井和愛に報告する。駒井はすぐに大西に電報を打ち、『ハットリシヨリトコロイセキニツキイタ　スグ　ユクアトフミ』と伝えたが、それが届いたのは大西が服部を常呂駅で見送ってからわずか二日後のことであった。

その年の秋に常呂町を訪れた駒井は、大西の案内で大規模な竪穴群、大きな貝塚、チャシ跡を確認し、喜びを表すとともに、「ここは短期決戦ではなく相当の年月をかけて長期に発掘調査をしていく必要がある」と伝えたという。そして翌年の一九五七年（昭和三二）の秋、東京大学による常呂町での発掘調査が開始された［図4］。この年の調査開始以来、文学部考古学研究室による常呂町での考古学調査は毎年継続され、現在まで続くことになる。

常呂実習施設の歩み

常呂町で発掘調査が始まると大量の遺物が出土し、それらを地元で保管し、展示する施設の

［図4］常呂町での最初の発掘：東京大学によって1957年に発掘された擦文文化の竪穴住居跡。北見市（旧・常呂町）栄浦第一遺跡

[図５] 常呂町郷土資料館（旧・東京大学常呂実習施設研究棟）：
建設中の写真。1965年撮影

必要性が生じた。資料と研究成果が蓄積されてゆくなか、駒井も調査研究の拠点となる「アイヌ研究のセンター」を常呂町に建てたいと願うようになる（駒井一九六〇）。こうした状況を受けて、一九六四年（昭和三九）に当時の常呂町長をはじめとする町の有力者から、研究施設となる建物を建てて東京大学に寄付したいとの意向が大学に寄せられた。大学側はこれを快諾し、一九六五年（昭和四〇）に、後に常呂実習施設の初代研究棟となる「常呂町郷土資料館」が常呂町によって建設された［図5］。それは、駒井が東京大学を退官した九カ月後のことであった。

この資料館では出土資料が一般公開されるとともに、東京大学文学部の研究室となる部屋が併設された。管理人も置かれ、その初代を大西信武が勤めている。同年、常呂における東京大学の施設整備長期計画が大学によって立案され、「東京大学研究室同附属施設整備趣意書」にまとめられた。この趣意書では、考古学のみならず、言語学、文化人類学、宗教学、動植物学、地質学、気象学の分野からみた北海文化研究の重要性も語られ、理学部を含めた複数の分野の研究室、多数の学生や教員用の宿舎、図書館や売店などの建設も計画されたが、残念なことにほとんどは実現に至らなかった。

一九六七年（昭和四二）には、北海道の補助を受けて「北海文化研究常呂資料陳列館」が新たに建設された［図6］。さらに、東京大学による研究室の開設を望む地元の熱意に答えるため、常呂に文学部考古学研究室から常駐の助手が一名派遣され、通称「常呂研究室」が開設される。

［図6］北海文化研究常呂資料陳列館：1967年の建設以来、現在も通年で開館している

［図7］常呂実習施設附属の学生宿舎：2003年建設。居室数14室・宿泊定員20名

これが、現在まで続く常呂実習施設の始まりとなった。

さらに翌一九六八年（昭和四三）には附属の学生宿舎も完成し、調査の拠点としての本格的な活動が始まる。一九七三年（昭和四八）には「東京大学文学部附属北海文化研究常呂実習施設」が文部省の認可を得て正式に設置され、教員も一名増員されて助教授一名・助手一名の二名体制となり、現在の組織となった。

［図8］北見市ところ埋蔵文化財センター：旧・常呂町が1998年に建設。現在の常呂実習施設の研究室はこの建物内にある

その後は建物の老朽化にともない、二〇〇三年（平成一五）には学生宿舎が新築されている［図7］。また、初代研究棟も老朽化したため、二〇一二年（平成二四）には研究棟の機能を北見市（旧・常呂町）ところ埋蔵文化財センター内に移転し［図8］、現在、同センターは東京大学と北見市による共同利用というかたちで運営されている。さらに近年は常呂資料陳列館を中心とした博物館活動にも重点が置かれ、二〇一三年（平成二五）には常呂資料陳列館を含む常呂実習施設全体が、博物館法の規定する博物館相当施設に指定されている。

常呂実習施設の発掘調査の歴史と研究成果

熊木俊朗

調査の開始と初期の成果

東京大学文学部による常呂川下流域の考古学調査は一九五七年に開始され、現在まで毎年、継続して実施されている。ここではそれらの調査と成果の概要について、時系列順にまとめみよう。*

一九五七年の調査開始から一九六三年までの七年間は、この地域を代表する遺跡を対象として発掘調査がおこなわれた。具体的には、窪みで残る竪穴群遺跡である栄浦第二遺跡・同第一遺跡・岐阜第一遺跡、縄文文化の貝塚であるトコロ貝塚、アイヌ文化の砦（チャシ）跡とオホーツク文化の竪穴群遺跡であるトコロチャシ跡遺跡で調査が実施された。

トコロ貝塚の調査では、北筒式土器が出土する貝塚や、その下層で検出された石刃鏃石器群とそれにともなう土器の様相などが明らかにされた。また、出土した土器について第1類から第14類［図1］までの分類がなされ、縄文早期から擦文文化期に至る各時期の土器型式のすがたが具体的に提示された。栄浦第二遺跡などの竪穴群遺跡の調査では擦文文化の竪穴住居跡が、トコロチャシ跡遺跡ではアイヌ文化のチャシ跡の一部とオホーツク文化の竪穴住居跡がそれぞれ発掘され、各々の具体的な内容が明らかにされるとともに、アイヌ文化のチャシ跡がオホーツク文化よりも年代的に新しい可能性が高いことなどが指摘された。このように、初期の調査

*常呂町に遺跡が存在することは、東京大学による調査の開始以前からすでに学会などで紹介されていた。それらの遺跡紹介などの詳細については宇田川洋がまとめている（宇田川二〇〇二）。

ではこの地域を代表する遺跡における考古学文化の内容と、その編年が具体的に提示され、常呂川下流域をはじめとする道東部における考古学研究の基礎が築かれた。

遺跡分布調査と地形測量

一九六五年から一九七〇年までの六年間では、旧常呂町内の全域と近隣の地区（常呂川下流域）で遺跡の分布調査と地形測量が実施され、この地域における遺跡の分布状況と、窪みで残る竪穴住居跡の位置と形状、軒数が正確に把握された。窪みで残る竪穴群遺跡［図2］は、現在、北海道東部の海岸部を中心に道内各地で一三〇〇カ所以上が確認されているが（北海道教育庁二〇一八）、常呂川下流域での調査以前は、いくつかの遺跡で分布図などが作成された例はあった

［図1］トコロ14類土器：北海道において石刃鏃石器群に土器がともなうことを初めて証明した資料

［図2］窪みで残る竪穴群遺跡：窪みのなかに雪が解け残っている様子。北見市栄浦第二遺跡

ものの、一つの地域全体の竪穴群の分布が把握されたことはなかった。この時の東京大学による調査では、常呂川下流域の竪穴群遺跡がくまなく測量され、合計で三〇〇〇軒を超える数の竪穴群が記録されたが、それはまさに画期的な成果であった。この測量成果は、竪穴群の現況記録の規範になるものとして考古学研究と遺跡保存の双方の観点から高く評価されるとともに、常呂実習施設の遺跡調査の基盤となるデータとして今日まで活用されている。

測量調査で判明したこの地域の竪穴群遺跡の特徴について、代表的なものを挙げておこう。まず、一つの地域で確認された窪みの数の多さでは、標津《しべつ》町の標津遺跡群（四四〇〇軒以上）に続く道内二番目の規模となる。次に竪穴の窪みの形状を見ると、擦文文化のものとみられる方形のもの、オホーツク文化のものとみられる大型で五角形ないし六角形のもの、続縄文文化のものとみられる舌状の張り出しが付いたもの（柄鏡形）*、縄文文化などのものとみられる小型で円形のものの四種類があり、この地域では長期にわたり集落が形成されたことがわかる。四種類のうちもっとも多いのが擦文文化とみられる方形の竪穴で、その数は全体のおよそ半数におよぶ。一方、オホーツク文化とみられる窪みは、栄浦第二遺跡の五三軒などが確認されている。この数は一見すると少ないようにも思われるが、この栄浦第二遺跡の例はオホーツク文化の竪穴群遺跡としては道内で最大規模となる。続縄文文化とみられる窪みも五四軒とやはり少なくみえるが、地表面では窪みがみられなかった常呂川河口遺跡では続縄文文化の竪穴住居跡が一三二軒も発掘されており、その数も加えると、この地域には道東部で最大規模となる続縄文文化の集落遺跡が存在していたことがわかる。

なお、これらの測量調査と併行して、発掘調査もおこなわれている。一九六四年から一九六

＊この張り出し部には通路または出入口の機能があったという意見もある。

［図3］オホーツク文化の竪穴住居跡：六角形で粘土の貼床を有する。北見市栄浦第二遺跡

九年までおこなわれた調査では、岐阜第二遺跡やワッカ遺跡、栄浦第二遺跡などで縄文・続縄文・オホーツク・擦文の各文化の竪穴住居跡などが発掘され［図3］、各文化の具体像がより鮮明に把握された。

一九八〇年代までの調査

一九七一年から一九九〇年までの期間では、主として擦文文化と続縄文文化の遺跡の発掘調査が実施された。擦文文化の調査では、遺跡間にみられる規模や立地環境の差に関心が向けられ、立地がそれぞれ異なる、栄浦第二遺跡（砂丘上）、トコロチャシ南尾根遺跡（台地上）、岐阜第二遺跡（台地上）、ワッカ遺跡（低地上）、ライトコロ川口遺跡（低地上）［図4］、ライトコロ右岸遺跡（低地上）の各遺跡を比較するかたちで発掘調査がおこなわれた。一九八四年まで常呂実習施設に在籍して調査を主導した藤本強《ふじもとつよし》［図5］は、これらの調査成果をもとに常呂川下流域の擦文土器の編年（藤本一九七二）と、擦文文化の集落論（藤本一九八二）を発表し、この文化の研究を大きく進展させている。なお、ライ

［図4］ライトコロ川口遺跡：ライトコロ川がサロマ湖に注ぐ川口の西、標高2m前後の低地上に位置する

トコロ川口遺跡では、それまでこの地域ではほとんど出土例がなかった一五世紀ごろのアイヌ文化の送り場遺跡と墓も出土しており、そちらも注目を集めた。

続縄文文化の調査では、それまで手薄であった縄文晩期前半や続縄文前半期の土器編年を整備することを一つの目的として、以前からそれらの時期の資料が多く採集されていた栄浦第一遺跡を対象に発掘がおこなわれた。その結果、竪穴住居跡と、墓［図6］を含む数多くの土坑が複雑に切り合って検出されたことから、上記の時期の土器編年研究に進展がもたらされた。

また、この時期には、常呂町が主体となって実施された工事にともなう事前調査に、常呂実習施設が協力して発掘に携わることもおこなわれた。これらの事前調査はトコロチャシ南尾根遺跡、岐阜第二遺跡、ＴＫ67遺跡で実施され、トコロチャシ南尾根遺跡では縄文後期の竪穴住居跡、岐阜第二遺跡では後期旧石器時代の石器群が出土するなどしている。これらの時期の遺物や遺構はそれまでこの地域ではほぼ出土例がなかったため、地域の文化の変遷を知る上で重要な資料となった。

一九九〇年代から現在までの調査

一九九一年から二〇〇九年までの期間では、主としてアイヌ文化とオホーツク文化の調査に重点が置かれた。アイヌ文化の調査では、トコロチャシ跡遺跡でチャシ跡の発掘がおこなわれている。これは一九六〇年代に一部が調査されていたチャシ跡に対して、全面的な発掘を実施したものである。チャシの壕やそれにともなう柵列、送り場、墓などが検出され［図7］、それらの構築時期はいずれも一八世紀の初めから中ごろと判明している。チャシ跡は道東部太平洋

［図5］藤本強（1936–2010）

側を中心として道内全域にみられるものだが、一つのチャシ跡の全面が発掘された事例は少なく、貴重な調査事例となった。オホーツク文化の調査では、チャシ跡の隣接地点で竪穴住居跡が発掘され、住居内からは一一〇個体分のクマ頭骨が集積された骨塚や、廃絶時に住居が焼かれたことによって炭化して残った木製品など、大量の遺物が検出された（五八頁参照）。

トコロチャシ跡遺跡の調査は、この遺跡が二〇〇二年に史跡常呂遺跡に追加指定される四年ほど前から、遺跡の保存と活用を担当する常呂町と東京大学が連携し、共同しながら進められてきた。トコロチャシ南尾根遺跡などを含むトコロチャシ跡遺跡群全体の範囲確認と試掘調

［図6］続縄文文化の墓：道東部の続縄文文化では数少ない遺体が検出された例。北見市栄浦第一遺跡

［図7］アイヌ文化のチャシ跡：壕とその内部が全面的に発掘された。調査の当時、壕の両肩の部分には柵列の柱が復元された。北見市トコロチャシ跡遺跡

査では、石刃鏃石器群の集中や、オホーツク文化の墓［図8］などが検出され、後の史跡整備事業においても重要となる成果が得られている。また、この時期におこなわれたオホーツク文化の遺跡発掘調査によって新たな知見が多くもたらされたため、それを活かすために、二〇〇二年には「東京大学コレクションXIII　北の異界―古代オホーツクと氷民文化」展（東京大学総合研究博物館）が開催された。さらに、二〇二一年と二〇二二年には「オホーツク文化―あなたの知らない古代」展（横浜ユーラシア文化館・大阪府立近つ飛鳥博物館）の特別展が人文社会系研究科と各開催館の共催で開催され（一八三頁参照）、調査と研究の成果が広く公開された。

［図8］オホーツク文化の墓：墓坑は長方形で、被葬者の頭上には甕が逆さまに被せられ、刀などが副葬されていた。北見市トコロチャシ跡遺跡

二〇一〇年からは再び擦文文化の竪穴群遺跡の調査に着手し、現在まで継続中である。前述のように、この地域での擦文文化の調査に関しては一九九〇年代までの長い蓄積があるが、これまでに調査されてきたのは砂丘上や低地上の遺跡、それに隣接する標高のやや低い台地上の遺跡であった。そこで最新の調査では、海に面した高位段丘上という、それまでの事例とは異なる環境に立地する大島2遺跡を対象として竪穴住居跡の発掘調査を進めている。これまでの調査では、廃絶時に家を焼く焼失住居［図9］の割合が極めて高いこと、カマドや住居の廃絶にかかわるとみられる儀礼の痕跡が多く認められることなど、以前の調査事例とはやや異なる注

目すべき様相が確認されている。

調査の継続とその意義

　これらの六〇年以上に渡る調査の結果、考古資料と研究成果が蓄積され、常呂川下流域では一つの地域で後期旧石器時代からアイヌ文化期に至るまでの文化の変遷を、ほぼ途切れなく把握できるようになった。半世紀以上もの間、特定の地域で学術調査を継続した例はきわめて稀であり、常呂川下流域の研究成果は北海道東部の考古学文化のモデルとして、日本列島北部地域の考古学研究の発展に大きく寄与してきた。同時にそれは教育普及の面でも利用価値の高いものであり、東京大学の教育や地域連携においても有効に活用されている。

［図９］擦文文化の焼失住居：屋根の垂木などが炭化して残っていた。北見市大島２遺跡

COLUMN

常呂研究室草創のころ

菊池徹夫

東京大学による常呂町での学術調査は一九五五年、たまたま樺太アイヌ語の調査で訪れていた言語学の服部四郎教授と地元の大西信武さんとの劇的な出会いに始まった。

服部教授からの要請で駒井和愛教授率いる考古学研究室が、一九五七年に発掘調査を開始。数年のうちに着実に成果を挙げていった。次々に発見される貴重な出土資料を保存公開するため、常呂町は一九六五年、サロマ湖を望む栄浦の丘に「常呂町郷土資料館」を建設した。赤い屋根、白樺葺きの瀟洒な建物で、この年に定年退官された駒井教授の功績を称える様だった。当然、東京大学による施設を期待する声も高まり、一九六七年、文学部は助手一名を急遽任命して派遣、常駐させて「常呂研究室」を開設した。この最初の助手が私であった。

私は、東京オリンピックのあった一九六四年夏、大井晴男さんとイスラエルのテル・ゼロール遺跡第1次発掘調査に参加し、帰国後は院生として常呂での継続的な遺跡調査に参加しつつ北方考古学やアイヌ史などを中心に勉強を始めていた。そこへ文学部から、前述の常呂郷土資料館の竣工に関わるさまざまな業務のため常呂町へ緊急出張が命ぜられ、一九六六年以降は三上次男教授、そして斎藤忠、関野雄両教授から、助手として赴任せよとの度々の要請があった。任期三年でその後は博士後期課程に復帰させるとのお話だった上、まだ若く自由の身だったから、北の果て「網走番外地」などと言われても覚悟はできていた。

ともかく現地でのジープ運転のため急遽免許をとり、一九六七年六月、研究室開設を控えて慌ただしい現地に入り、藤吉玉一さん方に下宿を定めた。収蔵品の展示作業、各関係個所への挨拶回り、東大との連絡調整などに忙殺された。七月一日、常呂町が道の補助で建てた「常呂資料陳列館」の開館式には、東大から大河内一男総長はじめ山本達郎文学部長、学生部長、施設部長、考古学の斎藤、関野両教授が、上杉武雄町長ら地元関係者多数とともに列席した。翌一九六八年一一月二五日には東大が建てた「付属学生宿舎」もオープン。こうして東大常呂研究施設の拠点が成立した。

私の主務は発掘調査と整理作業だったから教員・院生たちの受け入れ、宿泊など生活全般の支援にあたった。関係

[図1] 1967年7月、常呂資料陳列館開館式を終えてサロマ湖畔でくつろぐ斎藤忠先生（左から3人目）、大河内一男総長（4人目）、関野雄先生（6人目）

諸機関や土地所有者との折衝、ジープを駆っての周辺遺跡の一般調査、展示施設の管理と見学者への応対も大事だった。

もちろん地元の人びととの山海の幸を囲む友好の酒席も忘れられない。ただ、ちょうどこのころは、まさに大学紛争の時代。東京の友人たちから、君は遠くでよかったな、などと言われたが、デモも機動隊も遥かテレビで見るだけだった私は、今もって時代に乗り遅れた感がある。

ともかく、こうして私は、一九七二年まで常呂で独身時代後期を過ごし、一身上の都合もあって同年三月に離任、帰京した。羽田への飛行機で、たまたま高松塚古墳壁画発見の記事に接したのを記憶している。なおこの年、大西信武さんはじめ常呂の方がた、服部、駒井両教授はじめ関係者の功績を称える意図で、藤本強さんと共に『常呂遺跡の発見』（講談社）を刊行、せめてもの報恩の印とした。

大西さん以後、施設管理の任に長く当たられた近江谷岩五郎夫妻はじめ、お名前は記さないが、当時、常呂で若輩の私を扶けてくださったすべての方がたに、この場をお借りし心からお礼を申し上げる。

COLUMN

常呂実習施設初期の発掘実習と職員宿舎

飯島武次

私が常呂実習施設に赴任したのは、一九七二年三月末であった。正式な勤務は四月一日からであったが、早めに赴任した。三月三一日で退職する予定の菊池徹夫さんが出迎えてくれた。そして一九七六年三月末日まで常呂実習施設で東京大学の助手として勤務した。一九七二年四月の採用辞令には、「東京大学助手文学部」とあり、常呂への長期出張であった。実際の勤務・勤務地に変わりは無いが、翌年の七三年四月一二日に「文学部附属北海文化研究常呂実習施設に配置換えする」との移動通知を受け取っている。

さて、一九七二年三月に家内を連れて常呂に赴任した私は、職員宿舎がないので、実習施設の六角形学生宿舎で生活を始めた。しかし、八月からは学生諸君が学生宿舎に宿泊しての発掘実習が予定されており、夏休み前に学生宿舎を出る必要があった。旧常呂町役場の井上和男総務部長（後に旧常呂町長）にたのみ、住宅を捜してもらった。旧常呂町字開進町の月額家賃三〇〇〇円ほどの古い町営住宅を紹介され、夏休み前にそこへ引っ越した。その住宅の電気は三灯の電灯だけでコンセットのまったく無い、煤と結露のカビで内壁が黒くなった建物であった。

赴任して最初の発掘実習は、一九七二年度八月末から九月末まで、岐阜第三遺跡での第二次発掘であった。岐阜第三遺跡は岐阜台地の西北端にある小規模集落で、集落の変遷を確認する為に発掘調査をおこない、続縄文文化・擦文文化などの竪穴住居址遺構を発掘した。一九七三年度の発掘実習も同遺跡で第三次発掘をおこなったが、実はこの発掘が東京大学文学部附属北海文化研究常呂実習施設が設置され最初の発掘調査であった。当時の私の野帳をみると、まだ学部学生であった鷹野光行氏（お茶の水女子大学名誉教授）や新田栄治氏（鹿児島大学名誉教授）の名前が器材係・記録係としてメモされている。このころから職員宿舎建設の話が出てきた。職員宿舎の設計・施工管理を富良野の東京大学北海道演習林の営繕関係に頼むことになり、藤本強

［図1］旧職員宿舎　1976年正月、流氷からの風除けに雪氷のブロックを積みあげた。右手前のマンホールは浸透式排水枡

［図2］ライトコロ川口遺跡4号住居址の発掘。1975年9月

助教授（当時）とともに挨拶に出かけた。さらに職員宿舎建設の話が具体化し、道路予定地で路線計画のなくなった約五〇〇坪の敷地に関して北海道開発局からの移管の話がまとまり、その土地の一隅で職員宿舎の建設工事が開始された。

　一九七四年度の発掘実習は、ライトコロ川左岸にある擦文文化住居址群のライトコロ川口遺跡でおこなった。この遺跡は、標高二メートル前後の低地に営まれた擦文文化集落で、集落址の変遷を解明する目的で発掘がおこなわれた。一九七五年度の発掘実習も同遺跡の第二次調査であった。

　一九七五年一〇月に常呂市街地の字栄町番外地（当時の地番）に新しい職員宿舎二棟が完成したが、私は翌年の一九七六年三月末日で東京大学助手を退職することが決まっていたため新職員宿舎への入居を断った。しかし文学部事務方からは入居して貰わないと困るとの返事があり、その結果開進町の町営住宅から新築された栄町の職員宿舎まで、三〇〇メートルほどの距離を発掘に使う一輪車に家財道具を積んで往復して引っ越しし、冬の間四カ月ほど住んだ。その職員宿舎も五〇年近く経ち取り壊されて、昨年新しい職員宿舎が建ったと聞いている。

COLUMN

常呂実習施設とともに

宇田川洋

私が赴任していたころの実習施設は、それまでに把握された遺跡分布や文化編年などの基礎データをもとに、テーマごとの研究をさらに進化させるべく方向性を定めた時期でもあった。七六年は七四年から継続中のライトコロ川口遺跡の発掘調査で、七七年まで継続した。集落跡が窪みとなって残る標高二メートルの低地遺跡で、その年代を探る目的で開始され、一四軒が擦文文化のものと判明。さらに一五世紀ごろの伸展葬の土坑墓が検出され、副葬品から北方系シャーマンのような特別な人物の埋葬と推測された。また11号竪穴上層部では、カサゴ類・カジカ・カレイ類などの魚骨層をともなう内耳土器や銛先などの「送り場」が検出され、一五世紀ごろのアイヌ期に比定されている。

七八～八二年は、続縄文文化前半の土器変遷の様相解明を目的として、低い砂丘上の栄浦第一遺跡を調査した。その結果、約八〇〇平方メートルの狭い面積に三三の竪穴住居跡と一八八の土坑が検出され、続縄文前半の宇津内式土器群の変遷を一部明らかにすることができた。その時期の土坑墓の一つには埋葬人骨が残っており、アイヌ骨格と基本的に共通する特徴が多いことが指摘された。

八三～九〇年は、再び擦文文化の集落調査に戻り、やはり標高二メートル弱の低地に立地するライトコロ右岸遺跡の発掘を実施。一六軒の住居跡が検出されたが、少なくとも二軒単位で五度の変遷があり、短期滞在の季節型集落と判断された。

九一～九七年はアイヌ期のトコロチャシ跡遺跡の調査を実施した。チャシ跡遺跡の全面調査を目的としたのである。その結果、重なった新旧二本の壕の内外に柵列があり、入り口部分らしき痕跡も確認できた。またチャシ主体部の中にアイヌ墓が一基発見されたが、これはチャシ利用の新事実である。さらにチャシ構築の際に発見したと思われる続縄文土器群を改めて土坑に埋め直すという「土器送り」をおこなった痕跡も新発見である。チャシ構築年代は約三〇

［図1］トコロチャシ跡遺跡（1994年度発掘調査）：アイヌ文化期の砦跡であるチャシ跡遺跡において、砦の空堀に相当する「壕」を発掘している

［図2］栄浦第一遺跡（1978年度発掘調査）：発掘で検出された住居跡や土坑などの遺構を、平板を用いて測量している

〇年前と想定されている。

　九八年からはトコロチャシ跡遺跡オホーツク地点の調査を開始。チャシの南西部に続く本格的なオホーツク文化の集落跡地点で、7～10号竪穴を完掘。いずれも二、三回の立替えをおこなった当文化特有の構造を示しており、出土した数々の木製品は貴重な資料といえる。また、7a号と9a号竪穴の骨塚では完形の続縄文土器、10c号竪穴骨塚ではほぼ完形の縄文中期の北筒式土器が意図的に置かれており、オホーツク人による「土器送り」の痕跡を確認した。アイヌの送り儀礼と同様の意識を垣間見たのである。これも貴重な体験であった。この集落と当時の墓域の追求もおこなったが、集落の南西に二〇メートルほど離れて二基の土坑墓を発見できたのみで、本格的な墓域は別に存在する可能性があることをも思わせたのである。調査最終年度は〇九年。

　当遺跡調査では、幸いにも新たに設けられた科研費の地域連携推進研究費（九九～〇一年度）を受けることができ、常呂町との連携研究を実践できた。その調査成果をもとに、〇二年に東京大学総合研究博物館で「東京大学コレクションⅩⅢ　北の異界—古代オホーツクと氷民文化」展を町民参加型で開催できたが、そのことは個人的にも、また施設としても、常呂町ならびに近隣市町村と深く関わってきた喜びとして受け止めている。

COLUMN

黒曜石を使う

大貫静夫

私は八六年から九四年まで常呂研究室の助手をしていた。そこで、常呂に勤めていなかったらできなかったであろう個人的な体験を書き残しておきたいと思う。ただ、当時はそんな厳密な実験考古学として考えていなかったので、何の記録も残していない。私の頭のなかに残っているだけの、怪しげな記憶で書くものだからあまり信憑性がないことは断っておく。

常呂は黒曜石の原産地で有名な白滝に近い。当時は露頭にも自由に入れたし、麓の川には黒曜石の大きな転礫が転がっていて、たまに拾ってくることがあった。また、エゾシカも、そしてたまにヒグマも研究室の近くをうろつくようなところだった。落角《おとしつの》を拾ったものや駆除によるものなどをいただいた鹿角も研究室にあった。

そこで私は恰度いい機会だと思い、拾ってあった黒曜石を使い、鹿の角を切断してみようと考えた。鹿角の切断加工は、夏の野外考古学の実習期間中、参加した学生にも夜の空いている時間にやってもらった。

また、そのころ、研究室の近くに史跡公園を作る計画が出てきて、復元家屋を作ることになった。その家の一部をテント式にして鹿皮で覆う話も出てきた。そのようななかで、その準備のために、駆除した鹿の皮を研究室でもらい、保管しておくことになった。ただ、もらった皮は皮を剝いだだけで脂肪がついたままだったので、放っておくと悪臭がするし皮が劣化してしまう。

皮の入手が秋で夏の実習期間とは合わなかったので、脂削ぎは私一人で時間をみながらコツコツ屋外でやっていたが、常呂の秋は日が暮れるのは早いし、寒かった。剝いでから時間が経っていたこともあろうが、黒曜石でそぎ落とすことはできるが、きれいに仕上げるのはできなかった。結局、毛皮は劣化し、使い物にはならず、復元家屋には夏用の白樺の樹皮が使われた。

どうしたら、角をうまく切断でき、脂をそぎ落とせるかはさらに考えるべきであったが、ここで書き留めておくのは、このような作業をすると黒曜石はどういう変化を示すかということだけである。

実際に、角を切ったり、脂をそぎ落としたりしたことがある人なら知っていることだろうが、刃に何の加工もない剝片がもっとも切れが良く、そぎ落とすのに適している。使っていると刃部はしだいに人為的に縁辺加工を施したように刃こぼれしてゆく。

私達が石器と称している削器、端削器《たんさっき》というような形になるまで刃こぼれが進むと、もう切れないしそげなくなった。だから、それを使うのをやめて、刃に何の加工もない新しい剝片に代える。つまり、削器、端削器とされているものと同じものが、使用の前の二次加工の結果ではなく、使用の結果生まれることになる。つまり本来の意味でのUsedフレークである。石鏃や石槍のように機能部を二次加工して形を整えてから使用するものとは異なる。

だから、その使用痕から機能を考えるのは問題ないが、その形状は使用前の加工の結果ではない。これがわたしの私的実験考古学で知りえたことであった。

当時は今と違って通信、流通が発達しておらず、その意味でも東京から遠かった。だから、このような自由なことができたのであり、よい時代だった。

[図1] 石器の使用実験：エゾシカの角を黒曜石製の石器で切断する実験。作業をしているのは宇田川洋助教授（当時）。実習施設の旧研究室にて1986年撮影

COLUMN

二〇〇〇年代以降の新たな取り組み

佐藤宏之

常呂実習施設に助教授として勤務したのは、一九九七年から一九九九年の二年間にすぎない。その後、すぐに東大に新設された大学院新領域創成科学研究科へ、文学部から派遣されることになった。新領域の環境学専攻に四年間在籍した後、二〇〇四年に文学部の考古学研究室に戻った。その後は実習施設の運営委員長、文学部公開講座の担当教員、英国・セインズベリー日本藝術研究所との学生交換協定WGの座長などを、二〇二二年の定年まで務めた。

ここでは二〇〇〇年代以降に、新たに実習施設で実施してきた教育や地域連携活動について主要なものを紹介する。

夏期特別プログラム

文学部は、二〇一四年一月にセインズベリー日本藝術研究所との間で、部局間学術交流協定を締結し、学部学生の国際交流を進めてきた。夏季休暇（九月）を利用して、英国をはじめヨーロッパ各地から来日する学生五名と、文学部にかぎらず全学から公募された東大の学部生五名が一週間ほど実習施設で共同生活を送りながら、北海道の考古学や歴史遺産、文化などを学ぶ特別プログラムが、その一つである。定員は一〇名とかぎられるが、その分濃密で刺激的な体験（もちろんすべて英語）を共有できるので、受講生にはすこぶる評判がよかった。朝夕食は海外生と東大生の即席ペアが当番で作る自炊が基本だが、地元有志による特産の海産物を使ったＢＢＱパーティーが開かれることもあった。ちなみに冬季二月はイギリスで開講されてきた。

文学部公開講座

最近は文学部でも本郷キャンパス以外で開かれる講座が増えているが、それまでは常呂公開講座が、学外で定期的に開講される唯一のものであった。常呂実習施設は一九五〇年代以来、地元の旧常呂町や北見市との間で長きに渡り、地域連携を継続してきた。北見市との間で地域連携協力協定も締結している。このような経緯を重んじて、文学部は二〇〇〇年から常呂町を中心とした北見市域内を会場に、毎年公開講座を実施してきた。秋の週末金曜日、午後の早い時間に在校生を対象にした、常呂高校特別講座を開講する。その日の夜に開講される公開講座（二講義）は一般市民の方が対象であるが、いずれも毎年異なるテーマで文学部教員から研究の最先端の話を聞くことになる。秋の一夜、人文社会科学の世界に浸るのも悪くはないであろう。

[図1] 夏期特別プログラム：土器の接合体験の様子

[図2] 文学部ところ公開講座

博物館学実習

常呂実習施設は学生宿舎を完備しており、考古学にかぎらず、各分野の実習授業には格好の施設となっている。博物館や美術館などの学芸員資格を取得するための要件が厳格化されたことにともない、二〇〇四年度から必修の博物館学実習を常呂実習施設において集中講義で取得できるようになった。毎年八月、道東の爽やかな自然のなかで過ごすのもよい経験になるであろう。受講生たちは全員で協力してひとつの企画展示を仕上げることで実習を修了するが、この企画展示は、その後施設の資料陳列館に来館した観客に供される。

東大着任後、時代の変化に応じながら、本郷と常呂をつなぐ役割を担ってきた。私が主体的に関わった取り組みは、退職後も継承されていると聞く。人文学を取りまく環境が大きく変わるなか、さらなる発展につながることを期待している。

COLUMN

常呂実習で学んだこと

榊田朋広

私がはじめて常呂実習に参加したのは、早稲田大学第一文学部在学中の二〇〇三年のことだった。オホーツク文化に関心をもっていた私は、当時実習で発掘していたトコロチャシ跡遺跡オホーツク地点の調査に加えていただいたのである。以来、東京大学大学院に在籍し札幌市に居を移すまでの都合六年間、毎年実習に参加した。実習期間以外にも、常呂から出土した遺物に触れながら研究をしていたくて、たびたび常呂を訪れた。累計で一年の三分の一以上を常呂で過ごした年もあったと記憶している。

実習では発掘調査や整理作業などの基本を学び、また大学院に進学してからはティーチング・アシスタントとして実習生の発掘調査や遺物実測の指導に携わった。とくにティーチング・アシスタントの仕事は、発掘調査担当である先生の意向を先読みし発掘調査や整理作業が円滑に進むよう実習生に指示を出したり、実習期間中に毎日朝・昼・夕の賄いを作りに来てくださった町の方々とコミュニケーションを取りながらタイムスケジュールを管理したり、ととても印象に残っている。不器用で段取りをうまくとれず、周りの人びとに迷惑をかけることもしばしばだったが、先生方や賄いの方々にはいつも温かい目で見守っていただいた。仕事を進める上で必要なコミュニケーションや時間管理のスキルは、現在の仕事でも役立っている。

このように常呂実習を通して多くの得がたい経験をさせていただいたが、それでは常呂実習で学んだ最大のことは何かと問われれば、常呂に暮らす人びととのふれあいを通じ、地元への愛情や暮らしの慎ましさを間近に感じられたことだと答えるだろう。当時東京で将来もわからず慣れない一人暮らしをしていたから余計に強く感じたのかもしれないが、地元に根差し身近な人や物を大切にする人びとの暮らしが、私にはとても尊く輝いてみえた。そしてこの経験が私の考古学研究の骨格を形成したことに気づいたのは、ずっと後のことだった。

私の考古学研究は、トビニタイ式土器という、オホーツク土器が擦文土器の影響を受けて変容した、道東のごく一部地域に分布する土器から始まった。それを深く知るには影響の与え手である擦文土器を研究する必要があったが、実はこの擦文土器も道央の続縄文土器が本州の土器の影響を受けて変容した土器だった。そのためさらに影響の与え手を勉強する必要が生じ、私の眼差しは常に影響の受け手側に立って、東から西へ、北から南へと向けられていった。その過程でいつも痛感したのは、本州（影響の与え手）側で培われた方法で土器を見ても、そのごく一面しかわからないということだった。東京で学んだ土器研究の方法が、単純には通用しないのである。この違和感を解消するため、私は受け手側をめぐるさまざまな状況をとことん考え、影響の与え手側の常識に囚われない、その地その地の土器に適した方法を模索しながら研究を進めてきた。現在の研究対象は土器以外にも広がっているが、受け手側に立って考える基本姿勢は少しも変わることがない。

［図1］2006年実習時の集合写真：左から高橋健氏、手前が熊木俊朗准教授（当時）、筆者

私のこの姿勢の源泉は、同じ日本でも東京と「違う」常呂で過ごし、違いの部分、すなわち地域独自のものを大切にする常呂の人びとと濃密にふれあいながら、常呂の遺物を見て考えて研究をした日々にあると思っている。その地その地に適した研究を模索する楽しさと、常呂に暮らす人びとの息吹に触れたときの感動が、私のなかで分かちがたく結びついているのである。

COLUMN

モヨロ貝塚調査と東京大学

米村 衛

網走市モヨロ貝塚は、オホーツク文化研究の端緒となった遺跡として学史的に大きな位置づけをえている。一九一三年（大正二）、北辺の終着駅、網走に降り立った理髪業をなりわいとする青年、米村《よねむら》喜男衛《きおえ》がこの貝塚に出会い、発掘調査を進め、未知の古代文化であったオホーツク文化解明の道程に連なる歩みは、東京大学との係わりとともにある。

弘前での幼少のころより考古学に興味を抱き、長じて丁稚時代にも専門書を取り寄せ学んでいた喜男衛が本格的な考古学の扉を開くのは、東京に職をえた一九一〇年（明治四三）であった。当時、北アジア諸民族の注目すべき調査を次々と進めていた鳥居龍蔵博士を訪ねるため、東京大学の門の前に立った日にさかのぼる。鳥居は独学で学問を修めようと志す喜男衛の意を汲み、研究室に招き入れ、遺跡の踏査会に同行させるなど学ぶ機会を与えた。そのなかで自らのアイヌ先住民説にもとづき、喜男衛を北海道へと導いたのである。まさにモヨロ貝塚への旅は東京大学の研究室から始まったのであった。

モヨロ貝塚の調査を精力的に始めた喜男衛は、土器や骨角器などの出土遺物に大陸的な要素を見出すとともに、独特な墓の様相を報じるなど、調査成果を蓄積し、資料的価値を高めていく。そうしたなか迎えた終戦は、戦前から培われてきた大陸での成果をもとに、国内の古代文化をより広範な視点で捉えようとする姿勢を学会に生み出した。その舞台として選ばれたのが「西の登呂に東のモヨロ」である。一九四七年に結成されたモヨロ貝塚発掘調査団は、大陸をフィールドとしてきた東亜考古学会を主導する東大教授の原田淑人を団長として、駒井和愛教授ら東京大学考古学研究室と人骨研究などを担う北海道大学らが参加する学際的な体制であった。一九四八年、一九五一年と三回に渡る調査は全国的な注目を集める。とくに大型の竪穴の発掘によって居住形態が具体的に明らかとなり、特異な墓制や

[図1] モヨロ貝塚発掘調査団(1947年):
前列右から3人目に原田淑人、右隣に米村喜男衛

墓域の存在が示されるなど、それ以降のオホーツク文化研究の指針となる多くの成果をもたらした(駒井編一九六四)。

その後、約五〇年を経た二〇〇〇年、新たなガイダンス施設の建設に向けた再整備が始まる。史跡整備委員会の助言のもと、網走市教育委員会が主導し、二〇一一年まで継続して調査がおこなわれた。骨塚をともなう住居跡の詳細や一三〇基近くの墓の時期と広がりが明らかとなり、遺跡の全体像が初めて捉えられた(米村編二〇〇九)。指導にあたったのは、網走市教育委員会からの依頼を受けた宇田川洋教授・熊木俊朗助手らの東京大学考古学研究室・常呂実習施設であった。半世紀の時を経てモヨロ貝塚は、この成果をもとに、今日的な史跡へと生まれ変わったのである。

このようにモヨロ貝塚は、喜男衛の来訪より現在に至るまで、東京大学との深い係わりのなかで調査・研究・保存整備が進展し、その姿が解き明かされてきたのであった。

4

常呂の遺跡とともに

大学と地域連携

東大文学部と常呂実習施設の取り組み

熊木俊朗

遺跡とホタテとカーリングのまち

常呂実習施設が設置されている北見市は、北海道の東部、オホーツク海に注ぐ常呂川沿いに位置する自治体である［図1］。人口は約一一万人、オホーツク海側では最大となる産業・経済の中核都市に位置づけられている。現在の北見市は、二〇〇六年に実施された一市三町（北見市・端野町《たんのちょう》・常呂町・留辺蘂町《るべしべちょう》）の広域合併によって誕生したものであり、この市町村合併より前は、常呂実習施設は旧・常呂町（現在は北見市常呂町）に設置された施設として、地元との関係を築いてきた。

現在の北見市常呂町は人口約三四〇〇人、農林水産業を産業の基盤とする町である。ホタテ・牡蠣の養殖や秋鮭漁、小麦・じゃがいも・玉ねぎ・にんにくの畑作など、海と山の両方の幸に恵まれ、町の食糧自給率は二八六三パーセント＊にもおよんでいる。また、最近は「カーリングの聖地」としてもその名が知られるようになったが、常呂町のカーリングにも一九七九年以来の歴史があり、北京オリンピックで銀メダルを獲得した女子カーリングチーム「ロコ・ソラーレ」など、有力な選手とチームを長年に渡り輩出してきた（常呂町郷土研究同好会編二〇一二）。

ホタテやカーリングに比べると、「遺跡」が常呂町の特徴であることはあまり知られていないかもしれない。しかし、東京大学が発掘調査を一九五七年に開始して以来（一四八頁参照）、

＊常呂町の食糧自給率（二〇一七年度のカロリーベース）は、JAところのウェブサイトを参照した。https://www.ja-tokoro.or.jp/about-tokoro/（二〇二三年八月二六日閲覧）

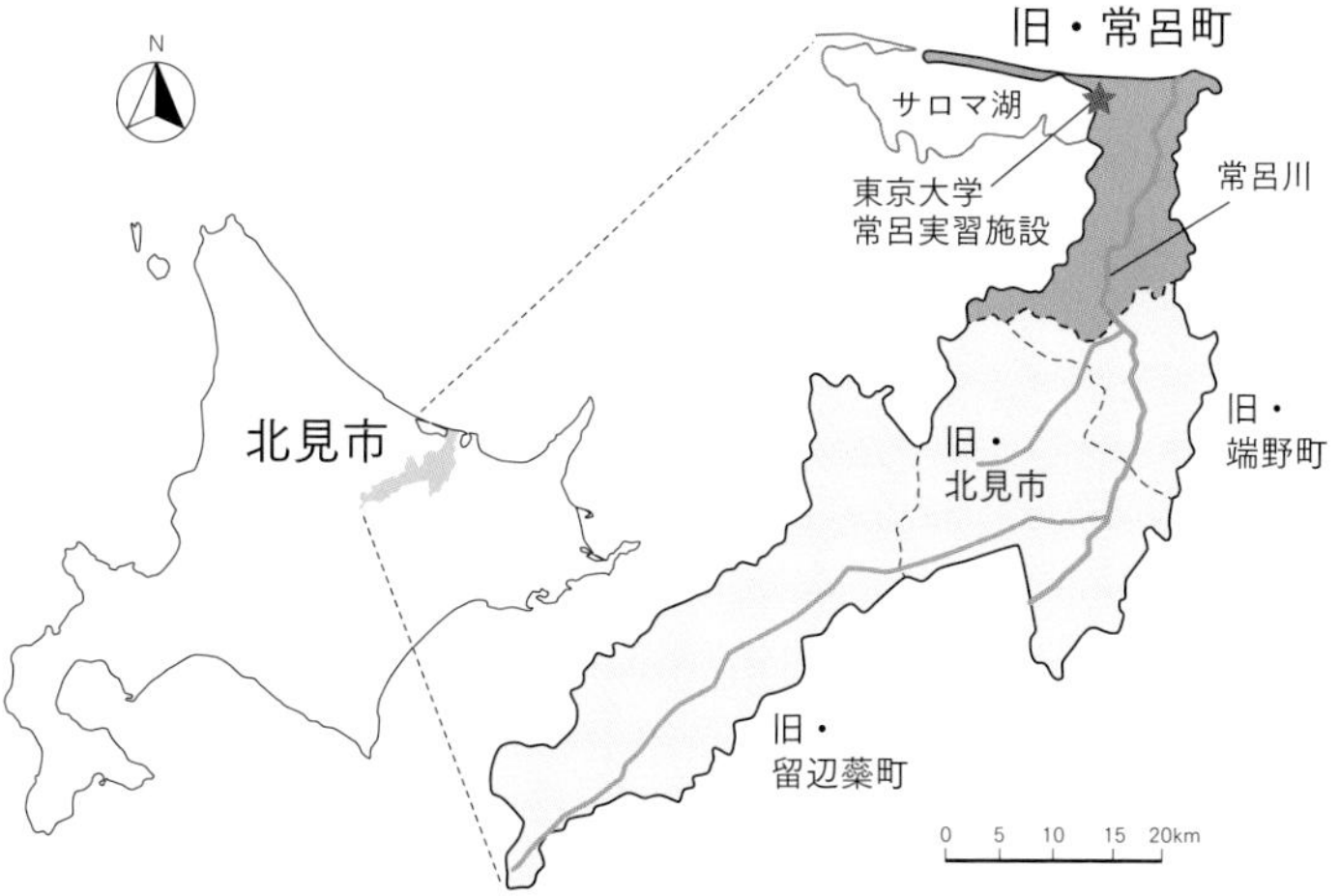

［図1］北見市の位置：オホーツク海沿岸から最奥の石北峠までの距離は約110kmにおよび、国内の地方公共団体では4番目に広い面積（1427.41㎢）を誇る

大学は地域と連携して、遺跡調査などを通じて得られた学術文化資源を地域社会に還元し、活用する活動を継続してきた。ここでは、常呂実習施設がおこなっている教育と地域連携の活動を紹介しよう。

常呂実習施設の学術資源と教育

常呂実習施設がこれまで蓄積してきた学術資源を具体的にみていこう。現在、常呂実習施設に収蔵されている考古資料は、収蔵用の木箱で約六三〇箱分、合計で約一六万点におよぶ。これらのほとんどは常呂町での発掘調査で出土した考古資料であるが、モヨロ貝塚など一九五七年以前の調査にかかわる資料や、斜里町《しゃりちょう》・羅臼町《らうすちょう》などの出土資料［図2］、個人からの寄贈資料なども含まれている。このうち施設に併設された常呂資料陳列館の常設展示で一般公開されている考古資料は、土器・石器・金属器・骨角器など八四〇点である。

［図2］羅臼町出土のオホーツク土器：東京大学文学部による1960年の発掘調査で出土したもの。羅臼町トビニタイ遺跡出土

考古学研究室と常呂実習施設が常呂町でおこなってきた発掘調査の詳細は、すべて調査報告書のかたちで公開されており、現在までに一六冊が刊行されている。さらに、ロシア極東など、常呂町外の遺跡などで考古学研究室や常呂実習施設がかかわって実施された調査の成果を公開する報告書として『東京大学常呂実習施設研究報告』のシリーズが刊行されている。現在までに二一冊を発刊しており、近年では旧・常呂町を含む北見市内で実施された発掘調査の報告も同シリーズで発行している。

また、最近では所蔵資料のデジタル化も推進しており、学史的に重要な遺跡の発掘調査、具体的には網走市モヨロ貝塚、深川市音江をはじめとする北海道内の環状列石、トコロチャシ跡遺跡について、発掘の際に撮影されたガラス乾板やフィルム写真を高解像でスキャンし、アーカイブとして施設のウェブサイトで公開している［図3］。また、土器などの所蔵考古資料の画像も、ギャラリーサイトに掲載している。さらに、二〇二三年に開設した施設の公式YouTubeチャンネルでは、常呂川下流域の古代文化の概要や、東京大学と北見市教育委員会がこの地域でおこなってきた発掘調査の成果を紹介する動画を掲載している。*

なお、常呂実習施設の教育プログラムで活用されているのは東京大学の所蔵資料だけではない。常呂実習施設を含む地区では、北見市教育委員会が一九九三年から史跡常呂遺跡の一部を整備して「ところ遺跡の森」として公開しており、現在、常呂実習施設は「ところ遺跡の森」

＊常呂実習施設所蔵資料のデジタルアーカイブサイト、および公式YouTubeチャンネルのURLは、本書巻末「もっと詳しく学びたい人へ」に掲載した。

［図3］デジタルアーカイブのウェブサイト：モヨロ貝塚発掘調査のガラス乾板写真の例。写真は1948年撮影の10号竪穴

の組織と一体となって活動している。ところ遺跡の森の詳細は本章「ところ遺跡の森案内」（一九六頁参照）のとおりであるが、常呂実習施設では、北見市教育委員会がここで所蔵し公開している資料も、日常的に教育のなかで活用している。

常呂実習施設では、このような学術資源を用いながら、北見市での実地体験を核とする教育プログラムを実施してきた。現在、学内向けに開講されているのは、①考古学専修の学生を対象とした、遺跡発掘を中心とする野外考古学・博物館学実習（八月中旬～九月中旬）［図4］、②全学の学生（大学院生を含む）を対象とした博物館学実習（七月末～八月上旬）［図5］、③学部前期課程の学生を対象とした全学体験ゼミナール（五月上旬）、④文学部が募集する、学内の学部生と海外からの学生が互いに交流しながら歴史文化遺産を学ぶ夏期特別プログラム（九月下旬、一六八頁参照）、⑤全学の学生（大学院生を含む）を対象とした体験プログラム（二月中旬）の五つのプログラムである。学事暦の定める夏季休業のほぼ全期間と春季休業の一部期間、ゴールデンウィークといったように、年間を通じて実習が開講されており、毎年、五つのプログラムの合計で約五〇名の学生が施設を訪れて、学生宿舎で合宿しながら各種の実習に臨んでいる。

北見市との地域連携

こうした学内向けの教育に加えて、常呂実習施設では、設立時から一貫して地元との連携を

［図4］野外考古学実習：文学部考古学専修の必修として開講されている。北見市大島2遺跡の擦文文化竪穴住居跡の調査

［図5］博物館学実習：学芸員資格取得のための科目として、全学部の学部生・大学院生に対して開講されている。展示パネル制作の様子

重視した活動をおこなってきた。施設の設立時に常呂町から受けた支援は第三章「東京大学と常呂の出会いとあゆみ」（一四六頁参照）のとおりであるが、その支援に応えるかたちで、工事にともなう事前調査への協力（一九七〇年代〜一九八〇年代、一五六頁参照）、常呂遺跡の史跡指定（一九七四年）や同遺跡への追加指定（一九九〇年・二〇〇二年）、「ところ遺跡の森」の整備（一九九〇年〜）など、とくに埋蔵文化財の保存と活用に関して、専門的な知識や技術の提供、学術的な観点からの提言などをおこなってきた。教育委員会とは常に連携を密にしてきたが、二〇一二年に北見市との間で「ところ埋蔵文化財センター」の共同利用を開始してからはさらに一体化を強めており、現在ではトコロチャシ跡遺跡群（史跡常呂遺跡）の整備計画の策定や、世界文化遺産登録推進活動の一環としての共同調査（大島遺跡群の発掘）などにおいて、協力して事業を推進している。

［図6］地域交流協定の締結式：2010年度に北見市にて再締結された際のもの。左側が小谷毎彦北見市長、右側が小松久男東京大学大学院人文社会系研究科長（いずれも当時）

長期に渡るこのような協力関係にもとづいて、二〇〇五年には常呂実習施設と旧・常呂町の間で「地域交流に関する協定」が締結されている［図6］。この協定は、文化財や自然環境などの研究・教育に関して相互に協力と支援をおこなうことを宣言したもので、常呂町が合併して北見市になった後も継続して更新されている。

［図7］文学部ところ公開講座：常呂高校を会場として開講される講座は、全校生徒のほか、一般市民の方も無料で聴講できる

人文社会系研究科と地域連携

常呂実習施設の地域連携は、主として、施設が蓄積してきた考古学分野を中心とする研究成果と学術資源を地元で活用するかたちでおこなわれてきた。その実績と、長期に渡る地元との信頼関係を踏まえて、近年の北見市との地域連携事業は、常呂実習施設の単独ではなく、人文社会系研究科全体の取り組みとして推進されている。具体的な取り組みの一つとしては、北見市内の公民館などと北海道常呂高校を会場として二〇〇〇年から定期的に開催されている、「文学部ところ公開講座」（二六八頁参照）［図7］があげられる。現在までに二六回開催されたこの講座では、文学部を中心とした本学のさまざまな専門分野の教員が研究成果を親しみやすく伝えている。さらに、二〇一九年度からは人文社会系研究科・文学部の「人文学における国際的地域・社会連携の推進」プログラムが、常呂実習施設を核として開始された。このプログラムでは、前述した所蔵資料のデジタルアーカイブ化と公開、研究成果を紹介する動画の公開や、「オホーツク文化　あなたの知らない古代」の巡回特別展［図8］などが、人文社会系研究科・文学部の事業としておこなわれた。

このような北見市との地域連携の実績を踏まえて、人文社会系研究科では二〇二一年から新たに和歌山県新宮《しんぐう》市とも連携協定を結び、さまざまな試みを始めている。たとえば、熊野地方についての研究（熊野学）の発展とそれによる地域振興、国際発信・交流の促進、学生の体験活動、熊野地方の社会教育による地域活性化、熊野における文化財の研究・保護・公開などについての協働などである。二〇二二年には常呂実習施設もこのプロジェクトと連携し、新宮市で開催された東大人文・熊野フォーラム『常呂と熊野—地域を繋ぐ試みとして』に出席して、人文学と地域が連携することの意義や可能性について提言をおこなっている。

［図８］「オホーツク文化　あなたの知らない古代」展ポスター：常呂実習施設所蔵の資料を中心に、道内各地の関連資料が一堂に会する貴重な機会となった

文化財の保存活用と地域連携

森先一貴

文化財保護の現在

文化財は、人類が歩んできた歴史や文化を有形無形に表したもので、公共の財産として後世に伝えるべく保存される。文化財保護法が定める文化財には、「有形文化財」「無形文化財」「民俗文化財」「記念物」「文化的景観」「伝統的建造物群」という六つの主要類型があり、このほかに「土地に埋蔵された文化財」として存在様態から規定される「埋蔵文化財」がある。これは考古学でいう遺跡（遺構・遺物）とほぼ同じ意味である。土地に埋蔵されていることから一見してその価値が明らかにしにくい反面、日本列島に居住した人びとの歴史をくまなく対象としうる強みをもつ。

保存措置に重心をおいてきた文化財保護制度は、近年の社会・経済的危機への対応策として、観光・地域経済振興に資する文化財活用を重視する方向に転換しようとしている。保護担当行政のみならず、地域住民を含めた多くの人びとが文化財保護の取り組みに参画することによって、弱まりつつある社会的紐帯の強化や、文化財の観光活用からうまれる経済的価値に、地域の維持発展を底支えする機能を期待するわけである。

遺跡がもたらす「再発見」

経済重視の立場からはともすれば負担として捉えられがちな文化財保護を、社会・経済的効果に結びつけようとする発想は興味深いが、もちろんハードルもある。たとえば、私たちの身の回りに数多く存在する文化財は、まずその認知度が低い。知られていたとしても、その価値にまで関心がおよぶことは多いとはいえない。したがって、地域住民と一体になった文化財保護は、まず地域ごとに育まれてきた長い歴史文化が、個別文化財に結晶化しているという事実を地域住民と共有し、新しい気づきをもってもらうことから始めることになる。

しかし、多くの場合ここで大きな問題に直面する。それは、個別文化財の価値自体が理解されても、それが地域の風土や文化とどういった関係にあるのかが不明瞭な場合が多いことだ。このとき、個々の文化財をつなぐ役割を果たしうるのが、遺跡から明らかになる歴史であると考えられる。

遺跡は、列島のいたるところに刻まれた人びとの活動の痕跡であることを述べた。その調査研究は、固有名詞をもった著名な歴史的存在や出来事について語りうることこそ多くはないが、各地における人と自然のかかわりを長期間に渡って明らかにすることができる。このいわば「底流」としての歴史は、地上に点在する個別文化財を包みこみ、それらの成立背景となった地域文化やその風土性について総体的な理解を深める役割をも果たす。遺跡がもつこの特性は、文化財の総合的な保存と活用を通じて個性的な地域文化を「再発見」し、地域の魅力を増進させ、それを活かした「地域づくり・ひとづくり」を目指すという現在の政策的方向のなかでも重要な意味をもつ。

　文化財の総合的な保存と活用では、行政組織や地域住民だけでなく大学などの教育研究機関も重要な役割を果たしうる。文部科学省の指摘にあるように、大学などはこれから地域社会と連携を強化し、地方創生に積極的な貢献をすることが求められる。関係者間で将来目標を共有し、地域課題の解決を図る取り組みへの貢献である。東京大学では教育研究活動などをキャンパス外に拡張し、地域との連携を図りながらキャンパスエリア全体が協創空間となることで、大学の新たな価値創造を目指すことを基本方針のひとつとする。重要文化財・旧加賀屋敷御守《きゅうかがやしきごしゅ》殿門《でんもん》（赤門）［図1］をはじめ、東京大学キャンパスは目にみえる地上の文化財が豊富にある。たとえば、こうした個別文化財の存在やその価値を地域と共有し、地域資源として積極的に活用してもらおうとする試みは確かに上述した活動の一環として重要であろう。ただし、これらの文化財は土地利用史のごく一端が幸いにして今日まで残されたにすぎない。したがって、現存するこれら文化財の成立背景を長い土地利用史そのもののなかで理解し、個別文化財の異なる側面を照らすには、やはり地下に埋もれた遺構の総合的理解が不可欠だとわかる［図2］。

　地域連携については、東京大学文学部が北海道北見市と遺跡の調査を通じて多面的な実践を重ねてきた（一八〇頁参照）。長きにわたる地域に根ざした共同研究成果を通じて、人びとがオホーツク地域に特有の自然環境のなかで育んだ多様な文化、その歴史が明らかになっている。縄文文化の北方環境に適応した姿、本州の弥生・古墳時代に対置される狩猟採集民文化としての続縄文文化、本州文化との融合を示す擦文文化やオホーツク海沿岸における海洋適応を示すオホーツク文化、そしてアイヌ文化期など、いずれも地域の歴史の新しい側面に気づきを与え

［図1］重要文化財・旧加賀屋敷御守殿門（赤門）

る成果を生み出してきた。これまで蓄積した重厚な調査研究成果は、史跡常呂遺跡の指定範囲拡大など文化財保護の充実に貢献するのみならず、東京大学文学部公開講座などの機会を捉えて地域へ還元しようとする文化財活用の取り組みもある。

活用—共に創ること

日本の文化財活用では、国民共有の財産という位置付けのもと、文化財の価値の社会還元はつねに意識され、講演会、講座、遺跡現地説明会を通じた普及啓発が実践されてきた。だが、今後は一方向的な価値発信によって学術的重要性を啓発することに加え、文化財を保存することが地域にとってどういった意味をもつのかを共有することが肝要であろう。

ここまで述べてきたように、このときもっとも重要となるのが、価値共有である。個別文化財への関心を高めることにくわえ、発掘調査成果の学術研究が明らかにする地域史を切れ目なく提示し共有することで、個別の文化財が成立した深い背景、すなわち「地域らしさ」の在り処に新たな気づきをもってもらうための努力が欠かせない。これは発掘調査による歴史を骨格に、文化財などほかの歴史文化資源をもって肉付けすることで地域史全体を描こうとする作業である。そこでは遺構・遺物など「本物」の迫力に接してもらい、地域の資源として、関係する誰もが親しみを覚えるような仕掛けも必要だ。この先に、文化財を核とし、地域を基盤として、地域住民、行政、そして大学を含む関係者が同じ資源をもとに地域の将来を構想することが期待される。冒頭に触れた観光資源としての文化財活用も、こうした地域資源化の過程、言いかえれば価値の共創の先に、地域から生じていくことこそ望ましい。

［図2］東大総合図書館前（アカデミック・コモンズ地点）の発掘調査風景

世界遺産と地域連携

根岸 洋

世界遺産と遺跡

世界遺産とは、遺跡・建造物などの文化遺産や地形・環境などの自然遺産を、人類全体のための遺産として保護することを目的として作られた国際的枠組みのことであり、いわゆる世界遺産条約にもとづいている。国連教育科学文化機関（ユネスコ）によって世界遺産一覧表に記載された世界遺産は、文化・自然・複合の三種類を合わせて、これまでに一〇〇〇カ所を超えている。このうち総数八九七件（二〇二三年時点）を数える文化遺産には、人類史に通有する「顕著な普遍的価値」（ＯＵＶ）をもつことに加えて、完全性・真実性を満たし、さらに適切な保存管理体制を敷くことも求められている。

日本から世界文化遺産に推薦されるためには、まず日本の歴史上重要で高い学術的価値をもつ、国指定の史跡や名勝・庭園などである必要がある。これらのなかからいくつかの候補が暫定遺産一覧表に掲載され、条件が揃ったものから世界遺産委員会での審議を通して記載が決まることになる。すでに世界文化遺産に選ばれている二〇カ所のなかには、城郭や仏教建築、鉱山や産業遺産などがある。それらのなかで、地下に埋蔵された文化財、つまり遺跡だけで構成されているのは、二〇二一年に世界遺産となった「北海道・北東北の縄文遺跡群」のみである。遺跡を含む事例はほかにもあるが、地下にあって価値が伝わりにくい先史遺跡を主体とする事例は世界のなかでも稀なのである。

本稿では、「北海道・北東北の縄文遺跡群」に加え、やはり地下遺構のみで構成され、将来的に世界遺産を目指している「北海道東部の窪みで残る大規模竪穴住居跡群」（北海道）を取りあげ、遺跡の保護にとって地域との連携がいかに重要であるのかを考えてみたい。

縄文遺跡群における地域連携の取り組み

「北海道・北東北の縄文遺跡群」は特別史跡三内丸山遺跡（青森県）や大湯環状列石（秋田県）をはじめ、北海道南部から東北北部にある一七カ所の特別史跡・史跡から構成されている。* 本遺跡群の顕著な普遍的価値は、穀物農耕の導入より古い時代における、集落の定住のあり方や土地利用形態の多様さ、さらに祭祀・儀礼を通じた複雑な精神性にあると整理されている。

津軽海峡を挟んだ地域に分布する縄文時代の遺跡群を、世界遺産にしようとする取り組みは、「北の縄文文化回廊づくり推進協議会」において始まった。これは縄文文化を核にした地域間交流をテーマにしており、該当遺跡や文化財をもつ自治体やその関連団体から構成されていた。つまり当初から、自治体間の連携が世界遺産を目指すための核となっていたのである。二〇〇九年に暫定遺産一覧表に記載されてからは青森県に事務局を置く本部が設立されたものの、世界遺産を目指してのプロジェクトは四道県の連携によって進められてきた。二〇二一年に世界遺産登録が実現した後には、各遺跡の発掘調査やビジターセンターの開設・充実などが進められているが、それらでは他道県の遺跡を紹介するなど、遺跡群全体の一体的な保存活用もおこなわれるようになっている。

*構成資産は、北海道六件（キウス周堤墓群、北黄金貝塚、入江貝塚、高砂貝塚、大船遺跡、垣ノ島遺跡）、青森県八件（大平山元遺跡、田小屋野貝塚、亀ヶ岡遺跡、大森勝山遺跡、三内丸山遺跡、小牧野遺跡、二ツ森貝塚、是川遺跡）、岩手県一件（御所野遺跡）、秋田県二件（大湯環状列石、伊勢堂岱遺跡）である。

その一方、多くの民間団体が世界遺産を目指す取り組みに参画してきたことが、縄文遺跡群の特徴といえる。一つの遺跡だけで数十ヘクタールにおよぶ指定範囲や、さらに周辺の緩衝地帯をも保全しなければならない縄文時代の遺跡だからこそ必要不可欠なのである。世界遺産になってからも持続的な保全活動が求められるため、新たに法人格を取得したり、ビジターセンターの管理業務を担う民間団体もあるほか、団体間の地域を超えた交流もおこなわれている。以上の点から縄文遺跡群は、先史遺跡の保存活用や広域連携のモデルケースといえるだろう。

世界遺産を目指す常呂遺跡と地域連携のかたち

次に、「北海道東部の窪みで残る大規模竪穴住居跡群」をめぐる地域連携について取り上げよう。本事例は常呂遺跡（北見市）・標津遺跡群（標津町）の二つから構成され、今日もなお埋まりきらずに残されている竪穴は合計で五〇〇〇を超え、総面積は五〇〇ヘクタールにおよぶ。国内では珍しい遺存状況［図1］が最大の特徴であり、またその帰属時期は縄文時代早期から擦文文化まで八〇〇〇年以上におよぶことから、各時代における竪穴の形態や集落の特徴などが地表面から読み取れるきわめて稀な事例といえる。二〇〇八年、北海道は構成資産を有する両自治体とともに、この竪穴住居跡群の国内暫定遺産一覧表への記載を文化庁に提案したが、世界文化遺産特別委員会による審議の結果選定にはいたらず、その候補の文化資産として位置づけられた。つまり国内での世界遺産候補を目指す段階にある。

第3章と本章で熊木が論じたように、この竪穴住居跡群のうち常呂遺跡の調査は、東京大学文学部附属の北海文化研究常呂実習施設と地元自治体である常呂町（現・北見市）との連携に

［図1］雪の残る常呂遺跡

よって進められ、その成果を生かした史跡整備や遺跡見学会、博物館展示などを進めてきた。もちろんこれらの活動の背景には、地域住民の理解と有形・無形の支援がある。「北海道・北東北の縄文遺跡群」とは異なったアプローチによる、遺跡を中心とした地域連携の一つの形といえよう。国から指定を受けた史跡の調査・活用に大学が継続的に参加する事例は国内では珍しく、とりわけ世界遺産の文脈では高く評価される可能性が高い。

そこで常呂遺跡と同じように、自治体と大学が連携した世界遺産である「アルプス周辺の先史時代杭上住居群《こうじょうじゅうきょぐん》」（二〇一一年記載、スイス等六カ国）をみてみよう。この住居群は湖底に残された高床式建物跡の杭（柱）群のみから構成されており、保存状態が良い一五一カ所を選定して構成資産としたものである。このなかでスイス・ヌーシャテル州では州立博物館と地元公立大学が連携して、世界遺産・杭上住居群をテーマにした調査研究、遺跡保護および教育研究を一体的に進めている。この考古学研究の拠点が、杭上住居群全体の水中考古学・年輪年代学の研究を推し進めていることがユネスコや国際記念物遺跡会議（イコモス）に高く評価された。

ユネスコに提出する推薦書では国内外の類似遺跡との比較検討が欠かせないが、複数の時代や地域にまたがる点を含めて、前述の杭上住居群が常呂・標津の竪穴住居跡群ともっとも類似した世界遺産といえるだろう。その取り組みに照らせば、埋まりきらずに残った竪穴住居跡の把握から測量、発掘と出土遺物の分析、遺跡全体の評価や復元整備に至るまでの調査研究プロセスを、真実性や普遍的価値を証明するポイントとして位置づけることができる。自治体と研究機関が連携して竪穴住居跡群を調査研究し、保護してきた点にこそ、本地域に所在する遺跡を世界遺産にする意義があるのである。

史跡常呂遺跡の整備

山田 哲・中村雄紀

史跡常呂遺跡の概要

常呂地域は、北海道オホーツク地方最大の河川（流路延長一二〇キロ、流域面積一九三〇平方キロ）である常呂川が運んだ堆積物で形成された低地を中心に、オホーツク海とサロマ湖、海岸砂丘、海岸および河岸の段丘・台地、さらに網走との境をなす丘陵や北見山地東縁部に囲まれた変化に富んだ地形のなかにある。こうした環境がもたらす多様な資源、とりわけ食料資源が、常呂における長期に渡る遺跡群の形成の背景となっていたと考えられる。

常呂地域では中央の低地を囲むように、主に砂丘と段丘・台地上に多くの遺跡が分布しており、これまでに一三〇カ所ほどの遺跡が発見されている。明治時代以降早くから開発の進んだ常呂川河口付近の市街地では遺跡はほとんど発見・記録されておらず、遺跡の多い岐阜台地では長年の耕作などで遺構や遺物の本来の包含層はあまり残っていないが、かつては東端の大島1遺跡から西端の岐阜台地の遺跡群まで、ほぼ連続する巨大な遺跡があったとみることもできる。そうしたなかで良好な保存状態が大規模に保たれている部分が国指定の史跡常呂遺跡である。

現在の史跡常呂遺跡［図1］は五つの区域からなり、全体で一二八万平方メートルにおよぶ。それぞれ、常呂竪穴群、栄浦第二遺跡、サロマ湖東岸地域竪穴群、岐阜台地西部地域竪穴群、トコロチャシ跡遺跡群とよばれており、一九七四年の常呂竪穴群・栄浦第二遺跡の史跡指定以降、随時追加指定されてきた。

史跡常呂遺跡整備基本計画では、後世へ保護・継承していくべき史跡常呂遺跡の本質的価値として、①時代・文化の多様性、②遺跡の大規模性、③自然環境と竪穴住居跡の窪みが一体となった独特の景観、④考古学史上の重要性が掲げられている。こうした本質的価値のすべてを史跡常呂遺跡の一部だけで表現することは困難であるが、広大な史跡において環境や現状の異なる各区域の特徴を活かした多様な整備をおこなうことによって、本質的価値の的確な表現を実現することが可能になると考えられる。つまり、サロマ湖東岸地域竪穴群（栄浦第一遺跡・第二遺跡）は現状保存、常呂竪穴群・栄浦第二遺跡は現状保存に基づいた景観（自然環境と竪穴住居跡の窪みが一体となった独特の景観）の公開、岐阜台地西部地域竪穴群（ところ遺跡の森）はガイ

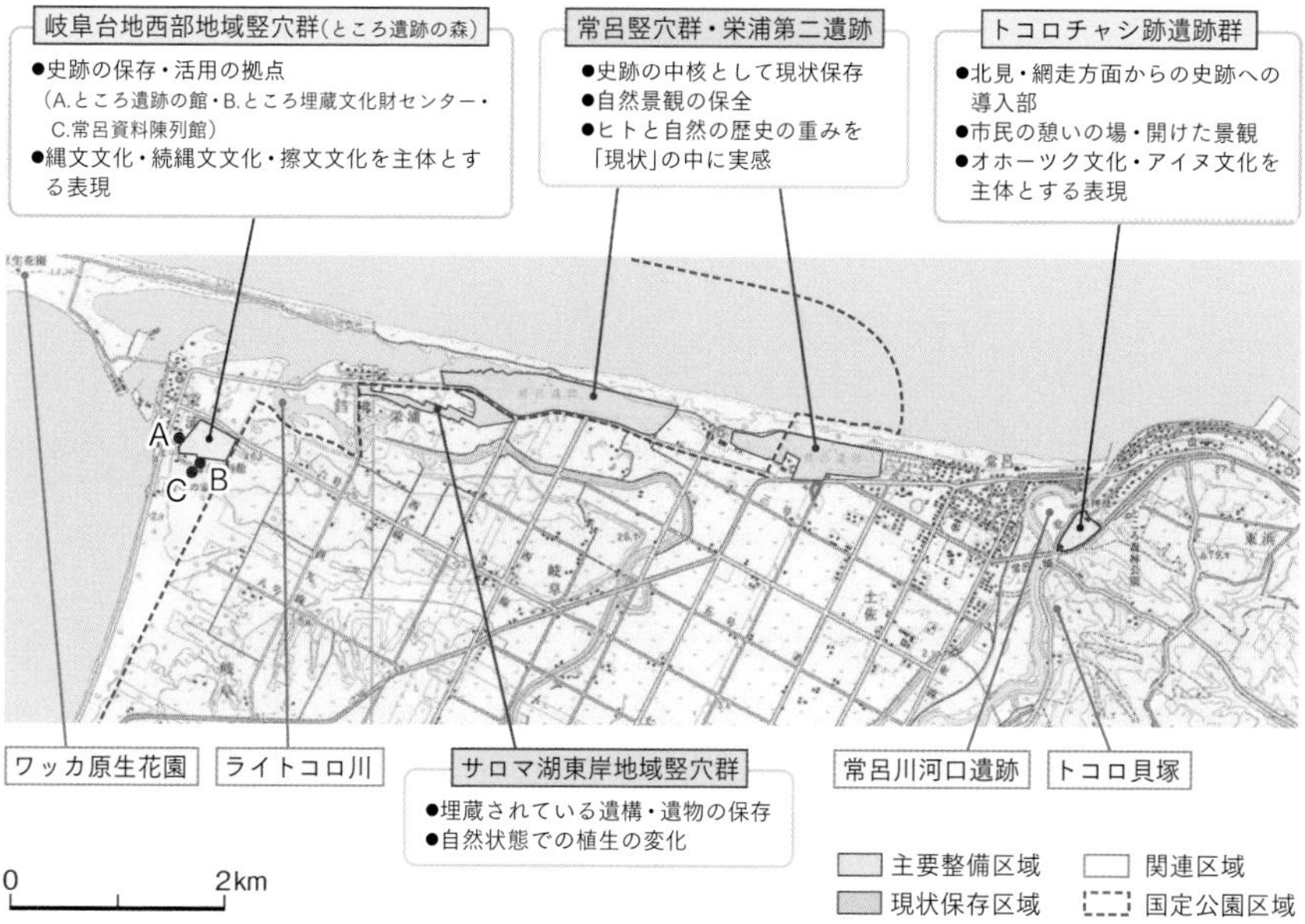

［図 1］史跡常呂遺跡整備の概要

ダンス施設や東京大学施設などにおける集約的な研究・展示・情報発信と森林環境のなかでの各遺構（主に縄文文化・続縄文文化・擦文文化）の表示、トコロチャシ跡遺跡群は開けた景観のなかでの各遺構（主にオホーツク文化・アイヌ文化）の表示と憩いの場、そして全体としての大規模性の表現というように、各区域の主要な役割と有機的な関係を構築することによって史跡を保存・活用していく整備を目指している。

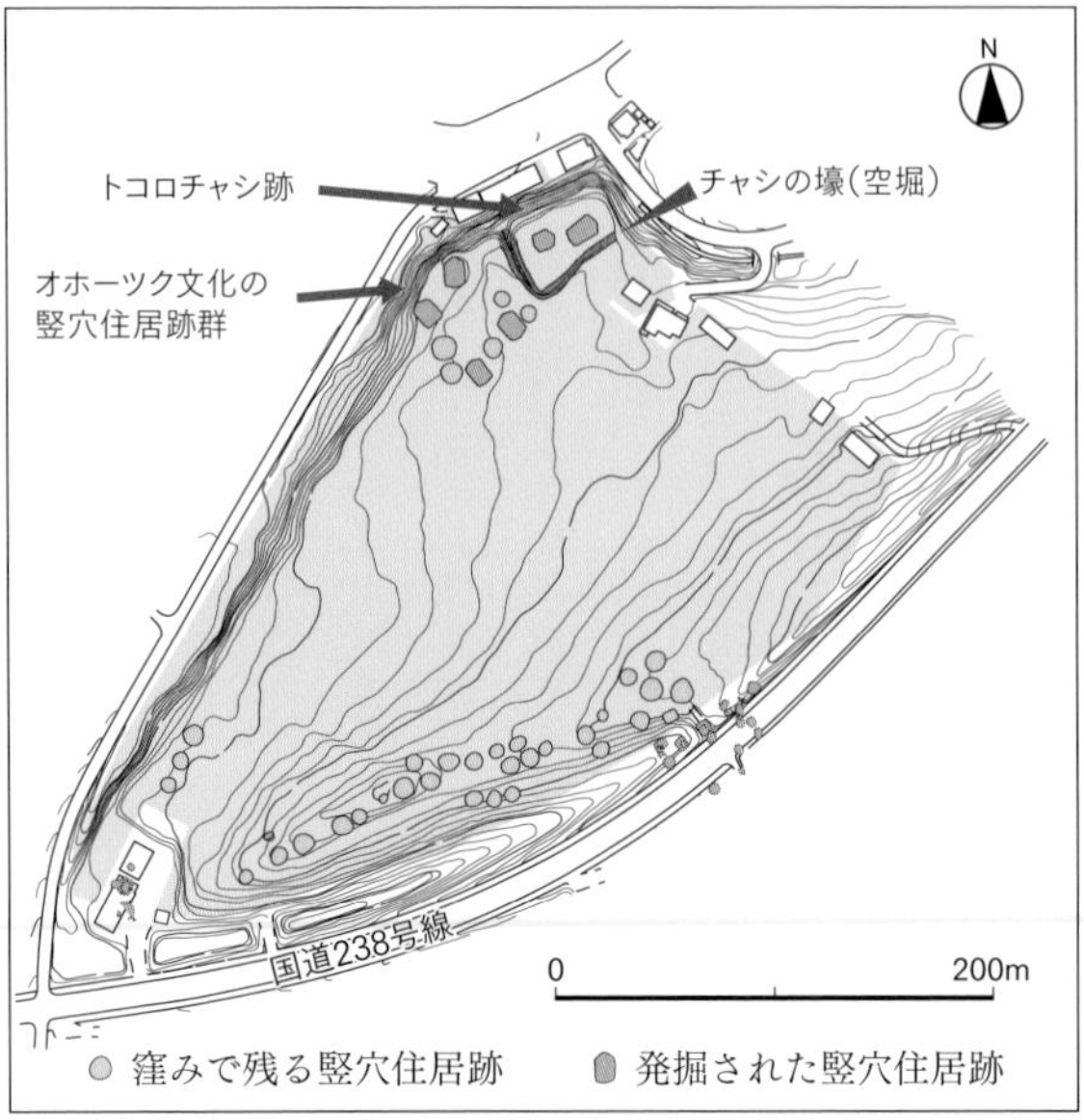

［図2］トコロチャシ跡遺跡群（トコロチャシ跡と周辺の竪穴住居跡群）

トコロチャシ跡遺跡群の整備

一九九〇年に史跡に追加指定された岐阜台地西部地域竪穴群は、一九九二～一九九四年度に「ところ遺跡の森」として整備され、史跡常呂遺跡の保存・活用と常呂地域における全般的な遺跡・文化財の調査研究および保護の拠点となっている（一九六頁参照）。しかしながら、史跡常呂遺跡の重要な構成要素であるオホーツク文化期とアイヌ文化期の具体的な表現を欠くという弱みがあった。

一方、トコロチャシ跡遺跡群［図

2」は、東京大学や常呂町教育委員会・北見市教育委員会の長年に渡る調査によって、縄文時代早期からアイヌ文化期にいたる各時代の遺構・遺物が発見されているが、とりわけオホーツク文化の集落構成とアイヌ文化のチャシの機能・構造が明らかになった遺跡として、二〇〇二年に史跡に追加され、ところ遺跡の森の機能を補うことが期待されてきた。

現在の史跡常呂遺跡整備基本計画が策定された二〇一九年度以降、整備事業が本格化しているトコロチャシ跡遺跡群では、オホーツク文化の竪穴住居や集落とアイヌ文化のチャシの表現が中核となるが、それ以外にも、常呂市街地に近い開けた景観、北見・網走方面からの史跡への導入部などの、ところ遺跡の森とは異なるさまざまな特徴・立地環境があるため、トコロチャシ跡遺跡群とところ遺跡の森が、史跡の東西両端でそれぞれの特徴を活かした機能を発揮しながら相互に来訪者を誘導することを目指している。これによって、地域に展開してきた古い文化を通史的に学ぶとともに、遺跡そのものを立体的に実感することができるだろう。

トコロチャシ跡遺跡群の一般公開は二〇二五年度の開始を予定しているが、変化する地域社会と実際の運用のなかで、多様な課題に直面しながらよりよい方向を模索していくことになると思われる。史跡整備の効果に過剰な期待を寄せることはできないものの、常呂遺跡の保存と活用を着実に進め、教育・学習や観光に貢献できる資源としてだけでなく、地域の人びとの何気ない生活と活動に寄り添っていく施設や風景としての地道な歴史をたゆまず積み重ねていくことも、常呂遺跡の価値を増していくことにつながるだろう。

ところ遺跡の森案内

中村雄紀

ところ遺跡の森は、史跡常呂遺跡の西端部、サロマ湖に面した台地上の地区を一般公開するために整備された施設である。ほかの常呂遺跡を構成する遺跡と同様、この地区でも竪穴住居跡が窪みとなって地表に残っている。遺跡のなかには散策のための遊歩道がめぐっており、その周辺の敷地に展示施設が配置されている［図1］。これらを周遊することにより、当地域の先史文化について詳しく知ることを目指した構成となっている。

ところ遺跡の森への入口は、道道四四二号線（サロマ湖公園線）沿線で唯一の信号機が目印である。信号機のある地点には道道に面して無料の大型駐車場が整備されている。ここを出発点として、遺跡の森をめぐってみることとしよう。

まず訪れてもらいたいのは、「ところ遺跡の館」である。駐車場奥の木立のなかにある特徴的な円形の建物で、この地域の遺跡について総合的に案内する展示施設となっている［図2］。展示は遺跡の出土品、模型、映像で構成されており、これらを通覧すればオホーツク地域の先史文化の特徴について基礎的な情報を得ることができるであろう。展示室自体は広いものではないが、多くの展示物を配置し、この地域における文化の変遷を出土品から一通りたどることができるようになっている。第1章で紹介した重要文化財「常呂川河口遺跡墓坑出土品」の構成資料もここで展示されている。

続縄文の村
道道442号線(サロマ湖公園線)
ところ遺跡の館
駐車場
擦文の村
縄文の
東京大学
学生宿舎
ところ埋蔵文化財センター
東京大学常呂実習施設
駐車場
N
東京大学常呂資料陳列館
縄文〜続縄文文化
竪穴住居跡(円形)
復元住居(建物を復元)
露出展示住居(柱・壁の位置を復元)
擦文文化
竪穴住居跡(方形)
復元住居(建物を復元)
露出展示住居(柱の位置を復元)
道路・遊歩道
車両通行可
車両通行不可

[図1]ところ遺跡の森案内図

［図2］ところ遺跡の館展示室

「ところ遺跡の館」を見た後は、屋外の森のなかに広がる遺跡もぜひ歩いてみてもらいたい。遺跡は縄文・続縄文・擦文文化の三つの時代に渡る。「ところ遺跡の館」に隣接する区域の森のなかは、擦文文化の村の遺跡である。ここでは、本物の竪穴住居跡が残る［図3］なかに、復元された建物が二棟並んでいる［図4］。うち一棟は遺跡の森のなかでも最大の住居を復元したもので、約一〇メートル四方の広さをもつスケールの大きな建物となっている。

遊歩道をさらに奥側に進んだ、遺跡の森の北側から東側にかけての区域には、縄文・続縄文文化の竪穴住居跡が分布している。こちらには、続縄文文化の竪穴住居一棟が復元されている。一見すると擦文文化の住居との違いがわかりにくいかもしれないが、なかに入ると平面形や内部の設備など、異なるかたちで再現してあることがわかる。

屋外の遺跡は通年公開されているが、冬季は積雪で地表が見えなくなってしまう。また、夏季の森では蚊や虻が発生するため虫よけ対策をしたほうがよい。こうした点を考慮すると、散策にもっとも適しているのは雪解け後から五月ごろまでの期間である。森のなかでは春の草花が開花し、さまざまな野鳥がさえずりを交わす季節であり、自然の情景を楽しみながら遺跡をめぐることができる。

森を抜けた先には、「ところ埋蔵文化財センター」がある。常呂地域における遺跡出土品の収蔵・管理を目的とした施設であるが、展示コーナーも設けられている。ここでは出土品以外にも、アイヌの丸木舟などの民族資料、ヒグマやオオワシなどの剝製も陳列されている。なお、ところ埋蔵文化財センター横にも駐車場があり、ここまで自家用車で乗りつけることも可能である。

ところ遺跡の森は、広大な常呂遺跡のごく一部にすぎない。展示施設も遺跡の規模を鑑みればかなりこぢんまりしたものである。しかし、史跡と重要文化財という二つの国指定文化財を合わせて見られる場所は北海道内でもそれほど多くはない。道内でも独特の変遷をたどったオホーツク海沿岸地域の先史文化を、実際の遺跡の景観とともにみることができる希有なスポットとなっている。

[図3]「擦文の村」にある本物の竪穴住居跡

[図4] 擦文文化の復元竪穴住居

COLUMN

東大とのおつきあい

新谷有規

森のなかにひっそりとキノコのような形をした建物が立っていた。父に手を引かれ連れて行かれたもう五〇年ほど前、幼かったころの僕の記憶。あの不思議な光景がどこのものであったのかわからぬまま、やがてそれは遠い記憶となって、いつしか思い出すこともなくなっていった。

常呂町を離れ東京で暮らしていた僕は、二六歳になった年に故郷に戻り父が経営する会社に就職をした。主にほたてを扱う水産加工業であったこともあり、帰郷した一年目は「船に乗って漁師をすること」と父から言われ、朝の三時には港に向かい慣れない仕事に汗を流していた。

父は人が好き、酒が好きであったことから、頻繁にさまざまな方々とも会食をしているようだった。たまに自宅での夕食時、酒を飲みながら楽しそうに話している父との会話から、よく耳にしたのが東京大学の先生の話題だった。

「あの人たちは東大の研究者としての立場だけでなく、常呂町の住民としての役割も理解してくれていて、町づくりや社会教育への活動にもとても熱心に協力してくれているのだよ」と、教えてくれた。それが藤本先生や、宇田川先生のことであった。僕と東京大学の方たちとのご縁は、この父を通じて始まることとなった。

仕事や、田舎での暮らしにも慣れ始めてきたころ、街の先輩が飲みに誘ってくれた。会食をしたのち「いい居酒屋があるから」と、次に行った先が宇田川先生のご自宅であった。

よく父の会話に登場する、宇田川先生という先生。長いひげを蓄えた、ちょっと見慣れない風貌の宇田川先生という先生。ゆっくりとした時間が流れるなか、訥々とした先生のお話が心地よく、また初めて酒席をご一緒させて頂いたにもかかわらず、優しくて、人懐っこい振る舞いに、僕もすぐに心を引き寄せられた。

宇田川先生は常呂町をとても大事にしてくれていて、町づくりへの取り組みに関わっているなかで、若者と未来を

［図１］1999年秋、北見にて。左から父、新谷淳治（株式会社しんや元会長）、宇田川洋先生、藤本強先生、岩本和眞氏（サロマ湖東急リゾート元総支配人）、松平樹人氏（常呂町常楽寺元住職）

語る場所を作りたいと強く思い、「いい居酒屋があるんだけど」と声をかけ、ご自宅に引き連れて行くようになったらしい。

ある夜のこと、数人で宇田川先生宅で酒を酌み交わしながらの楽しい宴のなか、誰かが「先生はいい居酒屋があると誘ってくれるけど、ここには暖簾一つないじゃないか」となった。ならば作ろうと盛りあがり、店名は「のれん」として、書はあの人に書いてもらおう、制作はあそこの呉服屋に頼もうとどんどん拍子に話が進み、やがて宇田川宅に暖簾が下げられるようになった。

またある夜では、店の名前が入ったマッチがあってもいいのではないかと、ブックマッチを大量に作ったこともあった。

桜の花が咲くころには、常呂町にある唯一の桜並木が東京大学の研究室前にあることから、毎年五月の上旬に花見をそこですることになり、それは今でも続く楽しみな集まりの一つとなっている。

いろいろなことがいつも酒とつながっているのは致し方ない。父も宇田川先生も「私たち一人一人がみな広場に集首を縦に振らない。その理由は「私が仲人をしたカップルは皆長続きしないので」というジンクスからであった。

一一月、めでたく僕は宇田川ご夫妻の仲人にて結婚式を挙げることができた。それから早二七年。そのジンクスは僕には関係なかったようだ。

故郷に戻って来て、いつしか父から渡されていたバトン。移りゆく時の流れのなかで関わっていただいた先生や、助手、学生のみんなとどれだけの盃を酌み交わしてきたのかは計り知れないが、これからもそのご縁は続きそうだ。あのキノコのような建物がある森で。

まってくることが、地域や社会を醸成させる大事なことだよ」と、よく言っていた。そしてそこに美味しいお酒と友と、ほんの少しでも旨いものがあれば何をか言わんやであると。

「友来たらば飲むべし。のど渇くおそれあれば飲むべし。いかなる理由ありといえども飲むべし」と、若者に向かって酒の飲み方を教えてくれていたのですから。

一九九六年のこと。この年に僕は結婚することになった。仲人は迷うことなく宇田川先生ご夫妻にと思い、日本酒を抱えお願いに伺った。しかしながら先生は、「それはお受けできないので誰かほかの人に頼んでほしい」と固辞され

むすびにかえて

日本では高度経済成長期以降、全国各地で綿密な遺跡発掘調査がおこなわれてきた。出土した膨大な量の資料をもとに、過去人類の生活文化は細部にいたるまで研究されるようになった。だが、北海道オホーツク地域では、開発にともなう埋蔵文化財の緊急発掘調査が少なかったこともあり、今なお、不明なことや未解決の問題が数多く残されている。人類の営みが存在しなかったのではない。それを知るための情報が不足しているのである。

常呂の遺跡を基点にオホーツク地域の文化変遷を見通すと、地域特有の環境に適した生活があった一方で、北海道を取り囲むように流れる複数の海流を通じて、南や北に開かれた文化交流がおこなわれていた。大抵の場合、それらは、日本列島諸文化との関係性のなかに位置づけられるのだが、ときには、宗谷海峡より北に控える亜寒帯に適応した文化や集団との関係が強化されることもあった。異なる気候帯が接する本地域は、異なる文化的背景の人間集団が行き来しやすい場であったのである。

人びとをひきつけた地域の魅力がオホーツクの豊かな海産資源であったことは、想像に難くない。また、オホーツク海に流れ出す常呂川の河口部や、比較的穏やかな環境にあるサロマ湖畔は、石器素材として世界有数の質と量を誇る道東産黒曜石を他所に運び出す際、重要な拠点となったであろう。

この地域の歴史を外部に開放して叙述するためには、日露の国境線を超えた調査の実践が不可欠である。一九九〇年ごろから、両国の交流は活発化してきた。その後三〇年以上におよぶ学術交流と考古学者たちの純粋な探究心は、国家史とはまたべつの枠組みをつくりあげてきた。

二〇二二年二月以降、両国間の政治関係の悪化にともない、日露の研究者が共同で遺跡を発掘することや、遺物に触れながらじっくりと語り合うことができなくなっている。政情とのせめぎ合いは今も昔も考古学につきまとうものであり、世界中の先達たちが翻弄されてきた。私たちは今まさにこうした状況に直面しているが、後ろ向きな態度をとったり心を閉ざしたりすることなく、いつの日かまた一緒に現場に立てるよう、国内外の人びとと連携をしながら、粛々と準備を進めたいものである。

本書でまとめられた研究成果に続く次の挑戦は、すでに始まっている。常呂実習施設は次の五〇年後、いかなる批評がなされているのであろうか。

本書の刊行にあたり、北見市をはじめ道内各地の教育研究機関、また、国内外の方々からご協力をいただいた。本書中の挿絵は、施設に長年勤務されている山根美紀さんの作である。施設設置から半世紀を経て他界された諸先学もおり、今回はご遺族の方々に種々のお願いをさせていただいた。新泉社の川嶋さんには、研究成果をわかりやすくまとめる手助けをしていただいた。

思い返せば約二〇年前、私は特別研究員、助手として常呂に四年住み、夏は遺跡発掘に従事し、冬は遺物の整理作業や論文執筆に明け暮れていた。研究以外のことをろくに知らない若手研究者の日々の生活と心を支え、今も私たち「常呂出身者」や毎年訪れる学生たちを、家族のように応援してくださる地元の方々がいる。

すべての皆様のお名前を記すことはできないが、考古学研究室ならびに常呂実習施設から、最後に厚くお礼申し上げたい。

福田正宏

もっと詳しく学びたい人へ

本書第1章では、北海道のオホーツク地域を中心に、研究成果を短く紹介した。考古学からみた北海道の歴史をもう少し広く通史的に学びたい人には、以下の概説書がある。

野村崇・宇田川洋編『新北海道の古代1〜3』(北海道新聞社、二〇〇一、二〇〇三、二〇〇四年)
長沼孝ほか『新版北海道の歴史　上　古代・中世・近世編』(北海道新聞社、二〇一一年)

縄文文化やオホーツク文化など、個々の時代や文化については、三浦正人監修『北海道の縄文文化　こころと暮らし』(亜璃西社、二〇二一年)や菊池俊彦『オホーツクの古代史』(平凡社、二〇〇九年)、また、考古学からみたアイヌの歴史については、宇田川洋『増補　アイヌ考古学』(北海道出版企画センター、二〇〇〇年)、瀬川拓郎『アイヌの歴史　海と宝のノマド』(講談社、二〇〇七年)、関根達人『つながるアイヌ考古学』(新泉社、二〇二三年)の解説がわかりやすい。

第2章や第3章では、大陸を含む東北アジアにおける考古学研究の最前線を紹介した。以下の書物では、ロシア極東、中国東北地区、朝鮮半島を含む地域一帯における考古学の概要を、日本語で知ることができる。

大貫静夫『世界の考古学9　東北アジアの考古学』(同成社、一九九八年)
宮本一夫『中国の歴史1　神話から歴史へ』(講談社、二〇〇五年)
菊池俊彦編『北東アジアの歴史と文化』(北海道大学出版会、二〇一〇年)

本書を通して、常呂実習施設が位置するオホーツク地域、さらに史跡常呂遺跡を中心とする北見市常呂町の遺跡と考古学に興味をもたれた方には、より詳しく書かれた以下の書物をお薦めしたい。
菊池徹夫・宇田川洋編『オホーツク海沿岸の遺跡とアイヌ文化』（北海道出版企画センター、二〇一四年）
斜里町立知床博物館編『知床ライブラリー9　知床の考古』（北海道新聞社、二〇〇九年）
武田修『日本の遺跡13　常呂遺跡群』（同成社、二〇〇六年）
熊木俊朗・中村雄紀「第一編　先史時代とその文化」（『新北見市史　上巻』所収、北見市、二〇一九年）

過去に東京・横浜・大阪で開かれたオホーツク文化に関する展覧会では、以下の図録が発行されている。これらでは、展示品の詳しい解説のほか、常呂実習施設の歴史についても触れられている。
西秋良宏・宇田川洋編『東京大学コレクションXIII　北の異界　古代オホーツクと氷民文化』（東京大学総合研究博物館、二〇〇二年）
横浜ユーラシア文化館・東京大学大学院人文社会系研究科附属北海文化研究常呂実習施設編『オホーツク文化　あなたの知らない古代』（横浜ユーラシア文化館ほか、二〇一二年）

常呂実習施設が現在公開しているデジタルアーカイブサイトは、施設のウェブサイトトップページのリンク（左下バナー）から閲覧できる。
東京大学大学院人文社会系研究科附属　北海文化研究常呂実習施設・常呂資料陳列館　公式ウェブサイト
https://www.l.u-tokyo.ac.jp/tokoro/index.html

また、常呂実習施設では、動画でも北見市常呂町の遺跡を紹介している。ドローン空撮による4K動画などで構成された映像は、この地域の古代文化のイメージをまずはつかむために、役に立つだろう。

常呂実習施設公式YouTubeチャンネル　https://www.youtube.com/@tokoro1957

参考文献

1 北の海に暮らした人びと

旧石器文化

岩瀬彬 二〇二一『最終氷期最盛期の石器使用痕研究』同成社

中川毅 二〇一七『人類と気候の一〇万年史』講談社

［コラム］黒曜石製石器

木村英明 二〇二〇『北の黒曜石の道―白滝遺跡群 改訂版』新泉社

縄文・続縄文文化

熊木俊朗・中村雄紀 二〇一九「第一編 先史時代とその文化」『新北見市史』上、北見市

福田正宏 二〇一七「石刃技法を用いた北方縄文集団と8・2ka寒冷化イベント」『理論考古学の実践』II、同成社

福田正宏 二〇一八「縄文文化の北方適応形態」『国立歴史民俗博物館研究報告』二〇八

森先一貴 二〇一四「ロシア極東における石刃鏃を伴う石器群」『環日本海北回廊における完新世初頭の様相解明』東京大学大学院人文社会系研究科考古学研究室・新領域創成科学研究科社会文化環境学専攻

Fukuda, M., Morisaki, K., and Sato, H. 2022 Synthetic perspective on prehistoric hunter-gatherer adaptations and landscape change in Northern Japan. In J. Cassidy, I. Ponkratova, B. Fitzhugh (eds.) *Maritime Prehistory of Northeast Asia*, pp. 73–95. Springer, Singapore.

［コラム］幣舞式土器とシマフクロウ

山岸玄津 一九三四『北海道余市貝塚に於ける土石器の考察』茂山吟社

［コラム］縄文時代の漆製品からみた常呂川河口遺跡の漆塗櫛

工藤雄一郎 二〇二一「縄文時代の漆文化とその起源に関する諸問題」『国立歴史民俗博物館研究報告』二二五

小林幸雄 二〇〇八「縄文文化の透かし模様入り漆櫛とその技術」『北海道開拓記念館研究紀要』三六

佐藤和雄ほか 二〇一二『鶴居村下幌呂1遺跡』（財）北海道埋蔵文化財センター調査報告書 二八七

永嶋正春 二〇一〇「付編木更津市土器崎遺跡出土朱漆塗竪櫛の非破壊的調査」『木更津市土器崎遺跡』千葉県教育振興財団調査報告 六四一

［コラム］弥生化と続縄文

青野友哉 二〇一一「続縄文文化と弥生文化」『弥生時代』上、青木書店

高瀬克範 二〇二二『続縄文文化の資源利用』吉川弘文館

福田正宏 二〇一七「縄文文化における北の範囲」『縄文時代―その枠組・文化・社会をどう捉えるか?』吉川弘文館

矢野健一 二〇一八「西日本縄文社会の「弥生化」」『環太平洋文明研究』二

道東部のオホーツク文化

熊木俊朗 二〇二三「オホーツク文化の集落と社会」『北海道考古学の最前線』雄山閣

高畠孝宗 二〇一四「オホーツク文化」『北海道考古学』五〇

横浜ユーラシア文化館・東京大学大学院人文社会系研究科附属北海文化研究常呂実習施設編 二〇二一『オホーツク文化 あなたの知らない古代』横浜ユーラシア文化館ほか

［コラム］銛頭

設楽博己 二〇〇五「側面索孔燕形銛頭考―東日本弥生文化における生業集団編成のあり方をめぐって」『海と考古学』六一書房

高橋健 二〇〇八『日本列島における銛猟の考古学的研究』北海道出版企画センター

前田潮 一九七四「オホーツク文化とそれ以降の回転式銛頭の型式とその変遷」『史学研究』九六（再録：前田潮一九八七『北方狩猟民の考古学』同成社）

山浦清 二〇〇四『北方狩猟・漁撈民の考古学』同成社

山浦清　二〇一六『ベーリング海峡周辺における先史エスキモーの回転式銛頭』北海道出版企画センター
米村衛　二〇〇四『北辺の海の民 モヨロ貝塚』新泉社

［コラム］動物意匠遺物
高橋健　二〇二二・二三「オホーツク文化の動物意匠遺物（1）・（2）」『横浜ユーラシア文化館紀要』一〇・一一
横浜ユーラシア文化館・東京大学大学院人文社会系研究科附属北海文化研究常呂実習施設編　二〇二一『オホーツク文化　あなたの知らない古代』横浜ユーラシア文化館ほか

［コラム］骨製クマ像
高橋健　二〇二一「動物意匠遺物」『オホーツク文化　あなたの知らない古代』横浜ユーラシア文化館ほか

［コラム］日本列島の古代船からみたオホーツク文化の船
大井晴男　一九七六「オホーツク文化の船」『北方文化研究』一〇
鈴木信　二〇一四「北海道における事例」『石川県埋蔵文化財情報』三一

擦文文化からアイヌ文化へ
小野哲也　二〇二〇「根室海峡沿岸地域の大規模竪穴群」『北海道に残る二万三千の竪穴』北海道考古学会
笹田朋孝　二〇一三『北海道における鉄文化の考古学的研究』北海道出版企画センター
澤井玄　二〇〇七「土器と竪穴の分布から読み取る擦文文化の動態」『古代蝦夷からアイヌへ』吉川弘文館
瀬川拓郎　二〇〇五『アイヌ・エコシステムの考古学』北海道出版企画センター
瀬川拓郎　二〇〇七『アイヌの歴史』講談社
高瀬克範　二〇一四「続縄文文化の資源・土地利用」『国立歴史民俗博物館研究報告』一八五
蓑島栄紀　二〇二三「アイヌ史の時代区分」『北海道考古学の最前線』雄山閣

［コラム］常呂川下流域の擦文集落
宇田川洋　一九八〇「擦文文化」『北海道考古学講座』みやま書房
熊木俊朗　二〇一九「擦文時代とオホーツク文化・トビニタイ文化」『新北見市史』上、北見市
榊田朋広　二〇二〇「擦文文化前半期の集落群構成と動態」『日本考古学』五一
藤本強　一九八二『擦文文化』教育社
北海道文化遺産活用活性化実行委員会編　二〇二三『北海道の古代集落遺跡Ⅲ—北日本の古代史と擦文集落の謎』北海道文化遺産活用活性化実行委員会

［コラム］北日本におけるレプリカ法による土器圧痕調査
丑野毅・田川裕実　一九九一「レプリカ法による土器圧痕の観察」『考古学と自然科学』二四
太田圭　二〇二二「日本列島北部におけるレプリカ法による土器圧痕の研究」『考古学ジャーナル』七七六

［コラム］擦文文化のフォーク状木製品
熊木俊朗編　二〇一六『擦文文化期における環オホーツク海地域の交流と社会変動—大島2遺跡の研究（1）』東京大学常呂実習施設研究報告一四

［コラム］紡錘車と擦文文化
熊木俊朗　二〇二一『アイヌ文化形成史上の画期における文化接触：擦文文化とオホーツク文化—大島2遺跡の研究（2）』東京大学常呂実習施設研究報告一八
中田裕香　一九八九「擦文時代の紡錘車について」『古代文化』四一－六

2　東北アジア世界と北海道

東北アジアからみたオホーツクの古代文化
菊池俊彦　一九九五『北東アジア古代文化の研究』北海道大学図書刊行会
佐藤宏之　二〇一九『旧石器時代　日本文化のはじまり』敬文舎
福田正宏　二〇一四「シベリア大陸部との関係」『オホーツク海沿岸の遺跡とアイヌ文化』北海道出版企画センター
福田正宏　二〇一五「東北アジアのなかの東北縄文文化」『北の原始時代』吉川弘文館

福田正宏　二〇二二「北海道先史とサハリン・千島／クリル」『北海道考古学の最前線』雄山閣
ワシレフスキー・グリシチェンコ　二〇一六「サハリンとクリール諸島における石器時代・古金属器時代の石材供給源と石材交換」福田正宏訳、『北方博物館交流』二八
Василевский, А. А. 2019 Сахалин и Курильские острова в эпоху палеометалла. In В. И. Молодин (ed.) *История Сибири: в 4 т. Т. 2: Железный век и Средневековье*, pp. 154–163. Novosibilsk: ИАЭт СО РАН.

常呂川下流域の古環境
海津正倫　一九八三「常呂川下流低地の地形発達史」『地理科学』三八
遠藤邦彦・上杉陽　一九七二「オホーツク海沿岸トコロ海岸平野の地形・地質」『常呂』東京大学文学部
大島和雄　一九七一「北海道サロマ湖の後氷期の地史」『地質調査所月報』二二－一一
斎藤文紀　二〇一一「沿岸域の堆積システムと海水準変動」『第四紀研究』五〇－二
阪口豊・鹿島薫・松原彰子　一九八五「常呂平野・サロベツ原野の完新世層と古地理」『最終氷期以降の自然環境の変動』昭和五八・五九年度東京大学特定研究経費成果報告書
前田保夫・松田功・中田正夫・松島義章・松本英二・佐藤裕司　一九九四「完新世における北海道オホーツク海沿岸の海面変化―海面高度の観察値と理論値について」『山形大学紀要（自然科学）』一三－三

形質人類学からみた北海道の先史
石田肇　一九八八「北海道枝幸町目梨泊遺跡出土のオホーツク文化期人頭骨にみられたアイヌ的特徴」『人類学雑誌』九六
大島直行　一九九六「北海道の古人骨における齲歯頻度の時代的推移」『人類学雑誌』一〇四
Adachi, N., Kakuda, T., Takahashi, R., Kanzawa-Kiriyama, H., and Shinoda, K. 2018 Ethnic derivation of the Ainu inferred from ancient mitochondrial DNA data. *American Journal of Physical Anthropology* 165: 139-148.
Fukumoto, I., and Kondo, O. 2010 Three-dimensional craniofacial variation and occlusal wear severity among inhabitants of Hokkaido: comparisons of Okhotsk culture people and the Ainu. *Anthropological Science* 118: 161-172.
Kondo, O. 1995 An analysis of Ainu population structure, based on cranial morphology. *Anthropological Science* 103: 369-384.
Matsumura, H., et al. 2021 Female craniometrics support the “two-layer model” of human dispersal in Eastern Eurasia. *Scientific Reports* 11: 20830.

動物遺体からわかる生業や環境
駒井和愛編　一九六三『オホーツク海沿岸・知床半島の遺跡』上、東京大学文学部
直良信夫　一九六三「トコロ貝塚の自然遺物」『オホーツク海沿岸・知床半島の遺跡』上、東京大学文学部

常呂の遺跡と食生態分析
國木田大　二〇一九「土器付着物でわかる年代と食生活」『土器のはじまり』同成社
國木田大　二〇二三「土器による調理」『北海道考古学の最前線』雄山閣
庄田慎矢・オリヴァー＝クレイグ　二〇一七「土器残存脂質分析の成果と日本考古学への応用可能性」『日本考古学』四三
米田穣　二〇〇二「骨が語る食生活」『東京大学コレクションXⅢ　北の異界―古代オホーツクと氷民文化』東京大学総合研究博物館

北方漁労民の技術
福井淳一　二〇〇五「オホーツク文化の釣針」『北方島文化研究』三
Stewart, H. 1977 *Indian Fishing*. University of Washington Press, Washington.（邦訳：ヒラリー＝スチュアート　一九八七『海と川のインディアン』木村英明・木村アヤ子訳、雄山閣）

アイヌ文化のクマ儀礼の起源をめぐって
天野哲也　二〇〇三『クマ祭りの起源』雄山閣
宇田川洋　二〇〇一「アイヌ文化期の送り場遺跡」『アイヌ考古学研究・序論』北海道出版企画センター

大貫静夫・佐藤宏之編　二〇〇五『ロシア極東の民族考古学―温帯森林猟漁民の居住と生業』六一書房
佐々木史郎　一九九六『北方から来た交易民―絹と毛皮とサンタン人』日本放送出版協会
佐藤宏之　二〇〇七「送り儀礼の民俗考古学―野生と合理性」『狩猟と供犠の文化誌』森話社
渡辺仁　一九七二「アイヌ文化の成立―民族・歴史・考古諸学の合流点」『考古学雑誌』五八―三

東アジアと常呂の青銅器

臼杵勲　二〇〇〇「靺鞨―女真系帯金具について」『大塚初重先生頌寿記念考古論集』東京堂出版
大場利夫　一九六二「モヨロ貝塚出土の金属器」『北方文化研究報告』一七
菊池俊彦　一九七六「オホーツク文化に見られる靺鞨・女真系遺物」『北方文化研究』一〇
駒井和愛編　一九六四『オホーツク海沿岸・知床半島の遺跡』下、東京大学文学部
高畠孝宗　一九九八「オホーツク文化における大陸系遺物の分布について」『考古学ジャーナル』四三六

3　東北アジア考古学と常呂

東京大学と東北アジア考古学

今村啓爾　二〇一三「縄文時代研究史」『縄文時代』上、青木書店
大貫静夫　一九九七「原田淑人と東洋考古学」『精神のエクスペディシオン』東京大学出版会
大貫静夫　二〇〇二「スグ　ユク　アトフミ」『東京大学コレクションXIII　北の異界―古代オホーツクと氷民文化』東京大学総合研究博物館
杉村勇造　一九七七「駒井和愛氏の追憶」『琅玕』駒井博愛・駒井和愛博士記念会
山内清男　一九三二「日本遠古之文化」『ドルメン』一―五
Поляков, И. С. 1884 *Отчет об исследованиях на о-ве Сахалине и в Южно-Уссурийском крае и в Японии*. Saint Petersburg.
Morse, E. S. 1979 *Shell mounds of Omori: Memoirs of the Science Department, Tôkiô Daigaku*, vol. 1.

［コラム］駒井和愛と渤海国の考古学研究

駒井和愛　一九七四『中国考古学論叢』慶友社
駒井和愛　一九七七『中国都城・渤海研究』雄山閣
東亜考古学会編　一九三九『東京城―渤海国上京竜泉府址の発掘調査』東方考古学叢刊　五

東京大学と常呂の出会いとあゆみ

大西信重編　一九九五『大西信武と常呂遺跡』常呂町郷土研究同好会
大西信武　一九七二『常呂遺跡の発見』講談社
駒井和愛　一九六〇「オホーツク海岸の冬ごもり」『群像』一五―一

常呂実習施設の発掘調査の歴史と研究成果

宇田川洋　二〇〇二「常呂実習施設史」『東京大学コレクションXIII　北の異界―古代オホーツクと氷民文化』東京大学総合研究博物館
藤本強　一九七二「常呂川下流域の擦文土器について」『常呂』東京大学文学部
藤本強　一九八二『擦文文化』教育社
北海道教育庁生涯学習推進局文化財・博物館課　二〇一八『北海道の竪穴群の概要』北海道教育委員会

［コラム］モヨロ貝塚調査と東京大学

駒井和愛編　一九六四『オホーツク海沿岸・知床半島の遺跡』下、東京大学文学部
米村衛編　二〇〇九『史跡最寄貝塚』網走市教育委員会

4　常呂の遺跡とともに

大学と地域連携　東大文学部と常呂実習施設の取り組み

常呂町郷土研究同好会編　二〇一二『常呂のカーリングのあゆみ（一）』常呂町郷土研究同好会

世界遺産と地域連携

根岸洋　二〇二二『縄文と世界遺産―人類史における普遍的価値を問う』筑摩書房
北海道教育庁生涯学習推進局文化財・博物館課　二〇一八『北海道の竪穴群の概要』北海道教育委員会

写真提供（所蔵）・出典一覧

引用表示は参考文献（二〇八〜二一一頁）を参照

扉
北海道立埋蔵文化財センター提供（東京大学常呂実習施設蔵）

巻頭地図
栄浦第一・第二遺跡の竪穴群：北見市教育委員会ところ遺跡の森（東京大学文学部考古学研究室編一九七二『常呂』東京大学文学部を改変）
常呂川右岸上空からみた常呂の遺跡：東京大学常呂実習施設（協力：北海道映像記録株式会社）

1 北の海に暮らした人びと

旧石器文化
図1 北海道立埋蔵文化財センター／図2 宮宏明編一九八五『広郷8遺跡（2）』北見市／図3 北沢実編一九九八『帯広・川西C遺跡』帯広市教育委員会／図4 北海道立埋蔵文化財センター／図5 山根美紀作成／図6 宇田川洋一九八八『アイヌ文化成立史』北海道出版企画センターより作成／図7 東京大学常呂実習施設／図8 長沼孝・鈴木宏行・直江康雄編二〇〇二『白滝遺跡群Ⅲ』（財）北海道埋蔵文化財センター

［コラム］常呂川流域の旧石器時代研究
図1・2 中村撮影（北見市教育委員会文化財課蔵）／図3 中村撮影（東京大学常呂実習施設蔵）

［コラム］旧石器／縄文時代移行期のミッシングリンクを探る
図1 帯広百年記念館／図2 東京大学常呂実習施設

［コラム］黒曜石製石器
図1 佐藤雅彦撮影（遠軽町教育委員会蔵）

縄文・続縄文文化
図1 福田正宏編二〇一五『日本列島北辺域における新石器／縄文化のプロセスに関する考古学的研究』東京大学大学院新領域創成科学研究科社会文化環境学専攻／図2 福田（二〇一七）を改変／図3 東京大学常呂実習施設／図4・5 北見市教育委員会ところ遺跡の森／図6 佐藤雅彦撮影（北見市教育委員会ところ遺跡の森蔵）／図7 北見市教育委員会ところ遺跡の森／表1 熊木・中村（二〇一九）より作成

［コラム］擦切石斧
図1 夏木作成／図2 東京大学常呂実習施設／図3 北見市教育委員会ところ遺跡の森

［コラム］幣舞式土器とシマフクロウ
図1 北見市教育委員会ところ遺跡の森／図2 余市町教育委員会

［コラム］縄文時代の漆製品からみた常呂川河口遺跡の漆塗櫛
図1 佐藤雅彦撮影（北見市教育委員会ところ遺跡の森蔵）／図2 ［恵庭市西島松5遺跡］北海道立埋蔵文化財センター蔵、土肥研晶ほか二〇〇九『西島松5遺跡（6）』（財）北海道埋蔵文化財センター調査報告書 二六〇 ［恵庭市カリンバ遺跡］恵庭市教育委員会蔵、上屋眞一ほか二〇〇三『カリンバ3遺跡（1）』恵庭市教育委員会 ［余市町安芸遺跡］余市町教育委員会蔵、乾芳宏二〇〇三『安芸遺跡』余市町教育委員会 ［小樽市忍路土場遺跡］北海道立埋蔵文化財センター蔵 ［鶴居村下幌呂1遺跡］佐藤和雄ほか二〇一二『鶴居村下幌呂1遺跡』（財）北海道埋蔵文化財センター調査報告書 二八七 ［根室市初田牛20遺跡］川上淳ほか一九八九『初田牛20遺跡発掘調査報告書』根室市教育委員会

［コラム］弥生化と続縄文
図1 青野（二〇一一）より作成／図2 北見市一九七八『北見市中ノ島遺跡発掘調査報告書』より作成、拓本は根岸／図3 森田知忠ほか一九八三『旭町1遺跡』（財）北海道埋蔵文化財センター調査報告書一〇より作成

［コラム］常呂川河口遺跡墓坑出土品
図1・2 佐藤雅彦撮影（北見市教育委員会ところ遺跡の森蔵）

道東部のオホーツク文化
図1 熊木作成／図2〜5 東京大学常呂実習施設／図6 枝幸町教育委員会／図7・8 東京大学常呂実習施設／図9 熊木（二〇二三）より作成／図10 東京大学常呂実習施設／図11・12 北見市教育委員会ところ遺跡の森

［コラム］銛頭
図1 東京大学総合研究博物館／図2 ［1］東京大学常呂実習施設 ［2］北海道大学大学院医学研究院 ［4］網走市立郷土博物館 ［6］北海道大学総合博物館 ［8］根室市歴史と自然の資料館 ［3・5・7・9］高橋健二〇二一「狩りと漁」『オホーツク文化 あなたの知らない古代』横浜ユーラシア文化館ほか

［コラム］動物意匠遺物
図1・2 高橋作成／図3 網走市立郷土博物館／図4 北見市教育委員会ところ遺跡の森／図5東京大学常呂実習施設／図6 佐藤雅彦撮影（東京大学常呂実習施設蔵）

［コラム］骨製クマ像
図1 北海道立埋蔵文化財センター提供（左：原資料は湧別町教育委員会蔵、右：東京大学常呂実習施設蔵）／図2 東京大学常呂実習施設

［コラム］日本列島の古代船からみたオホーツク文化の船
図1 佐藤雅彦撮影（根室市歴史と自然の資料館蔵）／図2 大阪府文化財センター／図3 東京大学常呂実習施設撮影（北海道大学総合博物館蔵）

擦文文化からアイヌ文化へ
図1〜3 東京大学常呂実習施設／図4・5 澤井玄（二〇〇七）／図6 礼文町教育委員会編二〇〇〇『香深井5遺跡発掘調査報告書（2）』礼文町教育委員会／図7 氏江敏文一九九五「「南貝塚式土器」に関するメモ」『北海道考古学』三一／図8 東京大学常呂実習施設／図9 北海道立埋蔵文化財センター／図10・11 東京大学常呂実習施設

［コラム］常呂川下流域の擦文集落
図1 藤本（一九八二）より作成

［コラム］北日本におけるレプリカ法による土器圧痕調査
図1 太田撮影（東京大学常呂実習施設蔵）／図2 熊木撮影

［コラム］擦文文化のフォーク状木製品
図1 東京大学常呂実習施設／図2 東京大学常呂実習施設蔵、熊木編（二〇一六）

［コラム］紡錘車と擦文文化
図1 山根美紀作成／図2 東京大学常呂実習施設

2 東北アジア世界と北海道

東北アジアからみたオホーツクの古代文化
図1・2 福田作成／図3 ワシレフスキー・グリシチェンコ（二〇一六）をもとに作成／図4 福田正宏・グリシェンコ・ワシレフスキー・大貫静夫・熊木俊朗・國木田大・森先一貴・佐藤宏之・モジャエフ・パシェンツェフ・ペレグドフ・役重みゆき・夏木大吾・髙鹿哲大 二〇一五「サハリン新石器時代前期スラブナヤ5遺跡の発掘調査報告」『東京大学考古学研究室研究紀要』二九／図5 Окладников, А. П. 1983 *Древнее поселение Кондон (Приамурье).* Novosibirsk: Наука. ／図6 Vasilevski, A. A., Grischenko, V. A., and Orlova, L. A. 2010 Periods, boundaries, and contact zones in the Far Eastern insular world of Neolithic. *Archaeology, Ethnology & Anthropology of Eurasia* 38-1: 10-25. ／図7・8－3～5 Василевский. А. А. 2019 Сахалин и Курильские острова в эпоху палеометалла. In В. И. Молодин (ed.) *История Сибири: в 4 т. Т. 2: Железный век и Средневековье*, pp. 154–163. Novosibirsk: ИАЭт СО РАН. ／図8 1・2：菊地美紀撮影（東北大学大学院文学研究科考古学研究室蔵）／図9 熊木俊朗・福田正宏編 二〇〇五『間宮海峡先史文化の復元と日本列島への文化的影響』東京大学常呂実習施設研究報告二

常呂川下流域の古環境
図1 ［上］地理院タイル（色別標高図）より作成 ［下］5万分の1地質図幅「網走」（川上源太郎・廣瀬亘・長谷川健・林圭一・渡辺真人二〇一八『網走地域の地質』地域地質研究報告、産業技術総合研究所地質調査総合センター）より一部切り抜いて作成／図2 遠藤・上杉（一九七二）をもとに一木作成

形質人類学からみた北海道の先史
図1 Matsumura, H., et al. 2021 を改変／図2 札幌医科大学

動物遺体からわかる生業や環境
図1～3・5 新美撮影／図4 北海道立総合研究機構

常呂の遺跡と食生態分析
図1 國木田撮影（北見市教育委員会ところ遺跡の森蔵）／図2 國木田作成

北方漁労民の技術
図1 ［a・d］北海道大学大学院医学研究院 ［b］東京大学常呂実習施設 ［c］網走市立郷土博物館／図2 Stewart 1977／図3 東京大学常呂実習施設／図4 ［a］網走市立郷土博物館 ［b］北海道大学大学院医学研究院

アイヌ文化のクマ儀礼の起源をめぐって
図1 TNM Image Archives（東京国立博物館蔵）

東アジアと常呂の青銅器
図1 ［a・b・d］東京大学常呂実習施設 ［c・e］北見市教育委員会ところ遺跡の森

［コラム］ロシア極東の遺跡を掘る
図1 マラヤガバニ遺跡発掘調査団撮影

3 東北アジア考古学と常呂

東京大学と東北アジア考古学
図1・2 東京大学総合研究博物館／図3 Сергеева, Е. (сост.) 2018 *Янковские. От Сидеми до Калифорнии.* Vladivostok: Рубеж. ／図4 Медведев, В. Е. 2019 Янковская культура. In В. И. Молодин (ed.) *История Сибири: в 4 т. Т. 2: Железный век и Средневековье*, pp. 144-147. Novosibirsk: ИАЭт СО РАН. ／図5 Богданов, А. П. 1899. *Материалы для истории научной и прикладной деятельности в России по зоологии и соприкасающимся с нею отраслям знания, преимущественно за последнее тридцатипятилетие (1850－1888)*, собранные Анатолием Богдановым, председателем Зоологического общества, Том 2. Moscow: Тип. М. Г. Волчанинова. Табл. XVI. (Известия Имп. Общва любителей естествознания, антропологии и этнографии. Т. LVII; Труды Зоологического отделения Общества. Т. IV). ／図6 Poljakow, J. S. 1884 *Reise nach der Insel Sachalin in den Jahren 1881-1882*. Berlin: Asher.（東京大学医学図書館蔵）／図7 原田淑人 九七三『東亜古文化説苑』原田淑人先生米寿記念会／図8 深川市
※図5のポリャコフ氏肖像の検索にあたり、アミール・ヒサムジーノフ氏とワレリー・デュリーギン氏にご協力いただいた。ここに記して感謝申し上げる。

［コラム］駒井和愛と渤海国の考古学研究
図1 東亜考古学会編（一九三九）

東京大学と常呂の出会いとあゆみ
図1～8 東京大学常呂実習施設

常呂実習施設の発掘調査の歴史と研究成果
図1～3 東京大学常呂実習施設／図4 東京大学常呂実習施設（協力：北海道映像記録株式会社）／図5 藤本強先生を偲ぶ会提供（協力：藤本雅子氏）／図6～9 東京大学常呂実習施設

［コラム］常呂研究室草創のころ
図1 菊池撮影

［コラム］常呂実習施設初期の発掘実習と職員宿舎
図1・2 飯島撮影

［コラム］常呂実習施設とともに～［コラム］常呂実習で学んだこと
各図 東京大学常呂実習施設

［コラム］モヨロ貝塚調査と東京大学
図1 東京大学常呂実習施設

4 常呂の遺跡とともに

大学と地域連携
図1 熊木作成／図2～7 東京大学常呂実習施設／図8 横浜ユーラシア文化館

文化財の保存活用と地域連携
図1 東京大学／図2 東京大学埋蔵文化財調査室

世界遺産と地域連携
図1：東京大学常呂実習施設

史跡常呂遺跡の整備
図1・2 北見市教育委員会ところ遺跡の森

ところ遺跡の森案内
図1 イラスト：山根美紀作成／図2～4 北見市教育委員会ところ遺跡の森

［コラム］東大とのおつきあい
図1 宇田川提供

編著者

熊木俊朗（くまき・としあき）　東京大学大学院人文社会系研究科　教授
福田正宏（ふくだ・まさひろ）　東京大学大学院人文社会系研究科　准教授

執筆者（以下、初出の執筆順）

山田　哲（やまだ・さとる）　北見市教育委員会ところ遺跡の森　所長
中村雄紀（なかむら・ゆうき）　北見市教育委員会ところ遺跡の森　管理係長
夏木大吾（なつき・だいご）　東京大学大学院人文社会系研究科　特任助教
太田　圭（おおた・けい）　東京大学大学院人文社会系研究科　助教
根岸　洋（ねぎし・よう）　東京大学大学院人文社会系研究科　准教授
設楽博己（したら・ひろみ）　東京大学名誉教授
高橋　健（たかはし・けん）　横浜ユーラシア文化館　主任学芸員
塚本浩司（つかもと・ひろし）　大阪府文化財センター調査課　主査
榊田朋広（さかきだ・ともひろ）　札幌市埋蔵文化財センター　文化財調査員

大澤正吾（おおさわ・しょうご）　文化庁文化財第二課埋蔵文化財部門　文化財調査官
市川岳朗（いちかわ・たけお）　北見市教育委員会社会教育部文化財課　文化財・博物係
佐藤宏之（さとう・ひろゆき）　東京大学名誉教授
一木絵理（ひとき・えり）　上高津貝塚ふるさと歴史の広場　学芸員
近藤　修（こんどう・おさむ）　東京大学大学院理学系研究科　准教授
新美倫子（にいみ・みちこ）　名古屋大学博物館　准教授
國木田大（くにきた・だい）　北海道大学大学院文学研究院　准教授
鈴木　舞（すずき・まい）　山口大学人文学部歴史学講座　講師
森先一貴（もりさき・かずき）　東京大学大学院人文社会系研究科　准教授
中村亜希子（なかむら・あきこ）　独立研究者
菊池徹夫（きくち・てつお）　早稲田大学名誉教授
飯島武次（いいじま・たけつぐ）　駒澤大学名誉教授
宇田川洋（うたがわ・ひろし）　東京大学名誉教授
大貫静夫（おおぬき・しずお）　東京大学名誉教授
米村　衛（よねむら・まもる）　網走市立郷土博物館　主席学芸員
新谷有規（しんや・ゆうき）　株式会社しんや　代表取締役社長

本書は、東京大学潮田記念基金の助成を受けて出版されたものである。

オホーツクの古代文化

東北アジア世界と北海道・史跡常呂遺跡

2024年3月25日　第1版第1刷発行

編 者
東京大学文学部常呂実習施設／考古学研究室
熊木俊朗・福田正宏

発行所
新泉社
東京都文京区湯島1-2-5 聖堂前ビル
電話 03-5296-9620／ファックス 03-5296-9621

印刷・製本
萩原印刷株式会社

Printed in Japan　ISBN978-4-7877-2401-4 C1021

イラスト――山根美紀
図版作成――松澤利絵
ブックデザイン――堀渕伸治◎tee graphics